KB089198

생각이
운명을 가른다

생각이
운명을
가른다

오픈마인드 김양구 지음

두드림미디어

생각이 운명을 가른다

"생각이 바뀌면 행동이 바뀌고

행동이 바뀌면 습관이 바뀌고

습관이 바뀌면 운명이 바뀐다."

내 인생의 모든 성공은 사실 생각의 비밀에서 시작되었다.

모든 것은 생각에서 시작되고, 그 생각은 점점 발전되어 사람을 결단하게 만들고, 결단은 행동으로 움직이게 만들고, 반복된 행동은 열정을 불러일으키며, 그런 열정은 사람의 습관을 바꿔놓고, 반복된 습관은 성공이라는 결과물이 된다.

이 책이 당신의 인생을 뒤흔들 수 있다. 이 책은 평범한 책이 아니다. 단 한 번만 생각을 바꾸면 엄청난 성공으로 이어지는 비밀이 숨겨져 있는 책이다. 한 사람의 평범했던 인생이 깊은 생각의 통찰로 인생을 뒤집어버린 실제로 살아 있는 이야기이다. 당신 또한 이 책으로 인해 운명이 완벽하게 뒤바뀔 수도 있다. 이 책을 읽으며 어떤 생각을 하느냐에 따라 당신에게도 성공한 인생이 펼쳐질 수 있다.

생각의 전환으로 나는 1999년, 친구들이 10년 동안 받을 연봉을 단 1년 만에 받았다.

생각의 전환으로 나는 보험 세일즈 분야에서 원톱이 되었다.

생각의 전환으로 나는 1억 원의 투자금으로 5년 만에 수백억 원의 자산가가 되었다.

생각의 전환으로 나는 사람을 살리는 '오픈마인드' 유튜버가 되었다.

생각의 전환으로 나는 5개 법인 회사의 대표이사가 되었다.

생각의 전환으로 나는 3권의 책을 집필한 작가가 되었다.

생각의 전환으로 나는 꿈을 잃어버린 사람들을 일으켜 세워주는 동기부여 강사가 되었다.

긍정적이고 적극적인 생각의 전환은 성공이라는 비밀의 열쇠로 나의 운명을 갈라버렸다.

당신은 지금 어떤 생각을 하며 살고 있는가?

사회에 대한 불평, 불만!

직장 생활에 대한 회의!

노후에 대한 불안감!

인간관계에서 오는 갈등!

성공에 대한 갈망!

종교적인 신념!

그 어떤 것을 하더라도 생각이 바뀌지 않으면 당신은 변할 수가 없다. 모든 것은 생각에서 시작된다. 당신이 서 있는 곳이 어디든, 지금 당장 생각을 바꾸지 않는다면 절대로 당신이 바라는 성공적인 삶을 살 수 없을 것이다. 생각만 살짝 바꿔도 당신의 인생은 새로워질 수 있다. 당신도 생각의 전환으로 운명을 바꿔보고 싶지 않은가?

오늘 당신의 모습은 어제 당신이 선택한 결과이고, 오늘 당신이 선택한 결과는 내일 당신의 미래이다. 지금도 어떤 일에 대해 망설이고 있다면 내일은 아무 일도 일어나지 않을 것이고, 오늘 당신이 선택하고 결정한다면 내일은 당신의 미래가 펼쳐질 것이다. 절대 망설이지 마라.

단순하게 생각하라. 그냥 해보라. 망설일 시간에 일어나 행동하고 당신이 가진 진정한 힘을 보여주라. 작은 용기가 당신을 변화시킬 수 있고, 그 작은 용기가 반복된다면 잃어버렸던 당신의 꿈을 찾을 수 있고, 지극히 평범했던 일상을 찬란하게 빛나는 당신의 미래로 만들어갈 수 있다.

천 리 길도 한 걸음부터 시작된다. 조급해하지 말고 천천히 시작하면 된다. 성공과 실패는 목표를 향해 나아가려는 생각과 의지에서 출발하고, 모든 것은 정신력에 의해 결정된다. 자신이 생각하는 것 이상으로 당신은 엄청난 능력이 있다. 그렇게 자신을 믿어보라. 못할 것 같다고 생각이 들지만, 실제로는 그렇지 않다. 당신 내면에는 아직도 개발되지 않은 무궁한 잠재력이 있기 때문이다. 그 잠재력은 당신이 불러주기만을 고대하고 있다.

'왜?'라는 물음에 스스로 답해보라.

나는 왜 아침마다 출근하기 싫은 회사에 다녀야 할까?

나는 왜 즐겁지도 않은 일을 계속해야만 하는 것일까?

나는 왜 이 일을 해야만 할까?

나는 왜 하고 싶은 일을 하며 살지 못하는 것일까?

나는 왜 기회를 얻지 못하는 것일까?

혹시, 나에게 기회가 온다면 생각을 전환해서 내 모든 것을 던질 준비가 되어 있는가? 지금 당신은 진정으로 성공을 갈망하고 있는가? 그렇다면 당신이 갈망하는 성공을 이루기 위해 어떤 노력을 하고 있는가? 아무리 발버둥 쳐도 월급쟁이로 살아가야 하는 막막한 현실을 타파하고 인생을 역전시키기 위해 어떤 노력을 하고 있는지 묻고 싶다. 지금까지 한번도 시도해보지 않았던 새로운 일이나 새로운 목표, 말로만 듣고 남들이 하는 것을 보기만 했던 것을 직접 해볼 기회가 당장 주어진다면 당신은 어떤 선택을 할 것인가? 시도만 하면 그동안 잠자고 있던 잠재력이 당신을 깨울 것이고, 성공으로 이끌게 되어 있는데도 여전히 망설이고 있는 이유는 무엇인가? 스스로에게 답해보라.

오늘 소중한 나의 하루는 어제 운명을 달리했던 그 친구가 그토록 살고 싶었던 하루였다는 것을 생각한다면 어떻게 이렇게 나태하고, 한가롭게 살 수 있겠는가? 하루하루 목숨을 다한다는 생각으로 살 수 있다면 인생을 가로막는 그 무엇도 넘어설 수 있다.

사는 것이 정말 힘든 사람도 있을 것이다. 아무런 꿈도, 희망도 가질 수 없는 환경 속에 처해 있을 수도 있다. 절대로 포기하지 마라. 긍정적인 생각으로 살고 있다면 분명 기회는 반드시 오고야 만다. 그 기회를 잡을 수 있는 환경이 만들어지지 않았을 뿐이다. 당신은 이 책을 만나 그 기회에 한 걸음 다가섰다. 이 책 속에 당신이 가고자 하는 삶의 방향과 당신의 운명을 갈라놓을 다양한 생각과 실제 사례들이 빼곡히 담겨 있다. 성공하고 싶다면 당신을 적극적으로 돕고 싶다. 이것은 전적으로 당신의 선택에 달려 있다. 누가 대신해줄 수 있는 것이 아니다. 오로지 당신이 해야 한다. 오늘 당신이 선택하면 내일은 당신의 운명을 가르는 첫 번째 미래가 되는 것이다.

"YOU CAN DO IT."

김양구

추천사

오픈마인드 김양구 대표님은 교회 청년부에서 '지치지 않는 남자'라는 애칭이 있다. 그 이유는 본질적인 일과 사람을 섬기는 열정에 있어 본이 되기 때문이다. 나 역시 김양구 대표님을 만나 대화하면 유연한 사고력과 실행력에 도전받는다. 이 책은 김양구 대표님의 생각이 삶으로 증명된 내용을 담고 있다. 무엇 하나 현실과 동떨어진 사변이 아니다. 나 역시 이 책을 통해 지혜로운 생각과 즉각적인 행동의 균형을 배운다. 사람을 돕고 세우는 열정에 감동마저 느껴진다. 그러기에 삶을 새롭게 결심하는 분들에게 이 책을 적극적으로 추천한다.

송탄중앙침례교회 목사 박길호

이 책은 인생에 대한 평소 그의 생각과 철학을 잘 담고 있다. 뿐만 아니라 주변인들까지 어떻게 성공적으로 변화시켜나갔는지 실제 사례와 우리가 잘 아는 유명인의 성공 스토리까지 잘 엮어놓아 읽는 순간 바로 나의 이야기 같고 나도 저렇게 할 수 있겠구나 하는 용기를 얻게 되는 힘이 있다.

(전) 삼성전자 상무 이귀로

책을 읽고 단 하루 만에 약국 매출 150프로 상승! 고리타분한 성공 마인드셋 책과는 다르다. 단, 5년 만에 수백억 원 자산가가 된 저자의 경험을 100% 녹여낸 실전 성공 가이드맵! 삶의 방향을 1도만 틀어도 결괏값에는 놀라운 변화가 생긴다. 복잡하고 어려운 세상살이의 힌트를 얻고 싶다면 이 책의 첫 페이지를 열어봐도 좋다. 저자의 지혜를 자신의 것으로 만들어 삶의 기회를 열어가는 주인공이 되기를 바란다.

약사 **정지혜**

수백억 원 자산가로 성장한 그의 인생 철학을 엿볼 수 있는 것만으로도 이 책은 충분한 가치가 있다. 정말 부자가 되고 싶은가? 그렇다면 이 책을 읽고 "JUST DO IT". 인생의 기회는 3번이 아니라 무한대로 늘어나게 된다. 내가 그랬듯 이 책을 통해 당신의 인생은 180도 바뀔 것이다. 인생의 성공과 행복은 긍정적인 생각에 달려 있고, 이런 생각이 좋은 습관과 행동을 유도하고 결국 생각이 운명을 가른다. 내 삶의 길잡이가 되어 준 이 책이 당신 인생의 나침반이 될 것이라고 확신한다.

대한항공 기장 **권민기**

'생각'이라는 무형의 자산을 '성공'이라는 유형의 결과물로 만들어가는 비밀이 이 책에 고스란히 담겨 있다. 모든 것은 생각으로부터 시작되며 그 생각이 운명을 가른다는 진솔하면서도 강력한 메시지는 책을 읽는 내내 우리의 가슴을 뜨겁게 만들어준다.

공군 파일럿 **이희수**

일반적인 자기계발서와 비교하지 마라. 풍부한 경험을 바탕으로 한 저자의 깊은 통찰력을 통해 인생의 교훈을 주는 책이다. 항상 긍정적으로 생각하고 끊임없이 도전하면서, 이제 선한 나눔을 실천하는 저자의 삶에 경의를 표한다.

삼성전자 **이용훈**

삶에 변화를 가져다줄 책을 찾고 있는가? 이 책은 긍정적인 생각과 행동이 어떻게 운명을 바꿀 수 있는지 이야기하면서 실질적인 조언을 준다. 다양한 도전에 맞서며, 자신만의 삶을 바라보는 새로운 시각을 얻게 될 것이다. 인생을 변화시키고자 하는 사람들은 지금 도전하라.

제일광고기획 대표 **김정희**

CONTENTS

3장. 성공에 이르게 하는 행동

4장. 성공을 부르는 삶의 지혜

에필로그

1장.

운명을 바꿀 프로젝트

회사 전 직원
책 쓰기 프로젝트

생각을 행동으로 증명하다

"생각이 운명을 가른다."

나는 이 말을 증명하고 싶었다. 생각하는 모든 것이 이루어진다는 것을 증명하기 위해 대형 프로젝트를 기획했다. 사실 개인적으로 생각하고 목표한 것들은 거의 모두 이루었다. 이제는 내가 아닌 다른 사람들을 통해서도 생각한 것은 반드시 이룰 수 있다는 확신이 필요했다. 모두가 공감하고 인정할 수 있는, 생각이 운명을 가를 수 있는 대형 프로젝트를 기획하게 된 것이다.

모두가 공감할 만한 소재를 찾기란 쉽지 않았다. 어느 날, 권 부장이 예전에 이야기했던 자기계발서를 언제쯤 출간할 예정인지 나에게 물어보았다. 그래서 나는 "이미 자료 준비를 해놓았기 때문에 2024년 상반기 안에 출간할 것 같아! 혹시 권 부장도 책을 써볼 마음이 있어?"라고 물어보았다. 권 부장은 손사래를 치며 "아닙니다. 제가 어떻게 책을 쓸 수 있겠어요. 책은 아무나 쓰나요!" 하고 강하게 거부했다. 이런 권 부장의 모습을 보며 한 가지 프로젝트가 생각이 났다.

'그래, 바로 이거야!'

아무나 할 수 없는 책 쓰기, 그것을 지극히 평범한 우리 회사 전 직원이 이뤄내어 책을 한 권씩 출간한다면 얼마나 좋을까 하는 생각이 들었다. 생각하면 반드시 이루어진다는 것을 증명할 좋은 사례가 될 수 있겠다는 생각이 들었다. 생각하는 모든 것이 이루어질 수 있다는 것을 전 직원 책 쓰기를 통해 증명해보겠다는 목표가 생겼다.

아침 일찍 출근하니 권 부장이 먼저 와서 청소를 하고 있었다. 나는 대뜸 "권 부장! 권 부장은 작년에 연봉 10억 원이 넘어서 그 이야기를 책에 담으면 베스트셀러가 될 수 있을 거야. 책 쓰는 것에 도전해보자. 내가 책이 잘 출간될 수 있도록 도와줄게"라고 끊임없이 용기를 주었다. 지나가던 신입사원 신 대리를 불러놓고 책을 쓰면 좋은 점과 책은 성공한 사람만 쓰는 것이 아니라 누구든지 쓸 수 있다는 확신을 심어주고 함께해보자고 설득했다.

이렇게 시간만 나면 틈틈이 책 쓰는 방법과 책을 발간하게 되면 유익한 점에 대해 이야기하며 꿈을 심어주었다. 그리고 책 쓰기에 관심 있는 직원들이 있으면 책 쓰기에 대한 이야기로 열정을 쏟아부었다. 처음에는 '성공한 사람들이나 책을 쓰는 것이지 내가 어떻게 책을 쓸까?'라는 생각이 직원들의 마음을 짓누르고 있었다. 생각의 전환이 필요했다. 누구든 책을 쓸 수 있다는 교육이 필요했고, 자신의 책이 만들어졌을 때의 뿌듯함과 성취감을 상상하도록 아침마다 교육했다.

책을 쓰겠다고 단 한 번도 생각해보지 않았던 직원들은 처음에는 시큰둥한 반응이었다. 그래도 포기할 수 없었다. 회의나 교육이 있을 때마다 독서의 효과와 책을 써보면 좋은 점에 대해서 진심으로 이야기했다. 인생을 살면서 내 이름으로 책을 출간한다면 가족의 자랑이 될 수도 있다고 용기를 주었다. 2개월 동안 한 사람씩 붙잡고 할 수 있다는 신념을 주고, 책을 출간했을 때 가장 기뻐할 사람이 누구인지 생각해보라는 희망을 주고 나니 직원들의 생각이 긍정적으로 변하기 시작했다.

한 사람의 리더십은 전체를 변화시키는 데 전혀 문제가 되지 않았다. 리더가 하고자 하는 생각과 의지가 있다면 모든 것은 정신력에 의해 결정된다는 확신을 얻게 되었다.

설득을 하는 과정에서 의외의 일도 있었다. 영업을 주로 하는 한 직원은 말솜씨가 좋았기에 글쓰기를 잘할 줄 알았다. 그러나 실제로 글쓰기를 해보니 말하는 것과 글쓰기는 차이가 있다는 것을 글쓰기를 시작하면서 알게 되었다. 최종적으로 나를 비롯해 교육을 담당하는 권 부장, 권 팀장, 신입사원 신 대리 이렇게 4명이 책 쓰기 도전을 시작했다.

드디어 책 쓰기 도전!

드디어 2024년 1월 2일부터 1월 31일까지 1개월 동안 책 쓰기 트레이닝을 위해서 연습하는 기간으로 잡고 매일 아침 8시에 출근해서 2시간 동안 책 쓰기 공부와 자신이 쓴 글을 낭독하는 시간을 가졌다. 그리고 이 모든 과정을 녹음해서 전 직원 카톡방에 올렸다. 혹시 다른 직원도 동기부여가 되어 참여할 수 있다는 기대가 있었기 때문이다. 2시간이나 되는 녹음파일을 과연 직원들이 다 들을까 하는 의문이 있었지만 고민하지 않고 그냥 단톡방에 녹음파일을 올려놓았다.

첫째 날은 책 쓰기에 대한 기초적인 이론과 방법에 대해 간단하게 교육했다. 그리고 둘째 날부터는 글을 쓰는 주제를 주고 무조건 A4 용지 2장씩 써오라고 주문했다. 매일 원고 한 개를 완성해가는 미친 일정이었다. 사실 일주일에 하나의 원고만 완성해도 1년이면 충분히 책을 완성한다. 하지만 그렇게 길게 일정을 잡으면 일을 병행해야 하는 직장인에게는 심한 부담이 될 수도 있다고 생각했다. 책 쓰는 기간이 길어지면 스트레스로 1년을 보낼 수도 있을 것 같아서 속전속결로 3개월 안에 원고 작성을 모두 끝낼 계획이었다. '1일 1원고'를 원칙으로 계획을 잡은 것이다.

첫날 2시간 동안 다음 날 쓸 원고 주제에 대해 이론 교육을 마치고 둘째 날부터 쓸 글의 '성공은 방 청소로부터'라는 주제를 주었다. 첫날부터 책 쓰는 모든 직원의 멘탈이 붕괴되었다. 대부분 제대로 된 글을 처음 써보는 직원들이다 보니 무려 4시간 동안 한 줄도 쓰지 못하는 직원도 있었다. 그냥 노트북 앞에 멍하니 앉아서 뭘 생각하는지 모르게 고민만 하고 있는 것이었다. 옆에서 지켜보고 있기가 너무 답답했다.

'책을 쓰는 게 이렇게 어려운 걸까?' 순간 이 모든 것을 뛰어넘은 내 자신이 대견하게 느껴졌다. '내가 처음 책을 냈을 때 이 정도는 아니었는데' 하는 생각도 하게 되었다. 이대로 있을 수 없었다. 직원들이 해야 할 회사

일도 있었지만, 지금은 책 쓰는 것이 우선이라며 책을 쓰는 것에 집중하도록 했다. 그리고 다시 주제에 대한 설명을 해주며 자신이 생각하는 성공에 대한 기준, 명사들의 예시, 주제에 대한 마무리를 순서대로만 해도 글이 나온다는 확신을 심어주었다. 또한 예쁜 글은 서론, 본론, 결론으로 풀어가면 독자들의 머릿속에 각인될 수 있다고 설명해주었다.

매일 1개의 원고가 나와야 하기에 전쟁 같은 일정이었고, 모든 원고는 밤 12시 전에 이메일로 전송하기로 약속했다. 첫날 퇴근 후 저녁 10시가 되어 메일을 확인해보니 아무도 전송하지 않았다. 갑자기 허탈감이 밀려왔다. 이렇게 열심히 가르쳤는데 '정말 안되는 것인가?' 하는 생각이 들었다. 생각한 것은 모두 이루어진다고 장담했는데 '이건 무리인가?' 하는 절망감마저 엄습했다. 나 혼자 한다면 무조건 할 수 있는데 직원들에게 반강제로 지시한 것은 아닌가 하는 초조함 속에서 잠이 들었다.

새벽 5시, 제일 먼저 출근해서 책상의 컴퓨터를 보며 이메일이 궁금해졌다. 과연 직원들은 몇 명이나 원고를 작성했을까? 하는 의문이 들었다. '단 한 명도 원고를 작성하지 않았다면 어떻게 해야 하지?' 하는 비장한 각오를 하며 이메일을 확인했을 때, 눈이 휘둥그레지며 깜짝 놀랐다. 3명의 직원 모두가 원고를 작성해서 이메일로 보내놓은 것이다. 비록 밤 12시가 넘어서 보냈지만, 직원들이 너무 대견스러웠다. 보내준 원고를 천천히 읽어보는데 생각 이상으로 원고가 훌륭했다. 서론, 본론, 결론으로 끝나는 정석에 가까운 글이었고, 문단 나누는 것이나 문법이 서툴기는 했어도 그 정도면 칭찬할 만했다.

아침 8시가 가까워져 오자 직원들이 출근하기 시작했다. 직원들은 자리에 앉자마자 이구동성으로 글 쓰는 것이 이렇게 힘든 줄은 몰랐다고 하면서 하소연 반, 뿌듯함 반으로 성토를 했다. 나는 직원들에게 첫 번째 글쓰기는 너무 훌륭했다고 칭찬해주었다. 직원들에게 이런 식으로 40개의 원고를 완성하면 책 한 권이 만들어지기에 오늘 1개를 완성했으니 이제 39개 남았다고 용기를 주었다.

꿈꾸는 리더십, 그리고 전 직원 책 쓰기 동참!

하루하루가 전쟁 같았다. 직원들은 글을 쓰는 훈련이 안 된 상태에서 시작했고, 배우면서 책을 쓰려니 머리를 쥐어뜯는 모습까지 보이기 시작했다. 동기부여가 필요했다. 나는 직원 한 사람씩 만나며 다시 한번 자극을 했다.

"지금까지 그 누구도 걸어보지 않은 길을 우리는 걷는 것이다. 단 한 번도 해보지 않은 위대한 여정을 우리는 걷고 있다. 이 과정을 모두 마치면 아주 단단한 사람으로 거듭날 수 있고 주변 사람들로부터 엄청난 환호와 축복을 받을 수 있을 것이다"라는 강한 동기부여로 직원들의 흔들리는 마음을 잡아주었다.

이렇게 매일 원고에 대한 새로운 주제를 제시하고, 이메일로 원고를 받아 점검하고, 아침 일찍 출근해서 2시간 동안 자신이 쓴 주제에 대한 원고를 읽고, 피드백해주는 전 과정을 녹음해서 단톡방에 올려놓자 놀라운 일들이 발생했다. 2시간이나 되는 녹음파일을 모든 직원이 매일 경청하고 있었다.

일주일이 지난 어느 날 제주도로 휴가를 떠났던 소봉규 이사로부터 전화가 왔다.

"대표님, 저도 책을 쓰고 싶습니다. 직원들이 책을 쓰는 과정을 녹음파일로 듣다 보니까 가슴이 뜨거워지고 도저히 참을 수가 없어서 제주도 휴가도 포기하고 돌아가고 있습니다. 저도 바로 내일부터 동참하고 싶습니다."

가족과 함께하는 제주도 여행을 포기하고 돌아올 줄은 상상도 못했다. 여행을 포기하고 돌아온 소봉규 이사는 이렇게 말했다.

"녹음 파일을 듣고 있는데 갑자기 가슴이 뜨거워지고 나도 모르게 열정적인 상태가 되었고 이런 책 쓰기 모임에 함께하지 못하면 평생 후회할 것 같았습니다. 혼자 책 쓰기를 한다면 못할 것 같은데 직원들과 함께한다면 책 한 권을 쓸 수 있을 것 같아서 여행을 포기하고 올라올 수 있었습니다."

이렇게 소봉규 이사도 동참하면서 책 쓰기 멤버는 5명으로 늘었다. 며칠 후 영상을 담당하고 있는 김혜연 실장이 2시간이나 되는 녹음파일을 듣고 감동을 느껴 자신의 내성적인 성격을 고치기 위해 책 쓰는 데 동참하겠다는 의사를 표시했다. 이제 6명이 책 쓰기에 함께하게 된 것이다.

글쓰기를 주도한 나는 정신을 똑바로 차려야 했다. 마음가짐부터 행동까지 흐트러짐 없이 단호하게 일을 추진해나갔다. 일을 추진하는 과정에서 리더가 흔들리면 직원들의 혼란은 불 보듯 뻔하기에 언제나 밝은 모습으로 잘되고 있다는 확신을 심어주었다.

감동의 눈물

저녁 늦게까지 글을 쓰고 이메일로 전송된 글을 읽다 보면 가슴이 뜨거워지는 내용들이 있다. 매일 아침 책 쓰기 토론을 위해 내용을 점검한다. 아침 5시에 일어나 출근 후 제일 먼저 하는 일이 직원들의 원고를 확인하는 것이다. 메일을 열고 직원들의 원고를 프린트 해서 읽다가 눈물을 훔친 적이 한두 번이 아니다. 그리고 아침에 글쓰기 토론을 하면서 실제로 자신들이 작성한 원고를 읽을 때 감정에 목이 메어 읽지 못하고 대성통곡을 한 직원들도 여러 명 있었다. 보이고 싶지 않아서 꼭꼭 숨겨놓았던 자신의 과거 환경을 글쓰기를 통해 내려놓은 것이다. 알코올 중독이었던 어머니의 사연, 아버지의 죽음으로 어린 시절을 방황했던 가족 이야기, 사촌의 죽음, 조울증 이야기도 있었다. 어느 직원이 장애가 있는 동생 이야기를 낭독할 때는 듣고 있던 우리 모두는 함께 울어야 했다. 그리고 조용히 서로를 위로해주었다.

글쓰기를 통해 자신의 숨기고 싶던 부끄러운 과거를 들추어내며, 과거의 어두웠던 시간들을 꺼내고 나니 오히려 곪아 있던 상처가 치료되는 기적이 일어났다. 암울했던 시간들이 더 이상 우리 모두를 가두어둘 수 없다는 확신이 들었고, 이제는 당당하게 미래를 향해 달릴 수 있다는 자신감을 찾게 된 것이 너무나 감격스러웠다. 이러한 모든 과정을 녹음해서 직원 모두가 들을 수 있도록 공유했고, 책 쓰기에 동참하지 않은 직원들조차 과거의 상처를 가지고 있던 직원들을 격려해주는 아름다운 모습이 자연스럽게 일어났다. 글쓰기 모임이 이제는 자연스러운 과정이 되었다.

2주가 지나자 교회 행사로 태국 해외 선교를 마치고 돌아온 김진실 과장과 필리핀 선교를 다녀온 김진우 대리도 참여했다. 해외 선교 기간에도 단톡방에 올려둔 책 쓰기 녹음파일을 꾸준하게 듣고 있었던 것이다. 김진실 과장은 특별히 권하지도 않았는데 자발적으로 책 쓰기에 동참하겠다고 연락이 왔다. 김진우 대리는 해외에서 도착 후 쉬지도 않고 밤을 새워 원고를 작성해서 그다음 날 아침 모임에 참석하는 저력을 보이기도 했다.

이제는 회사 내에서 전 직원 모두가 책 쓰기 프로젝트에 동참하는 것이 자연스러운 분위기가 되었다. 강제하지 않아도 자발적으로 해보자는 분위기가 생겼고, 3주가 지나자 김정미 이사까지 전 직원이 모두 책 쓰기에 동참하는 기적을 이루었다. 단 한 명이 책을 출간하는 것도 쉬운 일이 아닌데, 학력이 다르고, 수준이 다르고, 살아온 삶의 모습이 모두 다른 9명의 전 직원이 모두 책을 쓴다는 것은 기네스북에 오를 일이라고 직원 모두 서로 격려했다.

결국 생각한 대로 이루어진다!

한 사람의 생각이 용기가 없던 사람들의 생각까지 모두 바꿔버린 것이다. 어쩌면 기적과도 같은 일이다. 이들은 글을 써왔거나, 작가를 준비하는 사람들도 아니지만 책 쓰기라는 목표 아래 믿기 힘들 정도의 결과들을 보여주기 시작했다.

생각에서 비롯된 일이 행동으로 옮겨지고, 그 행동들은 결과를 만들어냈고, 그 결과로 인해 사람들은 꿈과 열정을 가지기 시작했다. 그 열정은 주변의 다른 사람에게까지 퍼져 4명으로 시작한 책 쓰기 프로젝트가 이제는 9명의 전 직원이 책을 쓰기 위해 매일 아침 8시에 모여 2시간씩 글쓰기 토론을 하고 있다. 한 사람의 생각이 회사 전체에 선한 영향력을 발휘하게 된 것이다. 이제 주변에서도 전 직원 책 쓰기를 하는 우리 회사를 관심 있게 지켜보고 있다. 우리를 지켜보고 있는 사람들의 희망을 뺏지 않기 위해서라도 끝까지 이 임무를 완성할 것이다.

2024년 9월이면 우리 회사 전 직원이 자신의 책을 손에 들고 있을 것이다. 그리고 외칠 것이다.

"생각하면 생각한 그대로 이루어진다!"

상상이 가는가? 그 어렵다는 책 출간을, 전 직원 모두가 이루어낸다니! 생각이 만들어낸 또 다른 기적이라고 할 수 있다. 한 사람의 생각이 다른 한 사람의 인생까지 바꿀 수 있는 기적을 체험한 소중한 사례가 될 것이다. 모든 것은 생각에서 시작되고, 간절히 생각하는 것은 정말 이루어진다.

당신은 지금 어떤 생각을 하고 있는가? 그것을 가치 있게 증명해보라. 그 첫 번째 시작은 바로 생각에서 출발한다.

책을 써야 하는
이유

2022년과 2023년에 각각 한 권의 책을 출간했다. 두 권의 책은 모두 부동산과 관련된 전문 서적이었지만 2024년 올해는 누구나 볼 수 있는 자기계발서를 쓰고 싶었다. 책을 쓴다는 건 누구나 생각은 해볼 수 있지만 쉽게 도전할 수 있는 일은 아니다. 그렇다고 아주 불가능한 것도 아니다. 기존 상식을 깨고 누구든지 할 수 있다는 생각과 도전 의식을 가지면 누구나 책을 쓸 수 있다.

보통의 사람들은 책의 저자가 된다는 사실에 너무 큰 의미를 부여하고, 반드시 성공한 사람만 책을 쓸 수 있다고 오해하고 있다. 저자도 처음 글을 쓸 때 '과연 내가 할 수 있을까?' 하는 생각으로 몇 달 동안 한 줄도 못 썼던 기억이 있다. 책 쓰는 방법을 배우지 않았다는 무지로 지레 겁먹은 것이다.

첫 번째 책은 현재 일하고 있는 부동산과 관련된 내용이라 어렵지 않게 집필할 수 있었다. 지나온 과거를 생각하면서 실제로 경험한 이야기를 중심으로 글을 쓰다 보니 단 1주일 만에 원고가 완성되었다. 첫 번째 책 《오르는 땅은 이미 정해져 있다》는 생생한 현장 위주의 내용을 여과 없이 전달하다 보니 다소 거칠기도 했지만, 독자들은 이런 생생한 이야기를 더 좋아했다. 책을 읽고 3일 동안 펑펑 울었다는 사람, 자신의 삶을 뒤돌아보며 투자자의 삶으로 전환하고 싶다는 사람들의 이야기가 책을 집필한 보람으로 돌아왔다. 또한, 부동산 현장에서 적용할 수 있는 생생한 책의 내용으로 만들어져 유익했다는 독자들의 평가로 인해 오프라인 강의 요청이 봇물 터지듯 쏟아져 1년 동안 30회 이상 강의를 하기도 했다.

그다음 해에 곧바로 또 한 권의 책 《오르는 땅의 비밀 노트》를 출간했다. 두 번째 책은 토지에 대한 이론적인 부분과 실제 현장에서 토지를 매수하고 매도한 이야기로 쓰여졌다. 부동산 공법에 대한 이야기와 토지를 저가에 매수해서 개발하는 과정들이 담긴 두 번째 책도 현장에서 겪었던 내용이 중심이었다.

생각은 행동으로 옮기게 만드는 전염병과 같다. 머릿속에서 그리는 생각으로 그 사람의 운명이 결정된다고 단언한다. 책을 쓰게 된 것도 아무 것도 준비되어 있지 않았지만 반드시 책을 써야 한다는 생각에서 출발했고 그 생각은 곧 현실이 되었다. 이처럼 생각하면 생각에 따라 구상하게 되고 행동으로 옮겨진다는 것이 너무 신기하다.

모든 것은 생각에서 출발하고 그 생각은 내 인생의 미래를 그려줌으로 인해 힘차게 뛰어갈 수 있는 원동력이 되기도 한다. 미래에 받을 영광을 위해 현재의 고달픈 대가를 치를 충분한 용기를 준다. 그런 용기로 두 권의 책을 출간하다 보니 이제는 사람을 살리는 자기계발서를 집필하고 싶은 욕구가 꿈틀거렸다. 그래서 누군가에게 도움이 될 수 있는 자기계발서를 정리하기 시작했고 강연을 하면서 수집했던 자료와 경험을 살려 세 번째 책《생각이 운명을 가른다》를 쓰고 있다.

책을 쓰면서 유익했던 세 가지

첫째, 자신의 과거를 돌아볼 수 있다.

책을 쓴다는 것은 자신의 과거를 소환해야 가능한 일이다. 자신의 과거를 보며 일어났던 일들을 회상하거나 추억을 떠올리기도 하고, 반성하기도 하며, 생각하지 못했던 많은 일들을 다시 생각해볼 수 있는 시간으로 채울 수 있다. 때로는 아쉬웠던 부분도 생각나고, 때로는 승리했던 시간으로 환호할 수 있고, 때로는 정의롭지 못한 행동들로 인해 반성해보는 시간도 가질 수 있다. 이런 지난 과오를 잊지 않기 위해서라도 자신의 과거를 들춰 보는 시간이 필요한 것이다. 책 쓰기는 자신의 온전한 모습을 거울과 거울이 마주보는 것처럼 아주 정확하게 들여다보는 자화상인 것이다.

둘째, 자신의 현재 모습을 정확하게 판단할 수 있다.

책을 써보면 과거도 생각이 나지만 현재의 내 모습을 직시할 수 있다는 장점이 있다. 현재를 살아가는 다수의 사람은 자신이 무엇을 하고 있는지도 모르고 살아간다고 한다. 현대 사회의 발전된 문명 속에서 어쩌면 다람쥐 쳇바퀴 돌 듯이 잘 만들어진 시스템에 맞춰 살아가게 된다. 즉, 자신의 정체성을 잃어버리고 그냥 삶을 살아가고 있다. 죽지 못해 그냥 산다고 이야기하는 사람도 있다. 이런 정체성의 혼란으로 인해 우울증, 조울증이 더 많이 발생하고 심지어 극단적인 선택을 하는 경우도 심심찮게 볼 수 있다. 그래서 책 쓰기는 현대를 살아가는 우리에게 반드시 필요하다. 자신의 현재 위치와 삶을 살아가는 목적을 반영할 수 있는 자신의 모습을 살펴볼 수 있기 때문이다. 책 쓰기를 통해 자신이 현재 가장 잘하는 일이 무엇이고, 좋아하는 일이 무엇인지를 생각할 수 있는 시간을 가질 수 있다. 그런 생각들이 발전되면 구체적으로 계획하고 통찰력 있는 사람들을 만나고, 그런 만남이 한 사람의 인생을 뒤바꿔놓는 인생의 사건이 되는 것이다.

셋째, 자신의 미래 모습을 그려볼 수 있다.

책 쓰기는 자신의 미래를 그려낼 수 있는 소중한 시간이 된다. 흔히 우리가 역사를 배우는 이유 중 하나는 '과거를 통해 반복된 실수를 하지 않기 위해서'라고 이야기한다. 전적으로 동의한다. 책 쓰기는 과거의 내 모습을 투영하고, 현재 자신의 위치를 확인하는 과정을 거치며, 미래 자신의 모습을 설계하고 미래 자신의 인생을 그려낼 수 있는 도구를 확보한 것이라고 생각해도 좋다.

사실 책을 쓴다는 것 자체는 엄청난 도전이고 인내와 불굴의 의지, 결단, 신념이 합쳐진 결과물이다. 책 쓰기는 이런 엄청난 과정이기에 책 쓰기를 통해 한층 더 성숙해진 자신을 조명해볼 수 있다. 실제 책 출간으로 인생을 드라마틱하게 뒤집은 수많은 사례가 있다. 대표적으로 《해리포터》라는 책으로 인생을 바꾼 세계적인 베스트셀러 작가 조앤 K. 롤링(Joan K. Rowling)의 이야기가 있다. 그녀는 결혼한 지 13개월 만에 이혼했고 어린 딸과 함께 생존해야 하는 처지였다. 나라에서 주는 보조금은 턱없이 부족했고 분유 값이 없어 결국 카페에서 일했다. 척박한 환경 속에서 살던 그녀는 결국 우울증 진단을 받게 되었고 정신과 의사는 치료의 한 방법으로 그녀가 좋아하는 글쓰기를 권유했다. 그녀는 기차 안에서 떠올렸던 고아 소년에 관한 이야기를 쓰기 시작했다. 이것이 해리포터 시리즈의 시작이다.

해리포터 시리즈가 처음부터 베스트셀러가 된 것은 아니다. 처음 원고를 작성하고 출판사를 찾아다니며 투고했지만 다양한 이유로 거절당했다. 그러나 끝까지 포기하지 않고 찾아다닌 끝에 블룸스버리 출판사에서 소액의 계약으로 출판할 수 있게 되었고 그 이야기가 시리즈로 나오면서 그녀의 인생이 책 속의 주인공보다 더 드라마틱한 인생이 되어버렸다.

책은 한 사람의 인생을 바꾸기도 한다. 그리고 깊은 통찰력을 가질 수 있게 하는 마법이 있다. 스스로가 못할 것 같다고 생각하면 정말 못한다. 그러나 반드시 해낼 수 있다는 생각을 하다 보면 자신이 생각한 것 이상으로 잘할 수 있고, 그것은 생각의 차이에서 결정된다. 하고자 하는 의지로 시작해서 반드시 해내고야 말겠다는 신념이 결과를 만들어낼 수 있다. 생각조차 하지 않으면 아무 일도 일어나지 않는 것은 불변의 원리다. 시도해보지 않아서 못할 뿐이다. 자신에게 용기를 주고, 할 수 있다는 자신감으로 책 쓰기에 도전해보자. 책 쓰기는 자신을 확실하게 알릴 수 있고, 신분증과 같이 자신을 증명할 수 있는 방법이다. 책 쓰기를 통해서 정체성을 찾아간다면 인생의 새로운 도전 앞에 두려움 없이 달려갈 수 있는 기초가 되어줄 것이다.

긍정적인 생각이 모험하고 도전하게 한다

나를 사랑한다는 것

사람은 누구나 타고난 기질이 있다. 사회생활을 하다 보면 꼼꼼한 사람이 있고, 덜렁대는 사람이 있고, 모든 것을 의심하는 사람이 있다. 살아가는 환경이 사람을 변하게 만든다고 하지만 어느 순간 나타나게 되어 있는 것이 사람의 성품이나 기질인 것 같다.

나는 매우 긍정적이고 자기애가 넘치는 사람이다. 아내는 내가 자기애가 넘쳐흐른다고 사람들에게 투정이 담긴 말투로 이야기한다. 자기애가 넘치다 보니 가족보다는 자신을 위해 애쓴다는 볼멘 표현이다. 그렇다. 나는 나 자신을 정말 사랑한다.

나 자신을 사랑하기에 새벽 5시에 일어나서 운동하고,

나 자신을 사랑하기에 매일 독서하고,

나 자신을 사랑하기에 책을 쓰고,

나 자신을 사랑하기에 절제하고,

나 자신을 사랑하기에 용서하고,

나 자신을 사랑하기에 투자하고,

나 자신을 사랑하기에 회사를 운영하고,

나 자신을 사랑하기에 항상 기회의 칼을 갈며 준비하고,

나 자신을 사랑하기에 인내하고, 도전하고, 모험한다.

모든 것은 나 자신을 사랑하는 것에서 출발한다. 나를 사랑하지 못하는 사람이 어떻게 남을 사랑할 수 있을까? 곰곰이 생각해보라. 나를 사랑하기 때문에 더 노력하게 되고, 나를 사랑하기 때문에 다이어트도 한다. 굵은 땀방울을 흘리는 것도, 억울하고 속상하지만 참는 것도 나를 사랑하기에 가능한 것이다.

어느 날 잘 아는 누님에게 전화가 왔다. 아들이 요즘 연애를 하는데 성격이 많이 변해가고 있다는 것이다. 이야기를 들어보니 아들은 지금 20대 중반으로 회사에 취직해서 열심히 직장 생활을 하고 있다고 했다. 문제는 그렇게 열심히 키워놓았는데 첫 월급을 받아도 부모에게 선물도 안 사주고 오로지 돈만 모으는 짠돌이라는 것이다. 돈 쓰는 것이 아까워 친구를 만나러 나가지도 않고, 옷도 안 사 입고, 쇼핑도 하지 않는다고 했다. 그런데 최근 아들의 신용카드 내역서를 보게 되었는데 깜짝 놀랐다고 했다. 부모에게는 천 원도 안 쓰던 아들이 연애를 하고 나서부터는 씀씀이가 너무 커졌다는 것이다. 여자친구 선물로 명품 가방도 사주고, 비싼 음식

점에도 가고, 평생 영화관에도 가지 않던 녀석이 함께 영화를 보러 다니고 하다 보니 월급의 반을 여자친구를 위해 쓴다고 했다.

나는 누님에게 "이상할 것 하나도 없어요. 아주 정상입니다. 여자친구를 너무 사랑해서 그렇겠죠. 사랑하지 않는다면 절대로 돈을 쓰지 않을걸요. 사랑하면 돈이 아니라 목숨까지 버릴 수도 있을 거예요"라고 웃으며 이야기해주었다.

그렇다. 사랑하기에 모든 것을 해줄 수 있는 것이다. 사랑하지 않는데 어떻게 비싼 명품 가방을 사주고, 사랑하지 않는데 어떻게 짠돌이가 돈을 펑펑 쓸 수 있을까? 모든 것이 사랑하기 때문에 가능한 것이다. 하물며 여자친구도 사랑하면 이렇게 해줄 수 있는데 내가 나를 사랑한다면 당연히 투자해줘야 하지 않겠는가?

내가 내 자신을 사랑하지 않으면 과연 누가 나를 사랑해줄 수 있는가? 나를 사랑해줄 사람은 오직 나밖에 없기 때문에 나는 나를 극진히 사랑한다. 나를 사랑하기에 오늘도 졸린 눈을 비비며 열심히 공부하고 있고, 나를 사랑하기에 새벽에 피곤해도 일어나서 뛰고 있다. 나를 사랑한다는 그 말 한마디가 나를 포기하지 않게 만들고, 나를 사랑한다는 그 말이 나를 도전하게 하고, 나를 사랑한다는 그 말이 나를 지칠 수 없게 만든다.

나는 오늘도 나를 사랑해주자고 깊이 생각한다. 어릴 때 지극히 평범한 모범적인 학생으로 살았던 나는 20대가 되면서 자아가 생기고, 독서를 하면서부터 자존감이 강하고 자기애가 넘치는 사람으로 살게 된 것 같다.

노동 수입으로는 절대로 부자가 될 수 없다

20대 청년 때부터 나는 돈을 많이 벌고 싶었다. 어떻게 하면 돈을 많이 벌 수 있을까 고민하던 중에 새벽 일찍 일어나 우유배달을 하면 추가 수입을 얻을 수 있을 것이라고 생각했다. 그래서 새벽 4시 30분에 일어나서 우유를 배달하고, 낮에는 직장 생활을 하고, 주말에는 우유값을 수금하러 다녔기 때문에 다른 것을 생각할 여유가 없었다. 그리고 직장이 6시에 끝나면 곧바로 야간에 대학교를 다녔다. 학교 수업을 마치고 집에 오면 밤 12시가 되었다. 새벽에 우유배달을 해야 하기에 곧바로 쓰러져 잠을 자야 했다. 하루 4시간만 자는 생활을 하니 죽을 맛이었다. 새벽에 일어날 때는 죽는 것도 그만큼 힘들지 않을 것 같았다. 정말 미친 하루하루를 살고 있었다. 새벽 4시 30분에 일어나 우유배달을 하고 난 후 곧바로 직장에 출근해야 하고, 퇴근 후 바로 대학교 야간수업을 받아야 하는 강행군을 1년 동안 하다 보니 문득 '이렇게 사는 것이 옳은가?' 하는 생각이 들었다.

이렇게 살다가는 죽을 수도 있겠다는 생각이 들었다. 돈을 많이 벌기 위해 시작한 일이지만 수입은 그리 많아지지 않았다. 일반 직장인들보다 조금 더 저축할 수 있는 수준이었다. 결국 육체적인 노동을 통해서 돈을 번다는 것은 한계가 있다는 것을 알게 되었다. 노동을 시간과 돈으로 바꾸는 것 자체가 처음부터 무리였다. 우유배달을 그만두니 날아갈 것 같았다. 한겨울 새벽에 일찍 일어나서 오토바이 액셀을 당겨본 사람은 알 것이다. 살을 에일 듯한 찬바람이 옷깃으로 스며들 때마다 느껴지는 고통을 어떻게 말로 표현할 수 있을까? 새벽 일찍 일어나다가 늦잠을 자니

늦잠이라는 게 이렇게 달콤하고 감사한 줄 그때까지는 몰랐다.

욕심을 버리니 스쳐가는

바람에도 고마움을 느끼고

미움을 버리니

길가에 피어난

이름 모를 꽃도

귀하게 느껴지더라

집착을 버리니

기다림도 그리움이 되더라

－《빈 잔의 꿈》 중에서

삶의 어려움과 고통이 결코 헛된 일이 아니고 값진 경험이라는 것을 우유배달을 통해 알게 되었다. 그리고 욕심을 버리니 모든 것에 감사하게 되었다.

당신의 5년 뒤, 10년 뒤 모습은 이미 정해져 있다

시간이 지나도 여전히 갈증을 느끼는 마음은 채워지지 않았다. 이미 자기 자신을 사랑하는 사람이 되어버린 나는 기회가 오기만을 기다리며 꾸준히 칼을 갈고 있었다. 노동 수입으로는 미래에 대한 꿈도 희망도 아무것도 기대할 수 없다는 것을 경험했기 때문에 직장의 월급에 의존할 수밖에 없는 처지가 한탄스러웠다. 그러던 중 우연히 아이들을 가르치는 학습지 교사를 하게 되었다. 제조업에서 직장 생활을 하는 것보다 아이들을 가르치는 것이 적성에도 맞았고 이전 직장보다 수입도 좋아서 열심히 일했다.

가족의 생활을 위해서, 아이들의 꿈을 위해서 저녁 늦게까지 일해야만 했다. 주말에도 시간을 내어 아이들을 가르치고 휴일도 없이 수업해도 내가 받을 수 있는 수입은 상한선이 정해져 있었다. 아무리 시간을 늘려도 하루는 24시간이고, 수업을 할 수 있는 시간이 정해져 있기에 월급은 일정 금액 이상으로 올라가지 않았다. 나의 20대 시절은 그렇게 월급을 받아 살아가는 삶에서 벗어나기 어려웠다.

어느 날 문득 나의 미래에 대해서 생각할 시간이 있었다. 지금처럼 살아간다면 5년 뒤, 그리고 10년 뒤 나의 모습은 어떻게 바뀌어 있을지 궁금해졌다. 그런데 미래의 내 모습을 확인하는 것은 어렵지 않았다. 나보다 먼저 시작한 5년 선배, 10년 선배를 보면 그들을 통해서 나의 미래를 확인할 수 있었다. 학습지 선생님 중에 5년 먼저 시작한 선배 선생님을 보니 팀장이셨고, 10년 된 분은 지국장님이셨다. 그런데 두 분 모두 내가 원하는 인생을 살고 계시지는 않았다. 하루하루가 힘들지만 그래도 버티면 분명히 좋은 날이 올 것이라는 환상은 두 분을 보며 산산조각났다. 팀장님은 늘 지국장님에게 실적에 대한 압박을 당하며 스트레스를 받고 있었고, 지국장님 또한 총국장님으로부터 영업 실적에 대한 압박을 받으며 사는 모습이 행복해 보이지 않았다.

여러분도 5년 뒤, 10년 뒤 내 모습이 궁금하다면 지금 다니고 있는 직장의 5년 선배, 10년 선배의 모습을 보라. 당신의 미래가 그 사람을 통해 투영되고 있을 것이다. 사업을 하고 있어도 마찬가지다. 당신보다 먼저 시작한 사람들을 관찰해보라. 그곳에 당신의 모습이 투영되어 있을 것이다. 당신의 정신이 바뀌지 않고 지금과 똑같은 상태로 살아간다면 10년이 지나도 크게 달라지지는 않을 것이다.

인생의 게임 체인저

기회는 준비하는 사람에게 찾아온다고 했던가? 학습지 교사로 일한 지 2년이 지나가고 있었다. 아무리 시간을 늘려 아이들을 가르쳐도 수입이 늘지 않았다. 그 당시 아내가 했던 말이 기억난다.

"여보 10만 원만 더 벌면 아이들 피아노학원에 보낼 수 있는데…."

아내가 간절하게 원한 10만 원을 더 벌기 위해 토요일과 휴일에도 수업을 나간 기억이 있다. 그러나 10만 원을 더 벌어도 절대로 부자가 될 수 없다. '게임 체인저'를 아는가? 어떤 일에서 결과나 흐름의 판도를 뒤바꿀 만한 중요한 역할을 하는 인물, 사건 등을 이르는 말이다. 게임 체인저가 없는 한 절대로 빠져나갈 수 없는 굴레를 돌고 있는 것이다.

청주에서 살다가 평택으로 올라온 후 같은 교회에 다니는 한 분을 알게 되었다. 그는 보험회사에 다니고 있었다. 친하게 지내다 보니 같이 식사도 하게 되고, 저녁마다 운동도 같이하는 친한 사이가 되었다. 집도 오가며 차도 마시고 아이들 키우는 이야기도 나누며 우정을 키워나갔다. 한 가정의 평범한 가장이었고, 교회에서는 열심히 봉사하는 성실하고 지극히 평범한 사람으로 그를 알고 있었다.

어느 날 그가 다니는 보험회사 사무실을 방문하게 되었다. 사무실에서 차를 마시고 이야기를 하던 중 그가 자리를 잠깐 비운 사이 우연히 책상 위에 놓여 있는 급여명세서를 보게 되었다. 내용이 보이지 않게 엎어져 있어서 너무 궁금했다. 너무 궁금한 나머지 실례를 무릅쓰고 살짝 들춰 보았다. 순간 외마디 비명을 질렀다. 상상도 못한 금액이 찍혀 있었다. 나는 그대로 몸이 굳어버렸다. 급여명세서가 한 장이 아니었다. 몇 년 동안 일했던 명세서가 가지런히 있는 것을 일일이 들춰 보는 내가 도둑고양이처럼 느껴졌지만 그것이 중요한 것이 아니었다. 당시 학습지 일을 하며 내가 받는 연봉의 7~8배 이상 벌고 있다는 사실에 전율이 일었다.

너무 당황스러워 표정 관리가 되지 않았다. 자리를 비웠던 지인이 오자 나는 더 이상 지인의 얼굴을 똑바로 쳐다볼 수가 없어서 다급히 일이 있다는 핑계를 대고 사무실을 빠져나왔다. 운전대를 잡고 집으로 가면서 온갖 생각에 잠겼다. 그렇게 정신적으로 충격을 받은 것은 처음이었다. 미칠 것 같았다. 왜 미칠 것 같은지 표현이 되지 않았다. 눈물이 흘러내렸다. 왜 눈물이 나는지도 모르게 흘러내렸다. 속이 상했다. 왜 속이 상한지 누군가 해석해주었으면 좋겠다고 생각했다. 차를 길가에 멈추고 깊은 생각에 잠겼다.

'내가 왜 이렇게 흥분하고 있지? 그 사람의 수입이 나와 무슨 상관이 있어서 눈물까지 나고 있을까?' 하는 생각을 해봐도 당시에는 이해가 되지 않았다. 정신적으로 너무 충격을 받아서일까 머리가 아파왔다. 약국에서 두통약을 사서 먹고 다시 천천히 내 모습을 뒤돌아보게 되었다.

사실 나는 자존감이 강하고 자신을 사랑하는 사람이었다. 자신을 사랑하기에 하고 싶은 모든 것을 하고 싶었고, 배우고 싶은 모든 것을 시도했다. 직장 생활을 하면서 현실의 벽에 부딪혀 꿈을 잠시 미루어놓았고, 결혼을 하면서 가정을 책임져야 하는 막중한 사명에 꿈꾸고 있었던 것을 잊고 있었다. 그랬던 내게 이제야 미루어놓았던 꿈이 되살아난 것이다. 그래서 눈물이 나고, 머리가 아프고, 가슴이 떨리고, 몸에 전율이 느껴졌던 것이다. 아마도 이룰 수 없다고 생각했던 꿈이 지인의 급여명세서를 보면서 '나도 어쩌면?'이라는 가능성을 확인한 것이다.

집으로 돌아와서 다시 한번 오늘 있었던 상황을 되짚어보았다. 그런데 너무 이상했다. 평소 내가 본 그 지인은 그렇게 열심히 일하는 사람이 아니었기에 이해하기 어려웠다. 나는 돈을 많이 벌기 위해 밤 늦게까지 수업을 해야 했는데, 그는 오후 4시만 되면 퇴근해서 양복을 벗고 체육복이나 반바지 차림으로 돌아다니면서, 아이들과 놀아주고 마트에 가서 쇼핑하는 것을 자주 목격했다. 당시 나는 '젊은 사람이 저렇게 성실하게 일하지 않고 일찍 퇴근해서 놀면 어떻게 가정을 이끌어나갈까?' 하는 비판적인 생각을 하고 있었는데 그 생각이 완전히 뒤집힌 것이다. 내가 충격을 받은 것도 그런 나의 고정관념 때문이라는 생각이 들었다. 지금도 억대 연봉은 적은 금액이 아니다. 그런데 25년 전 그 지인은 억대 연봉을 받고 있었던 것이다.

혹여 TV 방송에 나오는 사람이나 유명한 사람이 이런 연봉을 받고 있다면 그렇게까지 충격을 받지 않았을 것이다. 방송에 나오는 사람은 나와 아무런 상관이 없는 사람이기 때문이다. 그러나 같이 차를 마시고, 같이 밥을 먹고, 같이 운동하는 너무도 잘 안다고 생각했던 사람을 나는 너무 몰랐다. 지극히 평범한 이웃 정도로 생각했던 사람이 내가 꿈꾸는 사람이었다는 것을 알게 된 순간 전율이 일어날 수밖에 없었다.

집으로 돌아온 뒤 나는 아무것도 할 수 없었다. 생각하면 할수록 눈물만 흘러내렸다. 초라한 내 자신을 확인한 비관의 눈물인지 아니면 그동안 잊고 있었던 꿈을 향한 도전의 눈물인지 알 수 없는 눈물만 하염없이 흘러내렸다. 방문을 잠그고 깊은 생각에 빠졌다. 궁금해하는 아내에게 잠시 하루만 시간을 달라고 부탁했다. 깊은 통찰의 시간을 방해받고 싶지 않아서 먹는 것도, 잠을 자는 것도 포기해야 했다. 밤을 꼬박 새면서 생각을 하나씩 정리해나갔다. 나는 내가 무엇을 해야 하는지 알고 있었다. 한 가지 확실한 사실은 내 자신을 이 상태로 내버려둬서는 절대로 안 된다는 간절한 마음이었다.

그다음 날 그 지인에게 연락해서 다짜고짜 만나자고 했다. 전날 있었던 일에 대해 솔직하게 이야기하고, 나도 당신이 하는 일을 배우고 싶다고 정중하면서도 단호하게 말씀드렸다. 그리고 나는 반드시 성공할 이유가 있고 반드시 성공할 것이라는 의지를 불태웠다. 이런 진심이 통했는지 그는 나를 진심으로 도와주겠다고 하면서 함께해보자고 격려해주었다. 하늘로 날아갈 것 같았다. 이미 억대 연봉자로 성공한 것처럼 기분이 들떠 있었다.

다니던 학습지회사는 깊게 생각할 것도 없이 곧바로 정리했다. 이런 가슴 뛰는 일을 보고서도 학습지회사에 미련을 가진다면 나 자신에게 엄청나게 실망했을 것이다. 다행히 단 1초의 고민도 필요 없었다. 보험회사의 성공은 이미 정해져 있었고 어떠한 어려움이 있더라도 무조건 이겨내겠다는 신념으로 나는 충만했다.

가보지 않은 두려운 미지의 세계로

학습지회사를 그만두고 보험회사 대리점 시험에 합격 후 지인을 따라다니며 일을 배우기 시작했다. 처음 접하는 일이라 힘들겠다고 예상했지만 이런 힘든 것들이 나의 꿈을 꺾지 못했고 지인의 도움으로 차근차근 하나씩 배워나갔다. 이론이 아닌 실전에서 하는 것들을 현장에서 직접 목격하며 계약이 되는 것을 눈으로 배웠다. 지인은 프로 중에 프로였다. 20분 동안 대본도 없이 브리핑을 하는데 사람의 심금을 울리는 화법으로 고객들을 압도했다. 브리핑이 끝나면 계약들이 쏟아졌다. 실제 계약이 이루어지는 것을 두 눈으로 확인하며 나도 언젠가는 그렇게 멋지게 사람들 앞에서 브리핑해야겠다고 다짐했다.

시간이 지나자 초조해졌다. 주변에 설명을 해도 계약이 성사되지 않았다. 조급한 마음에다 불안한 마음이 겹치자 우울해졌다. 그렇게 열정적인 마음이 싸늘하게 식어버렸다. 몇 번 거절을 받고 계약이 되지 않자 실망스러운 자신을 보며 한탄했다. '내가 이 정도밖에 안 되는 사람이었나?' 하는 생각에 자존심이 많이 상했다. 사실 세일즈라는 것이 쉬울 수가 없다. 게다가 보이는 물건을 파는 것도 아니고 보이지 않는 상품을 팔면서 종이에 사인을 받기가 어찌 쉽겠는가? 이렇게 계속적인 거절을 받다 보니 갑자기 그 지인이 위대하게 보이기 시작했다. 교회에서 보면 그렇게 평범해 보였던 사람이 양복을 입고 일하는 모습을 보면 너무나 자랑스럽게 느껴졌다.

대책이 필요했다. 다시 기본으로 돌아가기로 하고 어디서 잘못되었는지 파악해보았다. 보험을 시작하고 한 달도 안 된 사람이 베테랑을 흉내 낸다는 것은 사실 무리다. 나는 겸손하게 현실을 직시했다. 그리고 한 가지 계획을 세웠다. 녹음기를 사서 그 지인의 모든 화법과 브리핑을 통째로 외워버리자는 전략이었다. 그래서 실제로 녹음기를 사서 브리핑할 때 녹음하고 고객과 상담할 때 전체 대화를 녹음했다. 그리고 집에 와서 녹음한 내용을 한글로 타이핑을 쳐서 20분간 중요한 내용을 토씨 하나 안 틀리고 통으로 외워버렸다. 그리고 그것을 자연스럽게 브리핑할 수 있을 때까지 몇 날 며칠을 연습하고 또 연습했다. 아내를 세워두고 연습하기도 했고, 거실에서 세 살 된 딸을 앞에 두고 연습하기도 했다.

그렇게 연습했지만 브리핑은 너무나 어려웠다. 40명 정도 되는 고객들 앞에서 보험에 대한 브리핑을 하다 보면 등에서 식은땀이 줄줄 흘러내렸다. 내가 무슨 말을 하는지도 모르게 앵무새처럼 외운 내용으로 아무런 감흥도 없이 브리핑을 했다. 그래도 포기하지 않았다. 더 연습이 필요했다. 거의 두 달간 집중해서 브리핑을 연습해도 사람들 앞에 서면 떨리는 것이 사라지지 않았다. 그래도 계속 일에 대한 스케줄을 잡고, 브리핑을 하고 상담을 이어 나갔다. 그렇게 3개월 동안 하고 나니 떨림이 없어지고, 상담이 자연스러워졌으며 말에 여유가 묻어나면서 계약이 되기 시작했다.

어두운 터널을 지나고 광명의 빛이 보이는 순간이었다. 계약의 경험을 하니 식었던 열정이 살아났다. 고객들도 이러한 나의 간절한 마음을 알아주는 것 같았다. 날이 갈수록 활동량을 늘렸고, 거절도 많았지만 성공하는 계약도 많아졌다. 이렇게 활동의 범위를 넓히면서 깨달은 것은 실패만큼 좋은 경험이 없고, 경험만큼 좋은 스승이 없다는 것이었다. 실패가 실패가 되지 않고, 실패가 경험이 되면 높은 확률의 계약으로 이어진다는 사실도 깨달았다. 그래서 실패가 소중한 경험이고 이 경험치가 데이터로 쌓여 나만의 화법으로 만들어지는 것이다.

시작한 지 3개월 만에 보험에 미치다

보험을 시작한 지 3개월이 지나자 나는 완전히 적응했다. 3개월째부터 제대로 된 계약이 성사되기 시작했다. 너무 신기했고, 그럴수록 활동량을 더욱 늘렸다. 한 달에 30건이 넘는 계약을 하자 지점의 많은 사람들이 축하해주고 부러워하기도 했다. 당시 억대 연봉을 받던 고수들도 나를 찾아와 축하해주었다. 이런 격려로 나는 쉴 수가 없었다. 브리핑만 하면 계약들이 쏟아졌다. 이 일을 가르쳐주었던 지인도 축하해주었다. 그 지인은 일정한 계약을 하면 더 이상 계약하려고 노력하는 사람이 아니었다. 그러나 신입사원인 내가 밤 늦게까지 일하는 것을 보고 동기부여를 받아 그도 밤 늦게까지 활동을 같이했다.

나는 보험에 미쳐 있었다. 미쳐도 보통 미친 게 아니었다. 새벽에 일찍 일어나면 태양이 빨리 솟아올랐으면 좋겠다고 생각했다. 왜냐하면 빨리 태양이 솟아올라야 일을 나갈 수 있다고 생각했기 때문이다. 계약을 많이 한 날이면 그다음 날이 기대되어 잠을 이룰 수 없었다. 그만큼 하루하루가 기대되었고, 그 하루는 나를 위해 존재하는 날이 되었다.

이렇게 열심히 하다 보니 6개월 만에 매월 50건이 넘는 계약을 할 수 있게 되었고, 내게 보험을 가르쳐준 지인과 어깨를 나란히 할 만큼 성장했다. 성공에 대한 꿈이 나를 더욱 열정적으로 만들었고 그 열정은 실적이 동반되다 보니 1년 동안 식지 않았다. 그해 나는 동부생명에서 시행하는 연도대상에서 은상을 수상할 수 있었고, 억대 연봉에 도달할 수 있었다. 이것이 나의 29세에 일어난 기적과도 같은 이야기이다.

지금 대학생이 된 우리 아이들이 과거 25년 전에 받았던 내 월급 명세서를 보고 깜짝 놀란다. 보험을 시작한 지 1년 만에 나는 34평 아파트를 살 수 있었다. 그 꿈을 이루기까지 수많은 거절과 실패를 맛보았다. 그러나 실패하고, 실패하고, 또 실패해도 오뚝이처럼 일어날 수 있었던 것은 나는 반드시 성공한다는 꿈에 대한 확신이 있었고, 그 덕분에 벼랑 끝에 나를 세우고 끊임없이 도전할 수 있었기 때문이다.

간절하면 반드시 이루어진다. 그 간절함을 이루기 위해 항상 칼을 갈아두어야 한다. 언제 기회가 올지 모르기에 서슬퍼런 칼로 만들어 단 한 번의 기회에도 두 쪽을 갈라야 하는 것이다. 이것이 꿈을 이루기 위해 준비하는 자의 자세이다.

거절당하기
프로젝트

우리 회사 신입사원 신 대리는 좀 특별한 점이 있다. 그리고 배울 점도 참 많다. 책에서 나오는 성공한 사람들의 행동들을 모두 따라 하기도 하고, 저자들을 찾아다니며 저자들의 깊은 통찰력을 적어오기도 한다. 정말 괴짜다. 이전에 다니던 회사 대표이사에게 식사 요청 메일을 보내 사장님과 함께 식사를 하는 대범함도 있고, 그렇게 훌륭한 사람들의 삶의 지혜를 배우려는 적극적인 태도는 나도 본받고 싶은 부분이다. 신 대리를 우리 회사로 스카우트한 것도 신 대리의 특별함 때문이다.

아침 5시에 기상해서 긍정 확언을 하고, 자신이 원하는 것을 100번씩 필사하고, 이마에 땀이 나도록 한 시간씩 뛰고, 삼 일에 한 권씩 책을 읽고, 독서 모임을 주관하는 성공 루틴을 매일 반복하고 있는 이런 사람은 대체 불가능한 사람이다. 얼마 전 신입사원 신 대리의 경험담이 생각났다. 지아 장의 저서 《거절당하기 연습》이라는 책을 감명 깊게 읽고 이것을 몸소 실천해보고 일어나는 반응을 관찰했다는 말이 귀에서 맴돌았다. 나도 이것을 따라 해보기로 작정했다.

실험적으로 거절받기

지갑과 휴대폰을 모두 집에 두고 운동복으로 갈아입었다. 오늘의 미션은 카페에서 지갑을 가져오지 않았다고 말하고 공짜로 커피를 요청해서 다섯 번 거절을 당하는 것이 목표였다. '아무 생각 없이 그냥 창피함을 무릅쓰고 다섯 번만 거절을 받아보자'라고 생각했다.

첫 번째 시도는 의외로 쉬울 것으로 생각했는데, 막상 카페 문을 열고 들어가니 사람들이 너무 많아서 용기가 나지 않아서 뻘쭘하게 있다가 그냥 나왔다. 시도해보지도 못하고 실패한 것이다. 이렇게 하다가는 단 한 곳도 시도할 수 없을 것 같았다. 용기를 냈다. 그리고 마음속으로 '이번에도 시도하지 못하면 100만 원을 자선단체에 기부하겠다'고 다짐했다.

이번에는 손님이 없는 한가한 카페를 골랐다.

"안녕하세요? 제가 운동을 하다가 휴대폰과 지갑을 놓고 와서 돈이 하나도 없습니다. 뛰다가 보니 커피가 너무 마시고 싶어서 들어왔습니다. 저에게 커피 한 잔 주실 수 있는지요?"

얼굴이 화끈거렸다. 그래도 어쩔 수 없다. 순간 괜히 시도했다는 후회가 밀려왔다. 이 상황을 돌이키기에는 이미 너무 늦었다는 것을 나는 알고 있다. 카페 사장님의 반응이 두려웠다. 그런데 의외의 목소리가 내 귀를 부드럽게 스쳐 지나갔다.

"아, 그러세요? 커피 한 잔 정도는 제가 드릴 수 있습니다. 아이스 커피로 드릴까요? 따뜻한 커피로 드릴까요?"

거절당하려고 했는데 너무 쉽게 성공했다. 나는 사장님께 여쭈었다.

"돈이 없다고 했는데도 어떻게 친절을 베푸시는지요?"

그러자 사장님은 "커피 한 잔 아낀다고 부자 되는 것도 아니잖아요? 커피 한 잔 정도는 그냥 드릴 수 있습니다"라고 말씀하셨다. 나는 마음속으로 '이렇게 쉽게 성공할 수 있나?' 하고 생각했다. 커피를 받아 들고 고맙다고 연신 허리를 숙여 인사하며 나왔다.

당연히 거절할 것이라고 생각했는데 너무 쉽게 성공해 다음 카페 방문이 궁금해졌다. 두 번째는 고덕신도시에 있는 '청년커피'라는 곳으로 갔다. 간판 앞에서 들어갈까 말까 망설이고 있는데 오히려 카페 안에서 나오셔서 "혹시 뭐 찾는 것 있으세요?" 하고 물었다. 나는 "운동하다가 커피가 너무 마시고 싶은데 지갑을 집에 두고 와서 돈이 없는데 나중에 드릴 테니 커피 한 잔 마실 수 있을까요?" 하고 물어보았다. 젊은 사장님은 빙그레 웃으시며 "그 정도는 충분히 해드릴 수 있습니다. 그냥 무료로 드릴게요. 아이스 커피로 드릴까요?" 하고 정중하게 물어보셨다. 나는 궁금해서 젊은 사장님에게 "돈이 없다고 했는데도 이렇게 친절하게 커피를 주시는 이유가 있으신지요?"라고 물었다. 그러자 "아, 그것은 아버지께서 가르쳐주신 것입니다. 손님에게 너무 인색하게 하지 말라는 아버지의 가르침이 있어서 커피 한 잔의 여유는 충분히 손님들에게 제공해드릴 수 있습니다"라고 사장님은 대답했다.

생각하지 않았던 결과

거절당하는 것을 목표로 했기에 어렵지 않게 성공할 수 있겠다고 생각했다. 그런데 의외의 결과로 이렇게 하다가는 거절당하기가 어려울 수도 있겠다는 생각을 하게 됐다. 그리고 많은 사람들이 당연히 돈을 주지 않으면 커피를 제공하지 않을 것이라는 선입견을 가지고 있다는 것을 알았다. 그래서 용기를 내서 말하지 못한다는 생각이 들었다. 어떤 일이든지 시도해보지 않고, 선입견을 가지면 시도조차 하지 못한다.

실험적으로 거절당하기 프로젝트를 해보면 이런 의외의 결과가 사람의 고정된 시각을 바꿔놓기도 하고 행동으로 의외의 결과를 만들기도 한다. 안 된다는 선입견이 생각을 제한하고, 행동을 멈추게 하는 결과를 만든다는 사실도 알게 되었다.

세 번째 카페 방문의 결과가 궁금해졌다. 고덕 삼성반도체 앞에 있는 작은 카페에 들어갔다. "손님, 안녕하세요? 무엇을 드릴까요?" 직원이 상냥한 목소리로 인사했다. 이제 나는 두 번의 경험을 통해 쑥스럽지도 부끄럽지도 않았다. 나는 이전 카페에서와 똑같이 말했다. 앞선 두 번의 경험으로 이제는 한층 여유 있으면서 차분하고, 진정성 있게 말할 수 있었다. 그런데 이번에는 조금 난처한 경우가 발생했다. "죄송합니다, 손님. 제가 사장이 아니라 마음대로 결정할 수가 없습니다. 드리고는 싶은데 사장님이 안 계셔서 드릴 수가 없습니다"라고 말했다. 종업원에게는 결정권이 없다는 이야기로 충분히 이해되었다. 하지만 한 번 거절당했다고 물러서고 싶지 않았다. 최대한 설득해보자는 생각이 들었다.

"나중에 꼭 현금을 찾아서 가져다 드릴게요. 커피향이 너무 좋아서 들어왔으니 부탁드립니다."

종업원은 난처한 표정이었다. 그래도 물러서고 싶지 않았다. '여기서 물러서면 벼랑 끝이다'라는 심정으로 창피했지만 다시 설득했다.

"정말 커피가 너무 마시고 싶어서 말씀드립니다. 어떻게 안 될까요?"

나의 이런 간절함이 통했는지 종업원은 "네, 그럼 제가 기분 좋게 쏠게요. 이렇게 커피 한 잔을 간절하게 요청하는 손님은 처음 보았습니다" 하며 깔깔대고 웃었다. 나는 종업원에게 "이렇게 처음 본 저에게 커피도 주시고 복 받으실 것입니다" 하며 훈훈하게 마무리하고 나왔다.

이후 두 곳의 카페를 더 방문해보았다. 두 곳의 카페 사장님 모두 호의적인 반응이었고, 흔쾌히 커피를 제공받을 수 있었다. 돈 없이 커피를 공짜로 제공받는 것은 실패보다 사실 성공이 더 많았다. 시도해보기 전에는 분명히 대부분 거절당할 것으로 생각했지만, 의도적으로 거절당하려고 해도 거절당하기 힘든 신기한 경험을 했다. 우리 사회가 각박하고 냉정한 것이 현실이라고 하지만 그래도 인정이 있고 베풀 수 있는 사람이 더 많다는 것을 확인했다.

사실 이번 커피 거절당하기 프로젝트는 거절에 대한 이해도를 높이기 위해 실험적으로 한 것이다. 거절받을 때 회피할 수 있는 방법을 찾고 거절에 대한 이해도를 높이기 위해 실험한 것인데 오히려 성공하는 방법을 찾는 결과가 되어버렸다.

이번 실험으로 나는 시도해보지 않고 선입견을 가지면 안 된다는 사실을 확인했다. 성공할지 실패할지는 결국 해봐야 알 수 있다. 해보지도 않고 시도조차 하지 않는다면 기회는 영원히 찾아오지 않는다. 될지 안 될 지 미리 결정하지 말고, 해보고 난 뒤 결정할 수 있다면 기회는 마음먹기에 달려 있다는 것을 실험을 통해 알 수 있었다.

어떤 일이든 마음먹기에 달려 있다. 하려고 하는 의지가 열정을 만들고, 간절함이 결과를 만들어낸다. 카페에서 거절당하기 프로젝트도 사람들은 돈 없이 커피를 달라고 하면 당연히 거절당할 것으로 생각했지만, 실상 실험해보니 정반대의 결과가 나왔다. 생각이 아니라 정말 실제로 해보면 거절당하는 것이 성공하는 것보다 더 어려울 수 있다. 거절당하는 것을 목표로 한 것이 사실은 더 어려운 숙제가 되었다.

다른 영업 일선에서도 자신의 영업과 관련된 일을 실험적으로 해보면 좋은 결과를 얻을 수 있을 것 같다. 진심으로 해보자. 그냥 연습했다고 생각해도 손해 볼 것이 전혀 없고, 좋은 경험이 될 것이다. 실패만큼 좋은 경험이 없고, 경험만큼 좋은 스승이 없다. '실패는 성공의 어머니'라는 말은 흔하지만 진리이다. 이런 경험이 쌓이면 영업의 달인이 되고, 마케팅의 승부사가 되는 것이다.

저자의 이런 습관적인 승부사 기질이 다양한 사업을 시도하게 했고, 수백억 원의 자산을 만들고, 모든 사업을 실패 없이 성공한 비결이 됐다고 믿는다. '확실한 것이 아니면 승부를 하지 마라'가 아니다. 불확실해도 일단 도전해보는 것이 더 소중한 경험으로 쌓일 것이고, 그 경험은 성공으로 가는 등불이 되기에 충분하다. 사실 불확실하고 불완전할 때 기회가 더 있다. 모든 것이 확실해진 상태에서는 이미 기회는 다른 사람의 몫

이 될 가능성이 높다. 기회는 어려울 때 만들어지고, 안개와 같이 앞이 가려져 있을 때 발생하고, 그것을 꿰뚫어 볼 수 있는 통찰력이 있는 사람이 결국 성공의 문을 열 수 있다.

운명을 바꾼
권 부장 이야기

"순기 씨! 나를 믿을 수 있어?"

"저는 대표님을 100% 믿습니다."

"정말, 믿을 수 있어?"

"네, 정말 믿을 수 있습니다."

"그럼, 순기 씨가 꿈꾸는 그 꿈 내가 이루어줄게. 내일부터 당장 출근
해."

2022년 12월 말, 지금은 우리 회사의 권 부장이 된 순기 씨와 전화로
나눈 짧은 대화이다. 우리 회사에 입사하고 싶은 사람은 줄을 서 있다. 이
유는 2가지 정도로 압축할 수 있는데 첫째, 부동산에 대한 엄청난 노하우
를 배우고 싶다는 것과, 둘째는 일반 기업에서 받기 힘든 연봉을 받을 수
있기 때문이다. 월급을 안 받아도 되니 일을 배울 수 있게만 해달라고 하
는 편지와 이메일이 수시로 오고 있다.

유튜브 방송과 내가 집필한 두 권의 책을 읽고 드디어 가슴 떨리는 일
을 찾았다고 꼭 만나고 싶다고 연락이 오기도 한다. 부동산 시장이 좋았

을 때는 하루 150통 이상의 전화가 폭주하기도 했다. 이렇게 많은 사람들이 배움에 갈급해 있을 줄 생각도 못했다. 관심 있는 사람들이 많았기 때문에 굳이 공고를 해서 사원 모집을 할 필요가 없었다.

매월 부동산 교육을 오프라인으로 하고 있다. 비싼 유료 교육이지만 단 한 번도 모집이 미달된 적이 없다. 언제나 부동산 투자에 대한 관심도는 최상이었고, 그런 교육생들을 만족시키기 위해 오전 10시에 시작해서 저녁때까지 열정적으로 진행한다. 비싼 유료 교육이기에 준비를 철저히 해서 교육생의 만족도를 높이려고 노력한다.

교육생과 멘토로서 첫 만남

이런 교육을 진행하는 과정에서 2022년 9기 교육생으로 온 순기 씨를 처음 만나게 되었다. 순기 씨는 대구에서 외국계 기업에 다니며 파트장으로 일하고 있었다. 고액의 연봉을 받고 있지만 노후에 대한 불안감으로 재테크에 관심을 가지고 있다가 토지에 대한 관심이 있어 교육에 참여했다. 1일 교육에 80만 원씩 하는 고액의 교육이었다. 그럼에도 불구하고 신청자들이 많았고 9기 교육에 참가한 사람들 중에 순기 씨는 반장으로 뽑혀 나와 깊은 인연을 이어갈 수 있었다.

순기 씨는 대구에서 육아휴직으로 1년간 휴직을 신청한 상태에서 토지 투자에 대한 매력에 빠져 전업을 고민하고 있었다. 저자를 만나고 난 뒤 그 고민은 부동산으로 전업하겠다는 생각으로 굳어져갔다. 생각해보면 서로 부담스러운 상태였다. 토지를 배우고자 하는 열정이 넘치는 상태였지만 내가 부담스러워 한다는 사실을 알고 차마 토지를 가르쳐달라고 말하지 못하고 있었다. 당시 나도 직원이 필요한 상태가 아니었고 교육생을 사무실에 출근시켜서 가르칠 입장이 되지 않았다.

그의 육아휴직의 시간도 그렇게 6개월이 지나갔다. 이 정도 되면 대부분 보통 회사로 복귀할 준비를 한다. 길었던 휴직을 마치고 다시 힘든 직장 생활로 돌아가는 것이 일반적이다. 그런데 순기 씨는 고액의 연봉을 포기하고 죽어도 회사로 돌아가지는 않겠다고 결정한 상태였다. 자신의 꿈을 이루고자 투자를 위해 주변 부동산을 기웃거린다는 이야기를 다른 교육생들을 통해 전해 듣기도 했다. 부동산을 배운다는 것이 얼마나 힘들고 지루한 자신과의 싸움인지 알기에 선뜻 순기 씨의 손을 잡아주기가 어려웠다.

나의 두 번째 책 《오르는 땅의 비밀노트》가 출간되었을 때 순기 씨는 30권의 책을 사서 "이렇게 좋은 책은 투자자라면 무조건 봐야 합니다"라고 하면서 지인들에게 나누었다. 나는 그 마음씨가 너무 예뻐 사무실로 초대해서 함께 이야기를 나누었다. 그리고 어떤 생각인지 진지하게 물어보았다. 순기 씨는 절대로 회사에 복귀하는 일이 없다고 단호하게 말하며, 이미 평택에 집을 마련했다고 했다. 자신의 삶을 직장 생활로 보낼 수 없다는 확고한 의지를 확인할 수 있었다.

주변을 돌아보지 않으면
본질을 잊어버릴 수 있다

당시 순기 씨는 무급 휴직 중이라 투자할 자금으로 생활하고 있었고, 투자금도 줄어들고 있는 상황이기에 이것을 극복하기 위해 김치찌개 식당을 개업할 계획을 세우고 있었다. 식당을 운영하면서 나오는 수익으로 부동산 투자를 이어가겠다는 그의 의지를 꺾을 수 없었다.

나는 식당 일이 얼마나 힘든지 너무나 잘 알고 있기에 절대적으로 말렸다. 식당이라는 것이 잘될 수도 있지만, 순식간에 어려워질 수도 있다는 사실을 잘 알고 있기에 절대로 하면 안 된다고 신신당부했다. 그러나 순기 씨는 "대표님 고민해보겠습니다"라고 말하며 헤어졌다.

그 후 두 달이라는 시간이 지나고 순기 씨와 함께 교육받았던 교육생으로부터 연락이 왔다.

"대표님, 순기 씨가 평택에 식당을 개업하려고 이번 주에 계약할 것 같습니다."

순간 나는 가슴이 덜컥 내려앉았다. 지혜로운 사람이라 현명하게 결정할 것이라고 생각했는데 '결국 일을 저질렀구나' 하는 생각으로 머리가 복잡해졌다. 순기 씨는 9기 교육생 중 반장으로 마음이 따뜻했고, 정이 많은 사람이라 동생 같은 마음으로 올바른 길로 인도해야 하겠다고 생각했다.

나는 순기 씨를 다시 불렀다. 일과가 끝나고 저녁때 농장사무실로 와서 고기를 구우며 이야기나 좀 하자고 했다. 순기 씨는 그동안 마음고생을 해서인지 기가 푹 죽어 있었다. 주변 여러 사람을 통해 코로나 시대에 식당을 하면 무조건 망한다는 이야기를 귀에 딱지가 앉도록 듣고 있었던 것이다. 나는 마지막으로 순기 씨에게 이야기했다.

"순기 씨, 이럴 거면 직장으로 돌아가."

뼈를 때리는 말이었다. 순기 씨 입장에서 보면 꿈이 산산조각 나는 이야기였다. 아무런 꿈도 희망도 꿀 수 없는 직장은 감옥이라고 생각했는데, 이런 이야기를 멘토라고 생각하는 사람에게 들었으니 순기 씨는 이루 말할 수 없을 정도로 절망했다. 나는 도저히 이대로 보고 있을 수 없어서 아주 단호하게 "순기 씨, 세상이 그렇게 만만하지 않아. 이렇게 어려운 코로나 시대에 식당이 웬 말이야" 하고 알아들을 수 있도록 따끔하게 말해주었다. 그 당시에는 서운할 수도 있었겠지만 한 가정이 위태로운 상황이 될 수도 있겠다는 생각에 힘주어 이야기했다. 순기 씨는 고개를 들지 못하고 그렇게 하겠다는 말을 하고, 깊은 절망감과 무거운 발걸음으로 돌아갔다. 그의 축 처진 어깨와 뒷모습이 더욱 초라하고 힘겨워 보여 마음이 너무 아팠다.

상황을 종료시킬 게임 체인저!

연말에 법인 결산으로 바쁜 일정을 보내고 있던 중 교육생으로부터 또 전화가 왔다.

"대표님, 순기 씨가 대표님 말을 안 듣고 식당을 계속 진행시키고 있습니다."

갑자기 허탈해졌다. 그리고 곰곰이 생각해보았다. '얼마나 간절하면 식당을 해서라도 부동산 공부를 해보고 싶을까?' 하는 생각에 이제는 설득할 수 없음을 직감하고 순기 씨 인생에 게임 체인저를 자처해야 할 시기가 되었다는 판단을 했다.

순기 씨에게 전화를 했다. 갑작스런 전화에 당황했는지 풀이 죽은 목소리였다.

"순기 씨! 나를 믿을 수 있어?"

"저는 대표님을 100% 믿습니다."

"정말, 믿을 수 있어?"

"네, 정말 믿을 수 있습니다."

"그럼, 순기 씨가 꾸는 그 꿈 내가 이루어줄게. 내일부터 당장 출근해."

영화 속의 한 장면 같았다. 너무나 간절한 그 꿈을 이루기 위해 보여주었던 의지가 나를 감동시켰다. 순기 씨는 전화를 끊고 소리를 지르며 환호했다고 한다. 그렇게 배우고 싶었던 부동산 투자를 제일 존경하는 멘토에게 배울 수 있는 기회가 주어졌기에 준비하던 식당을 모두 취소하고 곧바로 사무실로 출근하게 되었다. 우리 인연은 이렇게 출발했다. 극적인 드라마 같은 사연으로 시작하게 되었고, 그 이후의 일은 영화보다 더 영화 같은 일들의 연속이었다.

죽을 만큼 간절한 열정, 그리고 숨겨진 재능

순기 씨는 2023년 1월 2일 우리 회사에 입사했다. 외국계 기업에서 파트장으로 일했기에 경력을 인정해서 부장의 직함을 주었다. 앞으로는 권 부장이라고 부르기로 했다. 회사 모든 직원들의 박수를 받으며 꿈의 사업장에서 권 부장은 인생 2막을 시작한 것이었다.

권 부장은 자세부터 남달랐다. 항상 제일 먼저 출근해서 깔끔하게 청소를 해놓고 직원들을 맞이했다. 부동산을 배우기 위해 직장도 그만두고 대구에서 평택으로 이사했다. 그만큼 절실하고 간절했기에 허투루 보내는 시간이 없었다.

사무실에 손님이 오시면 상담하는 방법을 배우기 위해 항상 내 옆에 앉아서 경청하고 메모하면서 실력을 키워나갔다. 사무실에는 부동산 투자자들이 끊임없이 방문했기 때문에 투자자들의 성향과 성품, 투자 마인드에 대해서 다양하게 경험하고 자신의 상담 방식을 배워나갔다.

투자할 지역을 분석하러 갈 때는 나와 동행했다. 현장에서 느끼는 원형지 토지의 느낌을 살리기 위해 주변 입지에 대한 분석과 도시개발계획을 알려주었다. 부동산 지식은 반복적으로 현장에서 경험하는 것이 지식을 습득하는 가장 빠른 방법이다. 그래서 현장에 갈 때마다 권 부장을 데리고 나갔다. 권 부장은 부동산 지식을 쌓아가는 것을 너무 즐거워했다. 나는 권 부장이 토목 측량 사무실에 가서 미팅도 하게 하고, 시청에 찾아가서 담당자를 만나보게도 하고, 부동산 책에서 읽었던 지식들을 직접 발로 뛰면서 경험하게 했다. 토지의 필지를 분할하는 것도 토목 측량회사에 가서 상담하고 시청에 가서 담당자를 찾아 직접 문의해서 분할해보라고 지시했다.

'잘해낼 수 있을까?' 하는 걱정도 했지만 권 부장은 이해가 빨랐다. 모르는 것이 있으면 인터넷을 찾아서라도 알아보려고 했고 그래도 모르면 나에게 찾아와 적극적으로 질문했다. 권 부장의 배우려고 하는 자세가 훌륭했다. 모르면 그냥 넘어가는 법이 없었다. 질문하고 찾아보고 자신이 이해가 될 때까지 학습하는 성실함까지 갖춘 인재였다.

이런 적극적인 태도를 나는 너무 좋아한다. 다른 직원들이 출근하기 전에 아침 일찍 출근해서 나도 권 부장과 많은 이야기를 나누었다. 고객을 대하는 태도와 그동안 축적했던 상담의 기술들을 권 부장에게 꺼내 놓았고, 권 부장은 최고의 스승이 주는 최고의 화술들을 직접 익힐 수 있게 되었다.

놀면서 일하자. 그리고 베풀며 살자

우리 회사 사훈은 '놀면서 일하자. 그리고 베풀며 살자'이다. 우스갯소리로 "놀지 않으면 퇴사를 당한다"는 소문에 열심히 놀아야 한다고 했다. 그만큼 놀아도 현장에서 놀자라는 의미이다. 주변에서 보면 우리 회사 사람들은 항상 놀고 있는 것 같다고 한다. 그런데 매일 노는 것 같은데 매달 엄청난 부동산 계약을 한다. 남들이 부동산이 안 된다고 할 때도 우리 회사는 매년 최고의 실적을 거두었다. 이렇게 계약이 많은 것은 열심히 놀아서이다. 놀긴 노는데 어디에서 놀고 있는지가 중요하다. 회사 대표부터 직원들까지 투자할 수 있는 개발 지역에 가서 놀고 있다. 회사의 특성상 현장에서 임장을 하고, 현장에서 고객을 만나며, 현장에서 거래 분석, 가격 분석, 개발계획 같은 부동산에 민감한 정보를 얻고 있다. 동네 사람들이나 정보가 많은 이장님, 그리고 마을의 핵심 키맨을 찾아다니는 것이 우리가 해야 하는 매우 중요한 일이다. 그리고 고객들을 현장에서 만나다 보니 카페에서 만나게 되고, 식사도 현장의 맛집을 찾아다니는 일정을 보내는 것이다. 이런 일련의 활동들이 사람들 눈에는 놀면서 일하는 것으로 비춰진다.

이렇게 일을 하다 보면 일이 즐겁다. 지루할 틈이 없다. 사람들을 많이 만나다 보면 현장 분위기를 금방 파악할 수 있고, 수익이 될 수 있는 물건들을 쉽게 확보할 수 있다. 일찍 일어나는 새가 모이를 많이 먹을 수 있다고 하듯이 부지런히 현장에서 뛰어다니는 사람이 정보를 많이 얻을 수 있는 것은 자명한 사실이다. 이렇게 현장에서 살고 있는 사람에게는 부동산의 고급 정보들이 넘쳐난다. 이러한 고급 정보는 곧 수익과 연결될 수밖에 없다.

부동산을 처음 배울 때 나는 사무실에 들르지 않고 현장으로 바로 향했다. 현장에서 살았다고 하는 것이 맞는 말이다. 그렇기 때문에 유튜브 방송을 할 때 대본이 없이도 1시간 이상 방송할 수 있었다. 현장에 추억이 있는 만큼 실력이 뛰어날 수밖에 없는 것이다. 이런 지식들을 현장에서 권 부장에게 알려주었다. 권 부장은 이렇게 일하는 것이 너무 신기하다고 하면서 또한 일이 이렇게 재미있는 줄 몰랐다고 했다. 열정이 많은 권 부장은 회사 생활을 오래 했지만 진부하지는 않았다. 이전에 다니던 회사에서도 늘 혁신적이었고, 파트장으로 승진할 만큼 능력과 리더십이 있었다. 우리 회사에 와서도 이런 능력을 갖고 능동적인 자세로 배움에 임했고, 항상 노트에 메모하며 지속적으로 실력을 키워나갔다.

첫 번째 기회

권 부장이 입사한 지 2주가 되었을 때 드디어 기회가 왔다. 공룡알 화석지로 유명한 송산그린시티 주변에 토지 분양이 있었다. 주거지역 경계선에 붙어 있고 초등학교가 바로 앞에 있는 최상의 입지를 가진 땅을 분양하는 프로젝트였다. 전체 금액은 약 60억 원 정도 되고, 10개 토지 필지를 분양하는 계획이었다.

이 프로젝트를 위해서 전체 직원을 소집해서 아이디어 회의를 했다. 송산그린시티 184만 평 산업단지가 만들어지는 주변에 위치하는 최상의 입지였기에 브리핑하는 것은 문제가 되지 않았다. 드론을 하늘로 날려서 촬영하고, 영상을 만들기 위해 시나리오를 작성했다. 현장에서 직접 뛰어다니며 사람들이 걸어 다니는 동선을 살펴보았다. 그리고 도로 폭과 주변 주거지역의 범위를 점검하며 브리핑할 수 있는 다양한 자료들을 1주일 동안 모았다. 이 모든 프로젝트의 과정을 막 입사한 권 부장과 같이했다. 나는 권 부장에게 이번 기회가 토지를 배울 수 있는 절호의 기회라고 말해주었다. 그리고 집중해서 공부해서 분양까지 해보라고 용기를 주었다. 그리고 10개의 토지 필지 중 각 필지마다 가지고 있는 고유한 입지 특성과 마케팅까지 겸해서 팁을 알려주었다.

드디어 분석을 마치고 프로젝트를 시작할 자료와 영상까지 제작되어 유튜브 방송으로 10개의 필지를 분양하는 영상이 소개되었다. 러시아와 우크라이나의 전쟁으로 인해 전 세계 경기가 불확실하고, 특히 건설 경기 침체로 부동산 경기까지 하락하는 시점에 이런 분양 프로젝트가 쉬울 것이라고는 생각하지 않았다.

방송이 나가자 토지에 대해 문의하는 사람들의 전화가 오기 시작했고 그중 한 분의 고객을 권 부장에게 소개해주었다. 잘하리라고 크게 기대하지는 않았다. 처음 하는 일이라 경험하는 차원에서 고객을 넘겨주었다.

'선무당이 사람 잡는다'는 속담이 있다. 권 부장은 10개의 필지 분양 중 매매를 시작한 첫날 첫 번째로 계약을 성사시켰다. 다른 여러 직원들도 있었지만 경험도 없고, 부동산 지식도 부족한 사람이 입사 2주 만에 계약을 해낸 것이다. 나는 너무 놀랐다. 어떻게 아무것도 모르는 신입사원이 계약을 성사시켰을까 의문투성이었다. 나는 권 부장이 '소 뒷걸음치다가 쥐 잡았다'고 생각했다. 그렇다고 해도 너무나 빠른 계약이었다. 살다 보면 이런 횡재도 있을 수 있다는 생각을 했다.

그러나 그것은 우연이 아니었다. 권 부장의 철저한 계획과 준비가 있었던 것이다. 자신에게도 보이지 않는 놀라운 분석과 간절함이 통했던 것이다. 사실 권 부장은 매매하기 전부터 사전에 철저히 준비했다고 했다. 각본을 미리 작성해서 상담하는 연습을 했고, 물건지에 가서 철저하게 현장을 답사하고 분양할 토지의 장점들을 필지마다 정리해서 자료로 만들었으며, 누구든지 상담만 하면 무조건 분양시키겠다는 의지가 있었다.

권 부장에게 "그런 자신감은 어디서 나왔느냐?"고 묻자 "대표님, 저는 너무나 간절했습니다. 이런 기회가 오기만을 기다리고 또 기다렸습니다"라고 결의에 찬 목소리로 대답했다. 그렇다. 권 부장은 이미 이런 기회가 올 것을 준비하고 기다렸던 것이다. 실력이 부족해도 하고자 하는 의지가 권 부장의 한계를 뛰어넘게 했다. 그날은 권 부장이 너무나 자랑스럽고 한없이 사랑스러운 날이었다. 권 부장의 첫 번째 성공이 그렇게 반가울 수가 없었다.

단 한 번의 계약으로 권 부장은 2,000만 원의 수수료를 받을 수 있었다. 월급을 받는 직장인은 생각하기 어려운 금액이다. 그러나 분양을 하는 현장에서는 수시로 있는 일이다. 하고자 하는 의지로 자신이 꿈꾸는 모든 것을 이룰 수 있는 것이 이 직업이기 때문이다.

이번 계약이 권 부장에게는 큰 용기가 되었다. 어디서도 경험할 수 없는 신세계를 경험했기 때문이다. 너무 쉽게 첫 번째 계약을 해내서 분양이 쉬울 것이라고 생각하는 사람들이 있을 수도 있겠지만 사실 토지 분양은 절대 쉬운 일이 아니다. 5억 원이라는 토지를 사는데 묻고, 따져보지 않고 사는 사람이 어디에 있겠는가? 그리고 계약하기까지 얼마나 많은 시간 동안 고민하겠는가? 이런 어려운 계약을 권 부장은 제일 먼저 성공시켰기 때문에 격려와 칭찬을 받을 자격이 충분했다.

철저히 준비한 사람에게는 기적이 찾아온다

이것은 시작에 불과했다. 권 부장을 보며 우연이라고 생각했던 기적이 이제는 상식이 되었다. 입사 후 한 달도 안 된 권 부장에게 안성에 있는 원형지 토지 몇 개를 소개해주었더니 1주일도 안 되어 고객을 모시고 현장을 왔다 갔다 하더니 결국 땅까지 매도한 것이다. 그것도 2개의 땅을 매도했다. 기가 막힐 노릇이었다.

권 부장은 이미 준비되어 있는 사람이었다. 부동산을 위해서 태어난 사람처럼 행동했고 잠시의 망설임도 없었다. 확신에 찬 상담으로 고객들에게 신뢰를 주기에 충분했다. '어떻게 저렇게 잘할 수 있지?' 하는 생각에 상담하는 것을 들어보았다. 깜짝 놀랐다. 상담 시 화법 중에 'YES and BUT' 화법이 있다. 이것은 보험회사에 다닐 때 주로 유용하게 사용하던 화법이었는데, 고객의 말을 인정해주고(YES), 그러나(BUT)로 상황을 전환시키는 화법이다. 이런 화법을 권 부장은 고객과 상담할 때 하고 있었다. 고객을 설득하는 과정을 지켜보니 고객의 말을 충분히 들어주고, 반대급부의 내용이 나오면 그 부분에 대해서 설득력 있는 자료와 화법으로 고객을 이해시켰고, 고객의 이익이 될 수 있는 부분을 집중적으로 설득해서 고객 스스로 만족할 수 있는 계약으로 만들어버렸다. 세일즈를 전문적으로 해본 입장에서 권 부장을 평가해보면 권 부장은 상담의 정석을 보여주는 이미 준비된 사람이었다.

권 부장은 1월 입사 후 한 달 만에 3건의 계약을 체결했다. 분양 1건, 토지 2건의 계약으로 총 5,500만 원의 수수료를 받았다. 입사 전부터 부동산 공부를 해보는 것이 소원이라고 했던 권 부장의 간절함이 실전에서 빛나는 업적으로 기록되었다.

시간이 지나면서 권 부장에게 사무실에 있는 시간보다 현장에서 시간을 보낼 것을 지시했다. 신입사원 때는 투자할 지역의 도로나 지형지물이 눈에 익지 않아서 어려움을 겪는데, 이것을 해결하는 방법은 해당 지역에 가서 몸으로 익히는 게 최고다. 그래서 권 부장을 현장으로 보냈고, 현장에서 직접 부딪치며 현장감을 익히고 주변이 변해가는 과정을 충분히 학습하게 했다.

시간이 지날수록 권 부장의 실력은 더욱 좋아졌다. 2023년 2월에 분

양 2개, 토지 1개를 추가로 계약하면서 다시 한번 놀라움을 줬다. 권 부
장은 고객을 진심으로 생각했다. 고객의 이익을 최우선으로 생각하고 고
객의 고민을 함께 고민하고, 해결할 수 있는 모든 방법을 동원해서 고객
의 고민을 해결해주었다.

기적적인 아파트 분양

2023년 3월, 서동탄역에 위치한 민간 임대아파트를 분양할 일이 생겼
다. 최고의 입지조건을 갖추고 있는 곳이었고, 향후 집값 상승이 기대되
는 곳이었다. 그런데 문제는 부동산 경기가 너무 좋지 않았다. 금융위기
가 온다는 뉴스가 연일 계속되고, 건설사 PF대출은 모두 중단되어 건설
경기까지 얼어붙는 시점에 분양하는 것이었다. 분양이 시작되고 한 달이
지났는데도 분위기가 침체되어 분양이 원활하지 않았다. 입지분석을 위
해 드론을 띄워 하늘에서 전체적인 입지를 확인하고 네이버지도로 차량
과 전철의 동선을 확인해보니 충분히 경쟁력 있는 아파트가 될 것이 분명
했다.

전체 직원을 불러서 아이디어 회의를 하고, 영상 제작에 필요한 자료
를 만들고, 입지분석을 하고 분양에 필요한 것을 준비했다. 일주일 이상
을 직원들에게 교육하고 분양에 필요한 모든 것을 알려주었다. 교육을
진행할수록 자신감이 올라야 할 직원들의 반응이 이상했다. "대표님, 지
금 분양 시장이 아주 좋지 않고, 일반 아파트 분양도 아닌 민간 임대아파
트를 분양하는 것이라서 분양이 쉽지 않을 것 같습니다"라고 직원 중 한

명이 말했다. 한 명의 직원이 이렇게 말하자 기다렸다는 듯이 너도나도 불평의 목소리가 쏟아져 나왔다. 대다수 의견이 부정적이었다. 실제로 분양이 개시되었는데 동탄 주변 모든 부동산 사무실과 분양회사 직원들을 동원해도 분양이 잘되지 않는 상황이었다. 이런 상황에서 우리 회사에서 분양해보겠다고 하니 직원들은 너무 무리수를 둔다고 판단했다.

인터넷으로 상황을 확인해보고 주변 부동산을 탐방해봐도 같은 의견이었다. 이런 상황에서 대표가 나서서 다 같이 힘내서 해보자고 외쳐도 직원들의 입장에서 보면 동기부여가 될 수 없었고, 마지못해 따라오는 상황이 전개된 것이다. 나는 다시 한번 생각해보았다. '내가 잘못 판단한 것인가? 내가 억지를 부리는 것인가?'

다음 날 현장으로 가서 처음부터 다시 점검해보았다. 차를 타고 여러 동선을 확인해보면서 향후 발전 가능성을 점검하고 드론을 띄워 다시 확인하고 주변 삼성반도체와의 거리를 체크해보고 북오산IC 주변을 확인하면서 최종 점검을 마쳤다. 다시 확인해봐도 이곳은 향후 엄청난 발전과 더불어 집값 상승이 이미 정해져 있는 입지였다.

직원들이 부담스럽게 생각하고 있다는 것을 확인했기에 직원들에게는 더 이상 강요하지 않았다. 할 수 있는 사람만 하라고 자율권을 주었다. 권부장에게도 물어보았다.

"권 부장, 이번 아파트 분양에 대해 어떻게 생각해? 할 수 있겠어?"

권 부장은 밝은 얼굴로 "대표님, 저는 대표님이 하라고 하면 하고, 하지 말라고 하면 하지 않겠습니다. 대표님의 판단이 중요하다고 생각합니다"라고 말했다. 이렇게 믿어주는 한 사람의 직원이 있다는 것이 너무 고

마웠다. 나는 마음속으로 다짐했다. '남들이 안 된다고 하는 것을, 될 수 있다는 것으로 증명해보자. 1 : 100으로 싸워도 이길 수 있다는 것을 이번 기회에 보여주자' 하며 다짐하고 또 다짐했다.

분양하기 위해 제일 먼저 해야 할 일이 팩트를 확인하는 것이었다. 분양회사의 센터장을 만나 현재 진행되는 모든 사항을 체크했다. 나는 분양회사 센터장에게 "두 달 안에 목표한 800세대 전체가 분양될 수 있도록 하겠습니다"라고 선포했다. 센터장은 깜짝 놀랐다. 이렇게 경기가 어려운 시기에 막상 분양을 시작했지만 분위기가 좋지 않아 걱정하고 있는 시기에 두 달 안에 완판시킨다고 했으니 놀랄 만했다. 나는 자신이 있었다. 충분히 경쟁력이 있다는 것을 그동안의 경험을 통해 알 수 있었다. 곧바로 준비에 들어갔다.

상황을 반전시킬 게임 체인저

이런 상황을 뒤집을 게임 체인저가 필요했고, 그 게임 체인저가 무엇일까 고민해보았다. 한 가지 정확한 원인을 찾았다. 그것은 민간 임대아파트와 민간 조합원아파트에 대한 이해도가 부족하다는 사실이었다. 사실 지금까지 조합원아파트는 다양한 문제로 사업 진행이 늦어지고 추가 비용이 발생해서 조합원아파트에 대한 이미지가 좋지 않았던 것이다. 지금 분양하는 것은 조합원아파트가 아니고 민간 임대아파트인데도 불구하고 일반인들은 조합원아파트로 오인하고 있었다. 이것을 풀어주는 것이 가장 키포인트였다. 이것을 대중적으로 알릴 수 있는 방법은 방송이 가장 좋았다. 그래서 유튜브 방송으로 오해하고 있는 모든 것을 풀어주었고 이 아파트가 가지고 있는 지리적인 입지와 장점까지 모두 방송을 통해 알렸다.

드디어 방송이 나갔다. 방송 첫날부터 분양 문의로 전화가 폭주했다. 부정적으로 바라보았던 직원들은 할 말을 잃었다. '어떻게 이런 일이 일어날 수 있을까?' 예상하지 못한 일에 당황했다. 전화를 받고 상담하는 것이 혼자 감당이 안 되어 권 부장에게 상담할 고객들을 넘겨주었다. 그리고 부정적으로 바라보았던 직원들에게도 상담할 고객들의 정보를 넘겨주었다.

권 부장은 두 달 동안 열심히 분양 상담에 최선을 다했다. 나는 권 부장에게 "권 부장, 이번 아파트 분양을 얼마나 할 거야?" 하고 물었다. 권 부장은 "대표님, 이번에 아파트 30개를 분양해보겠습니다"라고 말했다. 권 부장은 신기할 만큼 목표의식이 뚜렷했다. 한 달 만에 그는 목표였던 30개의 아파트를 분양할 수 있었다. 나는 권 부장의 목표를 상향해서 50개까지 해보라고 말했고, 권 부장은 최종 48개의 아파트를 분양할 수 있었다. 이번 분양으로 단 3개월 만에 1억 7,000만 원의 분양 수수료를 대행사로부터 받게 되었다.

분양이 안 될 것이라는 부정적인 생각에서 새롭게 게임 체인저를 시도했고 그것이 드라마처럼 짜임새 있게 전개되어 전 직원 모두가 아파트 분양에 참여할 수 있도록 했다. 대표인 나도 그냥 있을 수 없어서 두 달 동안 최선을 다해 노력했고 직원들과의 경쟁에서 지고 싶지 않아서 목표를 잡았다. 개인적으로 100개의 분양 목표를 잡았는데 최종 130여 개를 분양할 수 있었다.

이렇게 두 달 동안 분양사 직원과 우리 회사 직원들의 노력으로 800개 모두가 분양될 수 있었고, 추가 분양 물량 400개를 합쳐 1,200개 이상 분양이 될 수 있었다. 이번 아파트 분양으로 권 부장과 직원들은 자신감을 가질 수 있었고, 어떠한 환경 속에서도 할 수 있다는 신념과 목표를 향해 달려가는 열정이 있다면 기적도 만들어낼 수 있다는 중요한 교훈을 배웠다.

또 한 번의 위대한 도전

2023년 8월, 나는 모든 직원들을 소집시켰다. 그리고 새로운 프로젝트를 발표했다. 이번 프로젝트는 120억 원 가량의 제법 규모 있는 점포 겸용 주택필지를 분양하는 프로젝트였다. 화성 비봉신도시가 만들어지는 경계선에 위치해 있는 주거지역의 토지 분양이다.

나는 다시 한번 위대한 도전을 해보고 싶었다. 누구나 할 수 있는 것이 아니라 남들이 못하는 것을 해내는 것이 진짜 실력이다. 이 사실을 증명하고 싶었고, 실력을 평가받고 싶었다. 나는 전체 직원들이 모인 자리에서 비범한 목소리로 충격적인 발표를 했다.

"나는 이번 120억 원 토지 분양 프로젝트를 한 달 안에 마무리하려고 합니다. 만약에 이 프로젝트가 실패할 경우 대표를 비롯한 모든 직원들은 퇴사할 것입니다."

벼랑 끝 전술이었다. 그만큼 중요했고, 나 자신을 시험해보는 또 한 번의 시험대였다. 이 프로젝트는 15필지의 공사가 완료된 토지를 분양해야 하는 것이었다. 프로젝트 발표 때 나는 개발업체 사장님을 참여시켰고 그것 또한 결의를 다지기 위한 전술이었다. 듣고 있는 개발업체 사장님도 그게 가능한 일인가 의아한 웃음을 짓고 계셨다.

1년 동안 주변 모든 부동산에 내놓아도 팔지 못했는데, 한 달 만에 15필지를 처리한다고 하니 웃음이 나왔을 것이다. 그러나 나는 농담이 아닌 진심으로 이야기했다. 그리고 반드시 이룰 수 있다는 확신을 가지고 있었다. 개발업체 사장님이 계신 자리에서 나는 승부수를 띄웠다.

"사장님, 만약 한 달 안에 모든 계약을 성사시키면 수수료 1%를 추가로 주십시오."

개발업체 사장님은 '설마 한 달 안에 이 모든 필지를 분양할 수 있을까?' 하는 의문의 눈빛으로 그렇게 해드리겠다고 전체 직원이 모인 자리에서 확답을 주셨다.

나는 프로젝트를 발표하기 이전에 이미 그곳에 가서 주변 지역을 완벽하게 분석했다. 그리고 충분히 한 달 안에 끝낼 수 있을 것이라는 확신이 있었다. 직원들 앞에서 벼랑 끝 전술로 승부수를 띄운 것도 아무 대책 없이 발표한 것이 아니라, 충분히 할 수 있다는 자신감이 있었기에 당당하게 발표할 수 있었던 것이다.

주사위는 던져졌다

주사위는 이미 던져졌다. 프로젝트를 위해서 전 직원이 아이디어 회의를 했다. 현장 답사를 하고 주변 입지분석, 권리분석을 하며 화성 비봉신 도시가 들어서는 주변을 탐방했다. 드론을 띄워 동선을 확인해보니 충분히 경쟁력이 있었다. 이런 토지는 비봉신도시에 있는 택지에 비해 가격이 절반이기에 수익성은 상당히 좋을 것이라는 사실이 자명했다.

2023년은 전체 부동산 경기가 바닥이고, 수요가 줄어든 영향, 투자자들의 불안감이 더해져 토지 가격까지 하락했다. 이런 저렴한 가격으로 분양할 수 있는 것은 오히려 최고의 기회였다. 경기가 회복되고 가격이 상승하면 분양 가격도 오르게 되어 있다. 그래서 지금처럼 경기가 좋지 않을 때 투자하는 것은 향후 지가 상승의 혜택을 그대로 누릴 수 있는 기회이다.

전 직원이 퇴사를 당하지 않기 위해서 철저히 준비했다. 직원들은 전투 모드로 들어간 용사처럼 결의를 다졌다. 이번에도 사실 다른 직원들보다 권 부장이 첫 계약을 해냈다. 본격적인 영업을 하기 전에 이미 권 부장은 열심히 현장으로 출근해서 현장의 특성을 파악하며 발 빠르게 움직였다. 기존 고객들을 만나서 물건 소개를 하고, 가장 입지가 좋은 곳을 골라 사전에 이미 계약에 대한 조율을 하고 있었던 것이다. 그래서 시작하기도 전에 이미 가계약을 2건이나 해놓았다. 철저한 분석과 준비와 열정이 만들어낸 결과이다. 어찌 보면 당연한 결과이다. 이러한 철저한 준비는 정신력에서 나온다. 하고자 하는 신념이 열정을 만들고, 열정은 행동하게 하고, 반복된 행동은 습관이 되어 성공으로 이어지는 선순환을 만드는 것이다.

항상 권 부장은 사람을 놀라게 한다. 나중에 안 사실이지만 이번 달에 분양 완판을 하지 못하면 전체 퇴사하라는 말에 충격을 받고 죽을 만큼 열심히 했다고 했다. 퇴사당하지 않기 위해서 죽을 각오를 하고 임했다는 말이다. 이런 각오로 권 부장은 일주일 만에 단독으로 6개를 분양했다. 죽기를 각오하니 하루 1개씩 계약을 해낸 것이다.

무더운 여름도 지나가고 있었다. 한 달 동안 우리는 치열한 영업 현장에서 살았다. 전 직원을 다독여 정말 한 달 안에 약속한 15필지 모두 분양 완판이라는 결과를 만들어냈다. 이번 프로젝트에서도 권 부장은 15필지 중 13필지 계약을 성사시키는 기염을 토해냈다. 신입사원이 아니라 베테랑이 할 수 있는 결과를 직접 만들어낸 것이다. 계약 하나하나 일일이 설명하면 끝도 없이 설명해야 한다. 결과가 말해준다. 권 부장은 위대한 도전을 했고, 그 도전에서 승리했으며, 또한 자신이 어떤 사람이라는 것을 증명해냈다.

생각한 대로, 말한 대로, 행동한 대로 이루어진다. 이번 프로젝트를 통해서도 생각하고, 행동한 대로 거짓말처럼 기적 같은 일이 현실에서 이루어졌다. 주변에서 모두가 불가능이라고 했던 것들을 우리는 해냈다. 100억 원이 넘는 분양을 한 달 만에 처리한 것이다.

2023년 연말에 권 부장의 전체 실적을 확인해보았다. 분양과 토지 매매 전체 136건이라는 경의로운 결과를 내 눈으로 확인했다. 전무후무한 기록이다. 연봉으로 따지면 10억 원이 훨씬 넘는 결과를 기록했다. 이런 미친 기록을 남길 수 있었던 것은 바로 '간절함'이었다. 권 부장의 간절함이 믿기 힘든 기록을 만들어냈고, 권 부장은 모든 사람들이 인정하는 사람이 되었다.

지난 1년이라는 시간을 되돌아보면 권 부장은 부동산을 배우고 싶은 열정으로 계절이 바뀌는 것도 모를 만큼 열심히 일했다. 1월에 입사한 권 부장은 12월 연말이 다가올 무렵 목표를 수정했다. 권 부장이 회사에 입사하면서 세운 목표가 5년 안에 30억 원의 자산을 만드는 것이었다. 그런데 입사 후 실제로 일을 하면서 그의 목표는 상향되었다. 얼마 전 나에게 찾아와 말했다.

"대표님, 목표를 상향해야 할 것 같습니다. 제가 50세가 되기 전에 100억 원 자산을 만드는 것으로 목표를 수정하도록 하겠습니다."

나는 빙그레 웃으며 격려해주었다.

"50세까지면 앞으로 7년 남았네. 권 부장은 충분히 잘할 수 있고, 목표를 반드시 이룰 수 있을 거야."

지식의 보물 창고

우리회사 직원들은 직업의 만족도가 매우 높다. 영상을 편집하는 직원은 일주일에 한 번만 회사에 출근하면 된다. 나머지 시간은 재택근무를 한다. 회사의 모든 직원들은 규정된 퇴근 시간이 없어서 현장에서 퇴근할 수도 있다. 힘든 일이 있으면 언제든지 쉴 수 있고, 배우고 싶은 일의 욕구가 있으면 언제든지 나는 열려 있는 마음으로 가르쳐주려고 한다.

부동산 일은 배워도 배워도 끝이 없다. 우리 회사에서는 법인이 5개 이상 운영되기 때문에 배울 수 있는 것이 너무 많다. 법인을 운영해야 하기에 세무사를 통해서 세무 지식을 배우고, 법인 경영을 배우기도 한다. 부동산 등기를 해야 하는 일이 많아서 법무사에서 하는 설정, 등기 같은 흐름도 배울 수 있다. 또한 부동산을 매입하면 대출을 해야 하기 때문에 금융이 필요한 은행과 거래를 하면서 금융을 배울 수도 있다. 이처럼 다양하게 부동산, 금융, 세무, 법무, 상담학까지 공부하는 지식의 보물창고 같은 일을 현장에서 부딪치며 배우고 있다. 이런 다양한 일들을 경험하고 배우다 보니 직원들이 모두 현명해지고 똑똑해진다. 직업을 통해 자아실현을 하기도 한다.

권 부장은 우리 회사에 입사하기 전 '놀면서 일하자. 그리고 베풀며 살자'라는 회사의 사훈을 뚫어지게 바라보며 이런 곳에서 근무하면 좋겠다는 생각을 했다고 한다. 처음에는 꿈으로만 생각했던 것들이 실제로 우여곡절 끝에 입사하게 되었고, 입사 후 부동산을 실전에서 배워보고 싶다는 꿈을 이루었으며, 그 선명한 꿈이 그의 삶을 송두리째 바꾸는 계기가 되었고, 2023년은 그의 가족과 그의 삶에 커다란 변화를 예고하는 인생의 해가 되었다.

2장.

모든 것의 시작은 생각

생각한 대로 말하고
말한 대로 행동한다

나는 혼자 중얼거리는 습관이 있다. 혼자 있을 때 주로 중얼거리기도 하고 가족들과 함께 있을 때도 작은 소리로 중얼거린다. 하루는 가족들과 함께 TV를 보고 있는데 나 혼자 작은 소리로 중얼거리고 있었던 모양이다. 이런 나의 모습을 보고 막내아들이 한마디했다.

"아빠, 뭐라고 혼자 중얼거려요?"

"응, 아무것도 아니야. 잠깐 뭐 좀 생각하느라…."

이렇게 나의 시선은 TV에 고정되어 있었지만 사실 TV 내용은 전혀 이해하지 못했다. 가족들이 TV를 보면서 웃고 떠들어도 내 머릿속에는 일과 관련된 내용으로 꽉 차 있었다. 이런 나의 중얼거리는 버릇은 수시로 일어난다. 혼자 있을 때도 중얼거리며 생각의 정리를 하는 것이다. 이런 중얼거림은 굉장한 효과가 있다. 머릿속에서 상상의 나래를 펼치는 것인데, 이루어질 일에 대해서 미리 이미지트레이닝을 하는 것이다. 이렇게 중얼거리는 시간을 보내다 보면 어느새 문제들이 깔끔하게 정리되어 복잡했던 일들이 해결되는 경우를 수시로 경험한다.

이처럼 생각한 대로 말하는 것은 매우 중요하다. 사람들에게 직접 말하지 않지만 혼자 중얼거리는 버릇이 내 자신에게 확신을 주게 되고, 더 많은 시간을 들여 혼자 중얼거리는 습관이 모든 문제를 해결해가는 행동으로 나타난다. 사실 이렇게 중얼거리는 시간은 애당초 생각에서 시작된 것이다. 생각하고 있는 것을 혼잣말로 계속 중얼거리다 보면 생각이 정리된다. 그리고 그 정리된 생각을 곧바로 행동으로 옮길 수가 있는데 그 이유는 행동으로 옮기기 전에 이미 중얼거리는 연습으로 행동하는 이미지 트레이닝을 했기 때문이다.

'마음먹은 대로 모든 것이 이루어진다'는 말이 있다. 즉, 모든 것은 생각이 만들어낸다는 것이다. 생각하고 말하는 것은 엄청난 힘을 가진다. 작은 일이든 큰일이든 무엇을 하기 위해서는 계획부터 세우고 행동한다. 계획을 세우는 것이 생각이고 생각이 밖으로 표출된 것이 말이며 행동이다. 아직 행동하지 않았더라도 말이 입 밖으로 나오는 것이 반복되면 행동이 되고 현실이 된다.

더 나은 결과를 얻고자 한다면 생각의 밑그림부터 바꿔야 한다. 누군가는 부정적으로 생각한다. 그리고 어떤 이는 긍정적으로 바라본다. 처음부터 시작점이 다르니 결과도 다르다. 부정적인 생각은 부정을 끌고 오지만, 좋은 생각은 긍정적인 결과를 이끌어낸다.

누군가를 속인다고 가정해보자. 누군가를 속이기 위해 속이는 생각을 하게 되고, 속이는 계획을 하게 되고, 속이는 행동까지 하게 되는 것이다. 생각에서부터 계획, 행동까지 일사천리로 이루어진다. 그렇다면 반대로 좋은 생각을 하면 어떻게 될까? 가령 어려운 이웃을 도와준다고 가정해보자. 제일 먼저 하는 것이 어떤 도움을 주어야 할지 생각하는 것이고, 어떤 방법으로 도와줄지 계획을 세우게 된다. 그리고 직접적인 도움을 주기위해 약속을 잡고 직접 찾아가 위로와 격려를 해주는 행동으로 옮기는 것이다. 생각이 모든 현실의 시작이고 씨앗이다. 그래서 어떤 생각을 하고 어떤 말을 하는지가 중요하다. 그게 무엇이든 머릿속 생각에서 시작되고, 입에서 나오는 대로 우리는 살아갈 것이기 때문이다. 그래서 어떤 결과가 나오려면 좋은 생각, 긍정적인 생각, 할 수 있다는 생각이 선행되어야 한다.

그림을 그릴 때는 스케치를 먼저 하고 채색을 한다. 단번에 채색하면 실수할 우려가 있기에 밑그림을 먼저 그리고 그 위에 색을 입히게 된다. 스케치는 생각이고 채색은 행동이다. 스케치하지 않고 채색부터 하면 실수할 우려가 있듯이 생각을 먼저 하지 않고 행동부터 하는 것은 큰 위험이 따를 수 있다. 주변에서 가끔 싸움하는 것을 볼 수 있다. 이때 생각보다 몸이 먼저 나가는 사람들이 있다. 화를 참지 못하고 주먹이 먼저 나간 뒤 결과에 대한 책임을 생각한다면 절대로 주먹이 먼저 나가지는 않을 것이다. 생각 없이 몸이 앞서는 사람들은 결국 경찰서에 가서 후회한다. 이처럼 행동이 먼저가 아니고 올바른 생각을 먼저 해야 한다. 왜냐하면 사람은 생각한 대로 반응하고, 생각한 대로 행동하기 때문이다.

우리나라 속담에 '심은 대로 거둔다'라는 말이 있다. 긍정의 씨앗을 심으면 긍정의 열매가 나오고, 부정의 씨앗을 심으면 부정의 열매가 나올 수밖에 없다.

믹서기에 사과를 넣고 갈면 사과주스가 나오고, 오렌지를 넣고 갈면 오렌지주스가 나온다. 생각과 말과 행동은 상호 연결된 프로세스로 서로 영향을 주고받는다. 개인의 생각은 의식과 무의식으로 형성되고 말은 생각이 언어로 표현되는 것이며, 생각과 말을 기반으로 행동하기에 어떤 생각을 하느냐에 따라 행동의 결과는 이미 결정된다고 볼 수 있다.

2016년 리우 올림픽에서 펜싱 남자 에페의 국가대표 박상영 선수의 이야기이다. 결승전에서 14대 9로 지고 있는 상황, 1점만 더 내준다면 그대로 은메달인 상황이었다. 지켜보는 대부분의 사람들이 마음을 내려놓았다. 하지만 박상영 선수만은 계속 혼잣말로 중얼중얼하며 혼자 되뇌고 있었고, 그것은 모니터로 전국에 생중계되었으며 그때 전 국민의 마음을 흔들어놓았다.

"할 수 있다…. 할 수 있다…."

쉬는 시간이 지난 후 박상영 선수는 계속 할 수 있다는 말을 중얼거렸다. 한 점, 한 점 점수를 만회할 때마다 할 수 있다, 할 수 있다! 가슴이 녹아내릴 듯한 한 점, 한 점이 보는 사람의 가슴을 쓸어내리게 만들었다. 결국 연속 5점을 득점하면서 믿을 수 없는 결과로 금메달을 따냈다. 영화보다 더 극적인 장면을 만들어낸 것이다. 기적과 같은 역사를 만들어낸 박상영 선수의 한마디 말은 절대로 잊히지 않는다. '할 수 있다. 할 수 있다.' 온통 머릿속으로 할 수 있다고 생각하고, 결국 기적과 같은 결과를 만들어낸 것이다. 생각한 대로 말하고, 말한 대로 행동하면 기적과 같은 일이 우리 일상에서도 일어날 수 있다.

"You Can Do It."

생각의 힘!

생각에는 엄청난 위력이 내재되어 있다. 내가 어떤 생각을 하느냐에 따라 결과가 나오게 되어 있다. 예를 들어 내가 맛있는 음식을 먹고 싶다고 생각하면 뇌의 신호에 따라 군침이 나게 되고, 맛있는 음식을 찾아 행동으로 움직이게 만든다. 영화를 보고 싶은 생각을 하면 극장이 생각나고, 팝콘과 콜라가 생각나고, '누구와 함께 영화를 볼까?' 하는 생각이 난다. 무심코 생각하는 모든 것이 이와 같은 원리다.

새벽에 일찍 일어날 때도 마찬가지이다. 늦게 잠을 자고 일찍 일어나기란 쉽지 않다. 일어날 때 몸이 천근만근 움직여지지 않을 때 짜증을 내며 일어날 수도 있다. 그런데 같은 환경이라도 몸은 피곤하지만 좋은 생각을 하면서 "감사합니다"라는 말로 매일매일 일어나보면 실제로도 감사하는 마음으로 일어날 수 있다. 말한 대로 몸이 움직이기 시작한다.

우리 인생은 꿈과 희망으로 가득한 항해를 하는 것이다. 그 항해의 길에서 너무나 많은 어려움의 파도를 만나게 된다. 때로는 심적인 좌절, 육체의 고통, 인생에 대한 허무함으로 힘든 하루하루를 보내게 될 수도 있다. 하지만 머릿속을 긍정적이고 좋은 생각으로 빨리 전환시키면 우리의 뇌가 원하는 방향으로 집중하기 좋게 뇌가 맞춰지게 된다.

'유레카'라는 말에 얽힌 유명한 일화가 있다. 왕은 당대 최고의 수학자인 아르키메데스(Archimedes)에게 이 왕관이 진짜 순금인지를 알아오라고 한다. 단 왕관을 부수거나 녹이는 일은 허락하지 않는다고 했다. 고민하던 아르키메데스는 목욕탕에서 물이 흘러넘치는 것을 본 순간 한 원리가 떠올랐다. 왕관에 불순물이 섞여 있다면 황금과는 다른 비중을 가지기 때문에 물에 담갔을 때 같은 무게의 황금과 넘치는 물의 양이 달라진다는 것이다. 아르키메데스는 너무 기뻐서 옷 입는 것도 잊은 채 "유레카"라고 외치며 거리로 뛰쳐나왔다. '유레카'는 '알았다', '찾았다'라는 뜻으로 기발한 생각을 하게 되었을 때 하는 말이다. 아르키메데스와 같은 발상의 전환은 생각하는 힘에서 나온다.

TV 프로그램 〈서민갑부〉에 아이디어 하나로 인생 역전을 한 사연이 소개되었다. 평소 반려견을 목욕시키던 아내가 손이 자유롭지 않아 샤워기를 떨어뜨려 옷이 젖게 되는 경우가 많았다. 그런 아내를 보고 항상 마음이 쓰이던 남편은 어느 날 아내가 만들어준 문어 숙회를 보고 유레카를 외친다. 문어 다리의 빨판을 보고 영감을 떠올려 샤워기용 홀더를 만든 것이다. 아주 사소한 아이디어로 불편을 개선했더니 연 매출 20억 원을 달성하게 된 것이다. 이처럼 생각을 다르게 하면 어느 순간 깨달음을 얻기도 하고 행운을 얻기도 한다. 관심 있게 주위를 살피고 관찰해보자. 그러다 보면 여러분에게도 유레카를 외치는 순간이 찾아올 것이다.

모든 것은 생각에서 비롯된다. 우리 주위에 있는 모든 것들은 누군가의 상상으로 이루어진 것이다. 내가 입고 있는 옷, 내가 먹고 있는 음식, 내가 타고 다니는 차, 내가 누리고 있는 모든 것들 또한 누군가가 상상하고 생각해 이루어낸 것들이다.

지금 당신의 인생 어디쯤에 위치해 있는지 생각해보라.

지금 당신이 하는 일이 당신에게 도움이 되고 있는지 진지하게 생각해보라.

지금 당신은 정말 원하는 삶을 살고 있는지 생각해보라.

지금 당신이 가장 하고 싶은 일이 무엇인지 생각해보라.

누구든지 생각한 대로 이루어진다.

목표를
생각하라

나에게는 세 명의 자녀가 있다. 첫째는 딸, 둘째와 셋째는 아들이다. 키우다 보면 아이들마다 각자 특징이 있다. 첫째 딸은 스스로 머리가 좋지 않다고 생각하는지 엄청난 노력을 한다. 옆에서 지켜보면 매우 영특하고 감성도 풍부한데, 스스로는 다른 친구들보다 암기 능력이나 이해도가 낮다고 생각한다. 그래서 다른 사람들보다 더 많이 노력해서 항상 1등을 한다.

둘째는 착하고 감성이 풍부하고 열정적이다. 사람에 대한 배려가 있고, 이타적인 삶을 충분히 살아낼 수 있는 청년이다. 청소년 시기가 지나고 성인이 되고 나니 목표 의식이 살아나 국가공인자격증과 일반자격증을 10개 이상 취득할 정도로 목표가 뚜렷한 아이가 되었다.

셋째 막내는 첫째와 10살 차이의 늦둥이다. 늦둥이지만 확실한 차이를 보인다. 지능은 확실히 첫째, 둘째아이를 뛰어넘는다. 영어단어를 외우는 것이나 수학 문제 풀이하는 것을 보면 확실한 차이를 보인다. 흔히 말해 '공부하는 아이' 같다. 어느 날 중학교 3학년인 막내가 학원 수업을 마치고 내 옆에 와서 조용히 속삭였다.

"아빠, 내가 왜 공부를 해야 하는지 이제야 알겠어요!"

뜬금없는 소리에 나는 귀를 의심했다. 어제까지만 해도 컴퓨터게임에 빠져 엄마랑 실랑이를 하길래 걱정스러웠는데 갑자기 공부를 왜 해야 하는지 알겠다는 말이 너무나 반가웠다. 나는 애써 태연한 척하면서 막내아들의 다음 말을 기다렸다.

"아빠, 이번에 중간고사에서 전체 평균 95점을 맞으면 베이스기타를 사주세요!"

이런 거래라면 충분히 들어줄 생각이 있다.

"그래, 전 과목 95점 이상이다."

한두 과목도 아니고 전 과목 95점 이상을 맞으려면 밤새워 공부해도 어려울 것 같았지만 하려고 하는 의지가 있기에 약간은 기대했다. 무슨 일인지 단번에 게임을 끊고 새벽 2시까지 공부하는 모습을 보니 대견하기도 하고 기특하기도 했다.

드디어 중간고사 시험이 끝나고 결과가 나왔다. 전 과목 평균 95.5점이었다. 약속했던 베이스기타를 사주며 물어보았다.

"진혁아, 갑자기 왜 그렇게 공부를 하게 되었니?"

"음, 아빠, 저는 연세대학교를 가고 싶어요. 연세대학교에 입학한다고 생각하면 가슴이 떨려요. 그리고 연세대학교에 가려면 지금처럼 공부하면 안 될 것 같고, 목표를 이루기 위해 지금부터 공부를 열심히 해볼게요."

막내아들은 연세대학교라는 목표가 있었다. 목표가 생기니 좋아하는 게임도 끊고 이제는 수학 과외까지 붙여달라고 조르고 있다. 공부에 재미가 들린 모양이다. 얼마 전에는 연세대학교 응원가를 따라 부르며 이미 연세대학교에 입학한 학생처럼 들떠 있는 모습을 보니 너무 보기 좋았다.

"아빠, 연세대학교 응원가를 따라 부르면 가슴이 떨려요. 왜 그런지 모르겠어요."

나는 알고 있다. 이미 막내 진혁이는 연세대학교에 진학한 것이다. 이런 불타오르는 열정이 목표를 만들고 절대로 포기하지 않을 것이며 어려움과 힘든 과정을 겪더라도 분명히 이겨낼 것이다. 그의 가슴속에는 누구도 말리지 못하는 연세대학교라는 목표와 열정이 있기 때문이다.

가슴속에서 타오르는 뜨거운 목표가 있는가?

당신은 목표가 있는가? 가슴에 손을 대고 진지하게 생각해보라. 언제든지 누가 물어봐도 고민 없이 즉시 말할 수 있는 목표가 있는가? 중학생인 우리 집 막내아들처럼 연세대학교 응원가를 따라 부를 만큼 가슴이 뜨겁고, 불타오르는 열정이 있는가? 응원가만 들어도 가슴이 떨린다고 하는, 절대로 포기하지 않을 그런 목표를 가슴속에 심어야 하는 것이다.

당신의 심장을 뛰게 하는 목표! 그 생각을 하면 가슴이 뜨거워지는 목표! 그런 목표가 있어야 진정 당신이 살아 있다는 것을 설명하고 증명하는 것이다. 자신의 삶에 정확한 목적지를 정하지 않으면 방황하게 되어 있다. 인생의 항해에서 핸들을 남에게 맡기며 살아가는 불안한 삶을 살고 싶지 않다면 가장 먼저 해야 할 일은 내 삶에 정확한 목적지를 정하는 것이다. 세상의 험한 소용돌이에 휘둘리지 않기 위해 주도권을 가져와야 한다. 그러기 위해서는 목표를 확실하게 정해야 한다.

목표를 정하기가 어렵다면 매일 1시간씩 자신이 잘하는 것이 무엇이고, 좋아하는 것이 무엇인지 생각해보라. 그리고 이루고 싶은 목표가 무엇인지 생각해보라. 처음부터 너무 어려운 목표를 설정하는 것보다 실현 가능한 목표부터 정하는 것이 좋다. 작은 목표를 성취해보면 큰 목표를 세우게 되고, 구체적인 계획들을 세우며 실행하는 과정들이 당신을 더욱 단단하게 만들고, 당신의 실력은 믿을 수 없을 만큼 향상되어 있을 것이다.

1953년 예일대학교 졸업을 앞둔 학생들에게 '현재 당신은 구체적인 목표를 글로 써서 소지하고 있습니까?'라는 질문을 했고, 3%만 그렇다고 대답했다. 나머지 97%는 그저 생각만 하거나 아니면 아예 목표가 없었다. 20년 뒤 1973년의 타임캡슐을 개봉해 졸업생들의 현재 상황을 추적해본 결과, 3%의 재산 총합이 나머지 97%의 재산을 합친 것보다 많았다.

하버드대학교에서도 비슷한 연구가 진행됐다. 1979년 하버드의 MBA 졸업생 중 3%는 자신의 목표와 그것을 달성하기 위한 계획을 세워 기록했다고 한다. 13%는 목표는 있었지만 기록하지 않았고, 나머지 84%는 목표조차 없었다. 10년 후인 1989년, 목표가 있었던 13%는 목표가 없었던 84%의 졸업생들보다 평균 2배의 수입을 올리고 있었고, 뚜렷한 목표를 가진 3%는 나머지 97%보다 무려 평균 10배의 수입을 올린 것으로 조사되었다.

이처럼 목표는 수입도 2배 이상 올리게 만들고, 삶의 질을 향상시키는 기폭제가 될 수 있다. 삶의 목표를 정하는 것만으로도 행복한 인생을 보장받을 수 있다면 목표는 귀찮은 것이 아니라 즐거운 일이 되는 것이다. 목표 없이 사는 것은 과녁 없이 화살을 쏘는 것과 같다. 화살이 날아간 후 올바른 방향으로 날아갔는지, 혹은 원하는 방향에서 얼마나 벗어났는지를 과녁이 없다면 알 수 없을 것이다. 내가 어디로 가고 있는지, 올바른 방향에서 벗어나지는 않았는지 알기 위해 반드시 목표가 있어야 한다.

가슴이 뛰는 목표를 생각하고 구체적인 계획을 세우고 이미지를 만들다 보면 당신의 가슴이 뜨거워지는 경험을 하게 될 것이다. 이런 뜨거운 경험은 열망으로 바뀌고, 그 열망은 손에 잡힐 듯한 목표가 되고, 그 목표를 이루기 위해 당신은 구체적인 행동 방안을 마련하게 될 것이다.

이 모든 것은 곧 생각에서 시작된다. 결국 성공의 모든 기초는 생각으로 시작해서 계획을 세우고 행동으로 이어질 때 사람의 운명을 가른다.

잠재의식의
마법

잠재의식은 마법과 같은 힘이 있다. 이것은 직접 경험해본 사람만이 알 수 있는 보이지 않는 능력이다.

정신분석의 창시자인 지그문트 프로이트(Sigmund Freud)는 인간에게는 두 가지 생각이 있다고 했다. 인간의 마음속의 10%를 차지하는 현재의식과 90%를 차지하는 잠재의식이다. 잠재의식은 우리가 인식하지 않는 생각, 욕망, 기억 등을 담고 있고, 이것은 주로 무의식적인 영역에서 작용한다.

자신이 이루고 싶은 목표나 이루고 싶은 꿈을 잠재의식 속에 넣어 보라. 정말 간절한 것들에 대해서 매일 생각하고 말하다 보면 잠재의식이 발현되어 생각한 것을 직접 행동으로 움직이게 되고, 이것은 곧 현실이 된다. 잠재의식은 의식에 떠오르지 않았더라도 감정이나 행동에 영향을 미치는 요소로 작용할 수 있는데, 우리가 깨어 있을 때나 잠을 잘 때도 멈추지 않고 돌아간다. 걱정, 불안, 두려움이 아닌 행복, 기쁨, 열정 등에 대해 의식적으로 생각하면 내 안의 잠재의식은 이에 반응해 믿음을 현실로 만들어내는 무한한 힘을 가지고 있다.

나는 아침 5시에 기상하기 위해 알람을 맞춰놓고 잠을 잔다. 잠을 자기 전에 5시에 꼭 일어날 것이라는 잠재의식이 있어서 알람 소리가 울리기 5~10분 전에 잠에서 깬다. 너무 신기하게 매일 거의 똑같은 패턴이다. 몸이 일어날 시간을 기억하고 있다는 말이다. 이것은 잠재의식이 잠을 잘 때도 가동하고 있다는 것을 말한다.

잠재의식의 이미지트레이닝

미 해군 조종사 잭 샌드(Jack Sands) 대령은 베트남 전쟁 당시 총상을 입고 포로수용소에서 7년 동안 1.5m²의 감옥에 격리된 채 사람들과 전혀 접촉하지 못한 채 생활했다. 그는 머릿속에 철저히 완벽한 골프 코스를 그리기 시작했다. 경관과 냄새와 스윙할 때의 느낌까지 상세하게 머릿속으로 이미지를 그렸다. 어두운 바닥에 누워 잔디와 나무, 골프장의 바람, 소리, 공이 맞는 순간의 짜릿함까지 그렸고, 이미지로 골프를 치기 시작했다. 그는 그렇게 7년 동안 매일 상상 속에서 골프장에 나가 18홀을 돌았다.

포로수용소에서 석방되어 고국으로 돌아왔을 때, 8년 만에 친 첫 라운드에서 그는 74타를 기록했다. 해군 조종사가 되기 전에 그는 가끔 골프장에 나가 평균 100타 정도만 치는 평범한 골프 애호가였다. 7년간 신체적인 활동을 전혀 할 수 없는 감금 상태로 지냈지만 상상 속 연습만으로 무려 20타 이상 줄인 것이다.

이 이야기는 상상이 현실에 분명한 영향을 끼친다는 것을 증명한다. 분야를 막론하고 성공한 사람들은 조건이나 상황과 관계없이 승리를 상상한다. 그리고 그 상상은 탁월한 성과를 이루는 데 지대한 역할을 한다. 상상은 돈도 안 들고 언제 어디서나 실천할 수 있다. 이것은 단지 긍정적 사고의 차원이 아니다. 머릿속에 완전한 한 편의 영화를 만들어내고, 처음부터 끝까지 상세하게 내용을 설정하고, 반복해서 재생하는 것을 의미한다. 단 한 번, 또는 가끔씩 한다고 해서 효과를 보는 것이 아니기 때문에 실제가 될 때까지 매일 시간을 내어 실천해야 한다. 개념상으로는 매우 간단하게 보일지도 모르지만 매일 시간을 내서 실행한 사람은 많지 않다.

잠재의식은 우리가 습관적으로 하는 생각을 재현해낸다. 모든 부정적인 생각을 절대 멈춰야 한다. 잠재의식은 부메랑처럼 나에게 돌아오기 때문에 생각도 반드시 긍정적으로 해야 한다. 내가 평소 어떤 생각과 말을 하느냐에 따라 앞으로 벌어질 일들은 달라질 수 있고, 생각지도 못한 결과로 나타날 수도 있다. 평소 생각하고 말하는 것들이 뇌 속에 각인되어 우리의 인식, 태도, 의사결정, 감정적인 반응에 영향을 미치고, 이로 인해 평소 불가능할 것만 같았던 일들이 가능하게 되는 경우들이 생겨나기도 하는데, 이것이 바로 잠재의식의 힘이다.

잠재의식의 마법이 일어나기 위한 세 가지 믿음

첫째, 생각하는 대로 된다.

무언가를 진실이라고 믿고 받아들인다면 잠재의식은 생각을 자동으로 실현한다. 조셉 머피(Joseph Murphy)의 《잠재의식의 힘》에는 잠재의식을 실현하는 방법에 대해 다음과 같이 말한다.

좋은 생각을 하면 좋은 일이 생긴다.

나쁜 생각을 하면 나쁜 일이 생긴다.

건강하다고 생각하면 건강해진다.

부자라고 생각하면 실제로 부자가 된다.

평소의 생각과 느낌이 나를 만든다.

조셉 머피의 책을 보면 추위가 몰아치던 날 집주인은 수리기사를 불렀다. 수리기사는 즉시 달려와 수리를 했고 30분이 지나자 보일러가 다시 작동했다. 수리기사가 집주인에게 200달러를 청구하자 집주인은 분개했다. 부품 하나 갈아 끼웠는데 200달러를 요구하자 항의를 한 것이다. 수리공은 당당하게 말했다.

"부품값은 2달러로 해드렸습니다. 198달러는 어디가 고장 났는지 생각하는 데 사용한 공임입니다."

잠재의식은 이 숙련공과 마찬가지로 몸의 어느 기관이든 치료하는 수

단과 방법에 대해 잘 알고 있다. 생각의 힘은 강력하다. '플라시보 효과'라는 것이 있다. 아무런 성분이 없는 가짜 약을 진짜 약으로 생각하고 먹었을 때 환자가 호전되는 현상을 말한다. 가짜 약을 복용했지만 통증이 사라지고 병세가 호전되는 현상이 실제로 일어난 것이다. 생각은 몸을 변화시킨다.

둘째, 말하는 대로 된다.

어느 날 한 기자가 빌 게이츠(Bill Gates)에게 이런 질문을 했다.

"세계 제일의 부자가 된 비결이 무엇입니까?"

빌 게이츠는 말했다.

"나는 매일 두 가지 말을 반복합니다. 오늘은 왠지 내게 큰 행운이 올 것 같다이고, 또 하나는 나는 무엇이든 할 수 있다입니다."

빌 게이츠는 매일 거울 속 자신을 보며 스스로에게 성공 확언을 외쳤다. 그는 말의 힘을 알았던 것이다. 빌 게이츠는 확언으로 자신의 잠재의식을 깨웠다.

우리 내면에 행운의 씨앗을 심으면 우리를 성공으로 이끌어줄 것이다. 할 수 없어도 할 수 있다고 말하고, 돈이 없어도 나는 풍족하다고 말해야 한다. 말을 바꾸면 생각도 바뀐다. 모든 부정적인 말들을 멈추고 긍정의 언어로 채워야 한다.

잠재의식은 부정어와 긍정어를 구별하지 못한다. 이 말은 즉, 내가 하는 말을 잠재의식은 그대로 받아들이고, 그대로 인식한다는 것이다. 그렇기 때문에 내가 어떤 말을 하느냐에 따라 잠재의식의 영향은 극과 극이 될 수 있다. 이것을 알고 있다면 우리는 어떤 말을 해야 할까? 답은 너무나 간단하다. 항상 좋은 말만 하면 되는 것이다. 긍정적인 말을 수시로 한다면 잠재의식은 매일 그것을 의식하기 때문에 나의 생각과 행동들이 잠재의식에 영향을 받아 자신이 목표로 하는 것을 위해서 끊임없이 생각하고, 행동하게 된다. 이런 잠재의식 속에 당신이 생각한 것을 말로 표현만해도 말한 대로 이루어지는 것이다.

셋째, 그리는 대로 된다.

수영의 신 마이클 펠프스(Michael Phelps)는 감정 기복이 매우 심했다. 펠프스가 10대 소년이었을 때, 코치 바우먼은 이미지트레이닝 훈련을 하도록 했다. 머릿속에서 상상으로 수영 경기를 했다. 펠프스는 매일 밤 잠들기 전, 그리고 아침에 일어난 직후, 수영장에서 완벽하게 수영하는 자신의 모습을 상상했다. 손 동작, 수영장 끝에서 손을 대고 턴을 한 뒤 되돌아오는 모습, 수영 모자를 벗을 때의 기분 등을 생생하게 그렸다. 2008년 베이징 올림픽에서 펠프스는 총성이 울리자 힘차게 도약했다. 하지만 뭔가 잘못되었다. 물안경 안으로 물이 가득 찬 것이다. 대부분의 선수는 이 상황에서 공황 상태가 될 것이지만, 펠프스는 아무것도 보이지 않는 상황에서 머릿속 이미지트레이닝을 떠올리며 세계 신기록을 세웠다.

'심상화'란 마음으로 그린 그림이라는 뜻이다. 머릿속에서 상상하는 것만으로도 신체 모든 것이 계획대로 진행된다. 자신의 목표를 계속해서 머릿속에 떠올리는 것만으로도 한계를 뛰어넘는 효과를 기대할 수 있다. 이루고 싶은 모습을 마음속에 그리자! 바라는 것이 있다면 그것이 이미 나의 것이 된 모습을 상상해보자! 내가 어떤 것을 상상하기 시작할 때 비로소 온 우주가 나를 위해 움직이기 시작할 것이다.

간절하면
반드시 이루어진다

인디언들이 기우제를 지내면 신기하게도 100% 반드시 비가 온다고 한다. 신기한 일이라고 생각할 수도 있지만, 그들은 비가 올 때까지 기우제를 지내기 때문에 100%의 확률로 비를 내리게 만든다고 한다. 이 우화는 대부분 웃음으로 넘기기도 하지만 중요한 교훈이 있다. '비가 내릴 때가 되었으니 내렸겠지' 하고 인디언들의 우둔함으로 치부한다면 당신은 그 어떤 일도 인디언만큼 간절하지 않다는 방증이다.

인디언들은 지금 현대 사회처럼 물자가 풍부한 것도, 기후에 대처할 능력이 있는 것도 아닌, 비가 오지 않으면 죽을 수도 있는 환경 속에서 살아간다. 사막 같은 환경에서 비가 오지 않으면 죽는다는 간절함이 있었기에 기우제를 지내면 100% 비가 온다고 확신한 것이다. 일단, 시작하면 중간에 어떤 어려움이 있더라도 기우제를 포기하지 않기에 모든 기우제를 성공할 수 있었던 것이다.

그리스신화에 등장하는 피그말리온(Pygmalion)은 뛰어난 조각가였다. '꿈은 이루어진다'의 신화 버전이 바로 피그말리온이다. 여자에게 환멸을 느꼈던 피그말리온은 자신이 만든 완벽하고 실제처럼 너무 아름다운 조각상과 사랑에 빠지고 말았다. 그 조각상이 진짜 여자인 것처럼 사랑했으며, 급기야 그 조각상이 돌이 아닌 진짜 여자라고 믿게 되었고 조각상을 살아 있는 인간으로 만들어달라고 신에게 기도했다. 아프로디테는 피그말리온의 진심을 확인하고는 그 조각상을 아름다운 여성으로 변신시켰다. 신화 속 이야기이지만 이처럼 간절한 믿음과 기대가 실제로 이루어지는 것을 우리는 '피그말리온 효과'라고 한다.

'나는 지금 정말 간절한가?'라는 질문을 스스로에게 던져보아야 한다. 진실로 간절하다면 피그말리온의 조각상처럼 아름다운 여성이 되게 해달라는 간절함으로 세상을 향해 호소해야 한다는 것이다.

당신은 인디언처럼 어떤 일에 목숨을 담보한 삶을 살아본 기억이 있는가?

당신은 피그말리온처럼 정말 간절한 마음으로 누굴 사랑해본 적이 있는가?

인디언들은 매일매일의 목숨을 담보해야 하는 환경 속에서 살았기에 그만큼 간절함이 있었다. 목숨을 담보할 만한 가치가 삶 속에 배어 있듯이 치열하게 살아야 하는 환경이 간절한 기우제라는 믿음으로 승화되었고, 그만큼 간절하고 절실했기 때문에 비가 올 때까지 기우제를 포기할 수 없었던 것이다. 간절함이란 '마음속에서 우러나와 바라는 정도가 매우 절실하다'는 뜻이다.

나는 고등학교 졸업 후 군대에 입대하기 전 시계대리점에서 근무한 적이 있다. 1990년대 당시 금은방은 시내에 나가면 어렵지 않게 볼 수 있을 정도로 많았다. 그곳에서 아기 돌 반지를 사기도 하고, 개업선물로 벽시계를 선물하는 등 우리 생활에서 금은방은 중요한 위치를 차지했다. 이곳에서 취급하는 상품들은 금, 은, 벽시계, 탁상시계 같은 것이었다.

나는 사회 초년생으로 시계 도매업을 첫 직업으로 가지게 되었고, 대리점 점장님을 보조해 잡무를 맡았다. 어느 날 점장님이 거래처 금은방에 가서 빠진 상품들을 채워주고 오라는 심부름을 시켰다. 그 일을 잘 마치고 돌아가려는데 거래처 금은방 사장님이 어린 나를 보고 친절하고, 말도 진실하게 해서 믿음이 간다며 탁상시계 100개를 대량으로 주문해주셨다. 기념품용 탁상시계 100개를 주문받아서 어느 업체에 맡길까 고민했는데 내가 인상이 너무 좋아 주문한다는 것이었다. 생각지도 않았던 실적에 나는 뛸 듯이 환호했고 나도 할 수 있다는 자신감을 가졌다. 당시 주문량은 한 달 치 내 월급보다 많았는데 돌아와서 점장님께 말씀드렸더니 점장님도 너무 잘했다고 칭찬해주시며 조심스럽게 말씀하셨다.

"혹시 너 영업해보지 않을래? 며칠 지켜보았는데 오늘처럼 잘할 것 같아."

그날의 제안으로 나는 처음으로 영업을 시작했다. 고객을 만나는 것부터 상품을 공급하는 서비스까지 현장에서 직접 배우며 익혔다. 점장님 심부름으로 갔던 거래처에서 나의 한 달 치 월급보다 많은 시계를 주문하는 것을 보고 사실 그때 나는 이미 결심했다. '이 일은 반드시 내가 해야 하는 일이다.'

지금 돌아보면 그때 나는 나이는 어렸지만 절실했고, 간절함이 있었다. 내 또래보다 뭔가 잘해보고 싶은 간절함이 심장을 뛰게 했던 것 같다. 사회 초년생으로 아무것도 모르던 시절이지만 가슴 속에 뛰는 심장은 누구보다 뜨거웠고, 이것을 점장님께 실력으로 보여주고 싶은 마음이 너무 간절했다. '어떻게 하면 점장님보다 더 많이 팔 수 있을까?' 하는 간절한 생각으로 하루 종일 뛰어다니며 아이디어를 생각했다. 나이가 어리기에 상대적으로 많이 불리했다. 보통 그곳에서 영업하시는 분들이 30~40대 어른들이었기에 당시 스무 살 사회 초년생이 상대하기에는 너무 벅찬 야생의 현장이었다. 그러나 정말 잘해보고 싶은 마음에 잠도 이룰 수 없었고, '어떻게 하면 나의 능력을 보여줄 수 있을까' 하는 생각만 했다.

그러던 중 한 거래처에 갔는데 나이 드신 사장님께서 이런 말씀을 하셨다.

"청년은 청년다운 모습일 때가 가장 멋있는데 너 참 멋있다."

나처럼 밝은 모습으로 예의 있게 인사하고 간절함을 말이 아닌 행동으로 보여준다면 모든 거래처 사장님이 나를 정말 많이 예뻐할 것이라는 조언을 해주셨다. 나는 그 말에 힘을 얻어 모든 거래처 사장님들께 찾아가 간절한 마음으로 솔직하게 말씀을 드렸다.

"사장님, 저 좀 도와주세요. 사회 첫발을 내딛는 초년생으로 처음 접하는 일인데 저희 점장님께 인정받고 싶습니다. 제가 할 수 있는 일이 거래 실적으로 보여주는 것밖에 없어서 이렇게 거래처 사장님들께 정중하게 부탁드립니다."

이렇게 진심으로 간절하게 요청했더니 과연 어떤 일이 일어났을까?

30년이 지난 과거나 지금이나 한 가지 변함없는 사실은 간절하고 진실하면 통한다는 것이다. 거래처 사장님들은 어린 청년의 당돌하지만 너무나도 간절함이 서려 있는 요청을 거부할 수가 없었는지 금은방 거래처에서 주문이 쇄도했다. 물건이 모자랄 정도의 주문들이 들어오기 시작했다. 점장님께서 물어보셨다.

"도대체 무슨 일을 꾸민 거야? 이렇게 주문이 들어오는 건 처음이야."

말도 안 되는 기적이 일어난 것이다. 사회 초년생의 간절함이 거래처 사장님들에게 감동을 줬고 점장님까지 감동하게 했다. 그 달 나의 실적은 누구도 깨기 힘든 실적이 되어버렸다. 영업을 정말 잘하는 멘토로 생각했던 점장님 실적의 3배가 넘는 실적을 기록한 것이다. 나는 그때 정확하게 느끼고, 알게 되었다. 어떤 일이든 간절한 마음으로 한다면 하늘의 기적도 만들어낼 수 있다는 사실을 사회에 나와서 배울 수 있었다.

무조건 될 이유

　2022년 평택 고덕국제신도시의 아파트 청약을 할 수 있는 기회가 있었다. 이미 입주가 된 상태에서 추가로 모집 공고를 하는 상황이었는데, 아내에게 한번 넣어보라고 주문했다. 아내가 말하기를 "20가구 모집이면 떨어질 게 뻔한데 뭐하러 헛수고를 해요"라고 했다. 나는 그래도 가능성이 있다고 생각해서 "혹시 알아? 내가 당첨될지"라고 운을 떼주었다. 그리고 회사 직원들뿐만 아니라 알고 있는 모든 사람에게 청약 주문을 넣어보라고 적극적으로 권했다.

　청약 신청 후 확인해보았더니 20가구 모집에 800명이 훨씬 넘는 인원이 신청했다. 당첨 확률은 2%였다. 아내는 자포자기하는 심정으로 "거봐. 이렇게 사람들이 많이 몰렸는데 당첨이 된다면 기적이지!"라고 말하면서 실망한 표정을 감추지 못했다. 나는 "혹시 알아? 그 2%가 내가 될지. 올해는 내가 정말 운이 좋단 말이야. 뭐든지 다 잘되고 있어. 이번에도 분명히 2%의 기적이 일어날 수 있을 것 같아"라고 말하면서 아내에게 희망을 이야기했다.

얼마 지나지 않아 결과가 발표됐는데 정말 기적이 일어났다. 내가 당첨된 것이다. 주변에 알린 모든 사람을 확인해봤는데 당첨된 사람이 한 명도 없었다. 당첨될 수 있는 확률 2%가 나에게 100%로 돌아왔다. 이 이야기에서 주는 교훈은 대다수 사람은 확률이 낮다는 이유로 약간의 가능성조차 포기하며 시도조차 하지 않는다는 사실이다. 단 1%의 확률이지만 이루어진다면 그것은 나에게 당첨 확률 100%가 되는 것이다. 시도조차 하지 않는다면 그 1%의 기회도 박탈당하고, 당첨 확률은 0%가 된다. 가능성이 적다고 해서 안 되는 것은 아니다. 가능성이 크다고 해서 반드시 되는 것도 아니다. 될 이유가 반드시 있다고 믿는 간절한 사람이 바람을 이룰 수 있다. 얼마나 간절했으면 2%의 확률을 뚫고 당첨이 되었단 말인가!

우리는 살아가면서 무언가를 이루기 위해 수없이 다짐한다. 하지만 이내 할 수 없는 수많은 이유를 순식간에 만들어낸다. 지금은 때가 아니라고 한다. 지금은 할 수 없다고 하면서 포기해버린다. 스스로 한계를 짓고 현실을 원망하고 환경과 조건 때문이라고 결론을 내리고 포기해버린다. 하지만 성공한 사람들은 무조건 될 이유부터 생각하고 찾는다. 주변 환경을 살펴보고 될 수 있는 환경을 찾는다. 안 되는 단점을 보완하고 어려운 여건을 해결해나가면서 될 수 있는 조건들을 찾는다. 도움을 줄 수 있는 사람들과 협력해 다양한 솔루션을 만들어나가는 사람들이 될 수 있는 이유를 찾는 사람들이다.

나는 성공한 사람들의 스토리를 좋아한다. 그들의 이야기를 들으면 가슴이 뛴다. 우리가 어떤 사람이든 인생은 평범하지 않다는 것을 증명할 기회를 준다. 이 세상에서 가장 간절한 사람이 누구일까? 내가 생각하기에는 어린 아기 같다. 태어나자마자 간절하게 운다. 얼마나 간절하면 목이 터질 듯 운다. 그렇게 울면 엄마가 젖을 주기도 하고 우유를 주기도 한다. 울어야 곧바로 준다는 것을 아기도 알고 있다. 아기는 배가 고플 때도, 잠이 올 때도 간절하게 운다. 어린이는 장난감 가게에서 장난감을 사달라고 간절하게 떼를 쓰고 졸라댄다. 자존심은 따지지도 않고 조른다. 그리고 목표한 장난감을 갖게 된다. 어린아이도 간절하게 울어야 목표를 이룰 수 있다는 것을 본능적으로 알고 있다. 이렇게 간절하게 졸라대면 사준다는 것을 학습했기에 이기적으로 울어댄다. 어떻게 안 사줄 수 있는가?

당신은 아이처럼 당신의 목표를 이루기 위해 체면과 자존심을 버리고 울어보았는가? 당신의 목표가 너무 간절해서 어린아이처럼 떼를 써보기도 하고 가끔 이기적인 행동을 해보았는가? 사실은 그렇게 해야 성공한다. 목표를 향한 간절함은 당신을 눈물 나게 하고, 자존심을 내려놓게 하고, 불굴의 의지를 불태우게 하고, 강한 집념으로 목표를 향해 뛸 수 있게 한다.

1% 속에 1%를 찾다
- 김재범 유도 선수의 이야기

"나는 유도가 아닌 어떤 종목의 운동을 했어도 1등이 되었을 것이다. 왜냐하면 타고난 게 노력이고, 미친 간절함이 있었기 때문이다."

"죽기 살기로 했더니 은메달이었고, 죽기로 했더니 금메달이더라."

"남들은 한판승의 사나이라고 이야기하지만 나는 한 팔 승의 사나이다. 나는 왼쪽 팔에 6급 장애가 있을 정도로 좋지 않다."

기자 한 명이 농담으로 "다음 올림픽은 패럴림픽을 준비해도 괜찮지 않나요?"라고 묻자 김재범 선수는 "몸이 조금 아프다고 해서 장애가 생기는 것은 아닙니다. 몸도 마음도 멀쩡한데 자기 목표를 향해서 가지 못하는 사람이 오히려 장애가 있는 사람이 아닐까요?"라고 말한다.

'눈을 떴을 때 꿈을 꾸고, 눈을 감았을 때 이루어져야 한다.'

시합은 이겨놓고 들어가는 시합이다. 즉 훈련으로서 이길 수밖에 없는 이유를 만들었다. 김재범 선수에게 "튜브를 하루에 몇 개 당기세요?"라고 물어보자 "솔직히 저는 잘 모르겠습니다. 저는 정말 힘들 때부터 숫자를 세었기 때문에 알지 못합니다."

슬럼프는 열심히 노력한 사람에게 오는 축복이다.

슬럼프는 열심히 하지 않은 사람에게는 절대 오지 않는다.

슬럼프가 왔다는 것은 엄청난 노력 뒤에 온 것이기에 이것만 넘어가면 곧 성공이다.

슬럼프가 온 사람에게는 엄청난 격려의 박수를 쳐줘야 한다.

성공을 위해 꼭 필요한 것은 재능이 아니라 노력과 간절함이다. 김재범 선수의 영상을 보는데 가슴이 뭉클하다. 어깨 부상, 손가락 인대 파열, 팔꿈치, 무릎 등을 다친 상황에서 99%가 안 된다 해도 금메달을 따기 위해 1% 속에 1%를 찾아가는 김재범 선수의 이런 미친 간절함과 노력, 그리고 열정에 힘찬 박수를 보낸다. 유튜브 크리티컬 포인트의 '눈 떴을 때 꿈을 꾸고 눈 감았을 때 이루어져야 된다' 편을 통해 살펴본 김재범 선수의 이야기를 보며, "금메달은 다른 일을 위해 가는 하나의 디딤돌"이라는 말이 귓가에 맴돈다.

불가능, 그것은 아무 것도 아니다

"Impossible Is Nothing ."

너무나도 유명한 아디다스의 슬로건이다. 이 슬로건은 광고 역사상 가장 상징적이고, 기억에 남는 슬로건 중 하나가 되었다. 전 세계 운동선수와 스포츠 애호가들의 외침이 되었으며, 그들이 자신의 한계를 뛰어넘도록 영감을 주었다. 이 광고 캠페인에는 리오넬 메시(Lionel Messi), 데이비드 베컴(David Beckham), 무하마드 알리(Muhammad Ali)와 같은 유명한 운동선수들이 출연해 위대함을 달성하는 데 필요한 노력, 결단력 및 인내를 강조하면서 성공을 향한 운동선수의 여정에 관한 이야기를 들려주었다.

이 문구는 다음과 같은 내용으로 소개되었다.

불가능, 그것은 나약한 사람들의 핑계에 불과하다.

불가능, 그것은 사실이 아니라, 하나의 의견일 뿐이다.

불가능, 그것은 영원한 것이 아니라, 일시적인 것이다.

불가능, 그것은 도전할 수 있는 가능성을 의미한다.

불가능, 그것은 사람들을 용기 있게 만들어 주는 것이다.

불가능, 그것은 아무것도 아니다.

정말 멋진 슬로건이다.

이 슬로건처럼 꼭 운동선수가 아니더라도, 일반적인 삶을 살아가는 사람들도 스스로의 한계를 규정짓지 말고, 항상 도전하는 삶을 살아가야 한다. 그렇게 도전적인 삶을 살다 보면 기회가 만들어지고 우연히 그 기회는 당신을 성공시킬 도구가 될 수 있는 것이다. 실력도 운도 그것을 하려고 하는 의지가 있는 사람에게 주어진다. 당신은 당신을 변화시킬 생각을 하고 있는가? 그렇다면 망설이지 말고 'Just Do It.'

밑 빠진 독에
물 붓기

'밑 빠진 독에 물 붓기'라는 말은 밑이 깨진 독에다가 물을 아무리 부어도 담아지지 않는다는 비유적 표현으로 사용하는 말이다. 그렇다면 정말로 밑 빠진 독에 물을 채울 수 없을까? 오래된 영화 중에 2001년에 개봉한 〈달마야 놀자〉라는 영화를 보면 해답을 찾을 수 있다.

도시에 살던 건달들이 사고를 치고 산사로 숨어들어 스님들과 함께 동고동락하며 살다가 벌어지는 갈등 가운데 노스님이 던졌던 과제가 있었다. 스님들과 건달 중 밑 빠진 독에 물을 먼저 채우는 쪽이 이기는 게임이었다. 일반적인 방법으로는 밑 빠진 독에 아무리 물을 채워도 물이 빠져나가는 것을 막을 수 없자 화가 난 건달 중 하나가 그 독을 들고 연못으로 뛰어들었다. 그러자 빠져나가던 물이 오히려 독 안으로 들어오는 것이 아닌가? 그 결과 독 안에 물을 가득 채울 수 있게 되었고 승부는 건달들의 승리로 끝났다. 노스님은 건달에게 "너는 어떻게 밑 빠진 독을 물

속에 던질 생각을 했느냐?"라고 묻자 건달은 물이 채워지지 않기에 그냥 화가 나서 항아리를 물속에 던졌을 뿐이라고 퉁명스럽게 대답했다. 그때 노스님은 "나도 밑 빠진 너희를 그냥 내 마음속에 던졌을 뿐이다"라고 했다.

밑 빠진 독 같은 문제, 밑 빠진 독 같은 인생이라고 하더라도 내 마음에 던지면 해결할 수 있다. 병에 물을 담으면 물병이 되고, 술을 담으면 술병이 되고, 꽃을 꽂으면 꽃병이 되는 것이다.

밑 빠진 독에 대해 생각하기

밑 빠진 독이라도 있으면 된다.

아무 일도 안 하면 아무 일도 일어나지 않는다. 아무리 낮은 가능성이라도 시도할 기회가 있다면 설령 그것이 단 1%의 성공 가능성일지라도 그 1%의 희망에 목숨을 걸어보자. 그 1%가 나에게 행운으로 찾아온다면 그것은 100%의 당첨이 되는 것이다. 대다수 사람은 확률이 낮다는 이유로 그 약간의 가능성조차 포기하며 시도조차 하지 않는다. 시도하면 1%의 확률이더라도 이루어졌을 때 그것은 당첨 확률 100%가 된다. 시도조차 하지 않는다면 그 1%의 기회마저 박탈당하고, 당첨 확률은 0%가 되는 것이다.

가능성이 거의 없는 밑 빠진 독이라도 있다면 물을 채울 수 있다. 수고의 땀을 흘리며 계속해서 물을 채워 빠져나가는 물이 되더라도 그것이 교

훈이 될 수 있고, 또 다른 방법을 찾아 빠져나가는 물을 막는 기적이 일어
날 수도 있다. 밑 빠진 독이라도 있다는 것에 감사하자! 단, 1%의 희망이
라도 포기하지 않는다면 깨진 독을 막아주는 100%의 기적이 일어날 수
도 있다.

결국 깨진 구멍만 메우면 해결된다.

우리의 삶을 돌아보면 완벽한 삶을 살아가는 사람이 과연 몇 명이나
될까? 기나긴 인생의 여정 속에 흠 없이 깨지지 않는 완벽한 항아리는 있
을 수 없다. 긴 세월 속에서 긁히기도 하고 깨지기도 한다. 깨진 곳을 수
리해서 사용하는 것이 우리 인생이다. 삶의 여정에서 밑 빠진 독은 당연
히 발생될 수밖에 없다. 인생의 중년에 옆구리에 구멍이 나기도 하고, 말
년에 밑동이 깨지기도 한다. 그런데 중요한 것은 그때마다 물이 새도록
내버려둘 것인가, 아니면 구멍을 메우며 인생의 위기를 슬기롭게 극복할
것인가 하는 것이다.

누구든지 인생의 밑 빠진 독은 발생할 수 있다. 그 깨진 독을 우리는
삶의 지혜로 슬기롭게 해결하면 되는 것이다. 구멍 난 밑 빠진 독이라도
물이 빠지지 않도록 구멍 난 곳을 수리해서 잘 메워주면 되는 것이다.

밑 빠진 독도 필요할 때가 있다.

잘만 활용하면 때에 따라 밑이 빠진 독이 필요할 때가 있다. 가령 밑이
빠진 독에 식물을 키우면 죽지 않고 잘 자라게 할 수 있다. 물이 빠져나가
야 뿌리가 썩지 않고 신선한 물과 영양분이 공급되어 식물이 잘 자라게

된다. 그러나 오히려 밑이 빠지지 않은 독은 물이 빠져나가지 않기에 고인 물이 되어 맨 아래 보이지 않는 곳에서부터 뿌리가 썩어 식물 전체가 죽는 사달이 날 수 있다. 결국, 무조건 밑이 채워져 있는 독이 좋다고 할 수도 없다. 때에 따라 달라지는 것이 독의 운명이듯 우리의 인생 또한 완벽하고 깨끗한 독이 필요한 때도 있지만 약간은 모자라거나 어설픈 깨진 독 같은 인생도 각기 필요한 곳에 그 목적에 맞게 사용될 때 연약하고 부족한 인생도 훌륭한 인생으로 거듭날 수 있다.

밑 빠진 독에 물을 채울 수 있을까?

또 한 가지의 방법은 콩쥐팥쥐 이야기처럼 두꺼비가(행운) 와서 도와주면 해결된다. 착한 사람, 성실한 사람에게는 운이 따른다. 주변에서 도와주는 사람들이 생긴다. 성실하고 착실하게 일을 하며 더욱 열정적이고 도전적으로 삶을 살아가는 사람들을 보면 당연히 도와주고 싶은 마음이 저절로 생긴다.

밑 빠진 독에 물을 채우다 보면 지치기도 하겠지만 요령도 생기고 방법도 찾을 수 있다. 채워도 채워도 채워지지 않는 구멍 난 독을 보며 어떻게 하면 저 구멍을 메울 수 있을까 하는 생각을 하게 되고, 그 생각은 점점 발전해서 결국 구멍을 메우는 방법을 찾게 된다. 밑 빠진 독에 더 많은 물로 열심히 채우다 보면 모래나 자갈이 섞인 물로 밑 빠진 독 아랫부분을 메우기도 한다. 여기에서 모래와 자갈은 우리 삶의 노력의 흔적이라고 말하고 싶다. 열심히 최선을 다해 노력하다 보면 기회가 생기고 운도 따르게 마련이다. 결국, 아무 일도 하지 않으면 아무 일도 일어나지 않지만, 무엇이라도 시도하면 기적이 찾아오기도 한다.

결론부터 말하자면 반드시 채울 수 있다. 과학적으로도 증명할 수 있다. 밑 빠진 독에 물을 채우려면 물이 빠져나가는 양보다 더 많은 물을 항아리에 쏟아부으면 밑 빠진 독에도 물이 채워진다.

우리나라 택배업체 중 쿠팡이라는 회사가 있다. 쿠팡이 들어오기 전에는 다양한 택배업체들이 있었다. 쿠팡은 치열한 경쟁 속에서 밑 빠진 독에 물 붓기를 했다. 다른 업체보다 더 저렴하게, 더 신속하게 새벽 배송까지 했지만 매년 누적적자를 기록했다. 저러다가 망하는 것은 아닌가 할 정도로 누적적자가 심했다. 그러나 그 밑 빠진 독도 점유율이라는 것으로 채워나가자 현재 국내 최고 점유율로 성장했고, 이렇게 성장한 후 서비스 질을 더 높이자 적정 마진을 확보하게 되었다. 밑 빠진 독이 성공한 대표적인 사례이다.

유튜브 또한 마찬가지이다. 처음 국내 시장을 장악하기 위해서는 밑 빠진 독에 물 붓기를 해야 했다. 기존에 터줏대감으로 있었던 네이버나 다음 같은 거대한 포털 업체를 상대하는 것은 그야말로 계란으로 바위 치기이자, 밑 빠진 독에 물 붓기를 지속해야 했다. 몇 년간은 누적적자로 인해 한국에서 발을 빼야 하는 게 아닌가 하는 생각이 들 정도였다. 하지만 서비스의 질을 높이고 사용자들이 콘텐츠를 만들어 올릴 수 있는 각종 플랫폼을 정비하고 적자를 감내하면서까지 다양한 마케팅과 낮은 요금으로 소비자들을 만족시키자 가입자가 늘어나게 되었고, 이제는 프리미엄 가입자들에게 높은 이용 요금을 받음으로써 밑 빠진 독이 빠져나가는 물보다 더 많은 물이 채워지는 결과가 되었다. 이처럼 밑 빠진 독에 물 붓기는 생각하기에 따라 달라질 수 있다. 깨진 독에 아무리 부어도 채워지지 않을 것 같지만 결국 빠져나가는 물보다 더 많은 물을 부으면 기적도 만들 수 있다.

오늘날 우리의 깨진 독은 무엇일까? 오늘날 밑 빠진 독을 메워주는 두꺼비는 무엇일까? 밑 빠진 독을 메워주는 두꺼비가 찾아오지 않는다면 나는 그 밑 빠진 독을 채우기 위해 어떤 노력을 해야 할까? 그냥 밑 빠진 독에 물 붓기라는 자포자기하는 심정으로 살아야 할까, 아니면 더 많은 물을 부어 밑 빠진 독을 채워야 할까?

레슬링 선수들은 다이어트를 하지 않는다. 먹고 싶은 것을 마음껏 먹는다. 그래도 살이 찌지 않는다. 햄버거를 먹어도, 탄산음료를 먹어도, 고기를 마음껏 먹어도 살이 찌지 않는다. 그 비밀은 먹는 양보다도 운동으로 빠져나가는 양이 더 많아 살이 찌지 않는 것이다. 성인의 일일 섭취 열량은 남성의 경우 2,000칼로리 정도라고 한다. 운동선수들은 3,000칼로리를 섭취해도 전혀 문제가 되지 않는다. 3,000칼로리를 먹어도 4,000칼로리의 운동을 통해 소화시킬 수 있기에 살이 찌지 않는다. 마찬가지로 삶의 여정 속에서 다양한 문제가 발생될 수 있지만, 그 문제를 해결할 비책이 있다면 아무 문제가 되지 않는다.

나의 삶에 성공을 가로막는 깨진 독이 무엇인지 고민해볼 필요가 있다. 그 깨진 독을 어떻게 메우며 보수할 것인지 깊은 고민을 해야 성공으로 갈 수 있다. 무작정 밑 빠진 독에 물을 부어봐야 헛수고라는 인식에서 벗어나지 못한다면 절대로 성공적인 인생을 살아갈 수 없다. 밑 빠진 독이라도 채울 수 있다는 신념을 가진다면 빠져나가는 물보다 채우는 물의 양을 늘려 결국 밑 빠진 독을 채우는 성공적인 삶을 살아갈 수 있다.

물처럼 살아라

우리는 '삶을 어떻게 살아야 할까?'라는 물음에 깊은 생각을 하게 된다. 자신이 살아온 과거를 생각해보기도 하고, 현재 자신이 살아가고 있는 삶을 확인해보기도 한다. 그리고 앞으로 살아갈 미래에 대해 막연한 생각을 하기도 한다. 하지만 하루하루 치열하게 살아가는 삶 속에서 인생에 대한 깊은 생각을 해볼 여유가 많지 않다. 정말 중요하게 다뤄야 하는 문제인데도 생각의 힘을 무시하고 살아간다.

자신이 살아가고 있는 모습을 정확하게 보고 싶은가? 그렇다면 흐르는 물에 비춰 보지 말고 고인 물에 비춰 보라. 사람의 모습을 있는 그대로 정확히 비출 수 있는 것은 고요히 멈춰 있는 물뿐이다. 흐르는 물은 자신의 모습을 똑바로 정확하게 볼 수 없다. 항상 움직이는 물에서는 자신의 모습도 판단하기 어려워진다. 방어기제로 점철되어 있는 자신의 모습을 보기 위해 흐르는 물에 비춰 자신을 들여다보면 왜곡된 자신의 모습을 보게 되는 것이다. 인생도 고요한 물처럼 늘 고요한 마음 상태를 유지한다면 문제가 발생하더라도 확실하게 관찰하고, 정확한 판단을 내릴 수 있다.

'인생을 물처럼 살라'는 말을 많이 한다. 물은 높은 곳에서 낮은 곳으로 흐르고, 사방이 막히더라도 고여 있다가 다시 흐르기도 하고 큰 장벽을 만나도 싸우지 않고 피해 가고 돌아가는 선택을 한다. 우리 인생도 여러 가지 사건 사고 속에서 살게 된다. 그럴 때 물처럼 살 수 있다면 삶 속에서 발생하는 문제는 문제가 되지 않는다. 언젠가 낮은 곳으로 흐르는 물처럼 높은 권력의 위치에 있다가도 낮은 위치로 돌아오게 된다. 아무리 화려했던 젊은 시절의 부와 명예도 시간이 지나가면 모두 내려놓아야 하고, 생의 마감을 준비해야 하는 늙은 노인이 되는 것은 어쩔 수 없는 이치이다. 삶의 여정에서 수없이 많은 난관에 봉착할 때 맞서지 말고 물처럼 돌아가는 선택을 하라는 현인들의 말을 귀담아 들을 필요가 있다.

사람들은 서로 싸움을 하면 불편해지고 모두가 손해라는 것을 안다. 그럼에도 불구하고 사람들은 싸운다. 그 이유는 보통 인간이 기본적으로 가지고 있는 방어기제와 감정적인 마음 때문이다. 사람들은 자의식에 상처를 받게 되면 기분이 상한다. 자신이 잘못해서 지적을 받을 때도 마찬가지이다. 이런 방어기제와 감정들은 의식적인 생각의 전환으로 바꿀 수 있다. 우리가 가지고 있는 감정과 방어기제는 본능이지만 생각을 제어할 수 있고, 물과 같은 생각을 가지게 되면 해결할 수 있다. 물은 누구나 공평하게 대한다. 큰 장애물이든 작은 장애물이든 일단 부딪히고 본다. 장애물에 막히면 돌아가고 때로는 거대한 장애물에 갇혀 숨죽이듯 고요하다가도 몸집을 불려서 장애물을 무너뜨리고 넘어가기도 한다.

우리의 몸은 약 75%가 물이고, 특히 뇌의 경우는 85% 이상이 물이다. 물은 생명의 근원이자 문제의 핵심이라고 해도 무방하다. 일을 하거나, 인간관계를 맺을 때, 인생을 살면서 물처럼 흐름을 따르는 삶을 살면 설령 문제에 부딪히더라도 돌아가는 여유가 생기면서 문제가 해결될 수도 있다.

물처럼 살아야 하는 이유

첫째, 물은 높은 곳에서 낮은 곳으로 흘러간다.

물은 높은 곳에서 낮은 곳으로, 좁은 곳에서 넓은 곳으로 흐르고, 마지막에는 가장 낮은 곳에 위치한 바다로 흘러간다. 바다는 가장 낮은 위치에 있기 때문에 계곡물이나 강물까지 다 받아들이기도 하고, 깨끗한 물이나 빗물, 그리고 더러운 물까지 모두 편견 없이 받아들이는 포용력까지 있다. 바닷물은 자신을 낮추는 겸손의 덕목과 모든 것을 품을 수 있는 이타적인 배려를 가지고 있기에 바다가 으뜸이라고 하는 것도 결국 자신을 가장 낮추기 때문이다. 명예나 권력이 하늘을 찌르더라도 언젠가는 내려오기 마련이다. 물이 계곡과 강을 거쳐 가장 낮은 바다로 내려오듯이, 우리의 인생도 높은 위치에 있을 때 이타적인 마음, 겸손한 마음으로 배려하고 포용하며 살아가야 한다는 교훈을 물이 주고 있다.

둘째, 물은 다양한 모양으로 변할 수 있다.

물은 매우 유연하고 그릇에 따라 얼마든지 그 모습이 변할 수 있다. 물의 성질은 유연하다. 네모 그릇에 담으면 네모 모양이 되고 세모 모양에 넣으면 세모 모양으로 변하는 유연성이 있다. 어떤 복잡한 틀 속에 넣어도 그 틀에 맞게 사용될 수 있도록 모양을 만들어주는 것이 물이다. 세모의 모양 속에 네모 모양의 사람은 아무리 발버둥 치며 들어가려고 해도 들어갈 수 없다. 세모 모양의 틀로 들어가려면 부서지고 다듬어져서 자신이 세모 모양으로 만들어져야 들어갈 수 있는 것이다. 들어갈 수 있는 유일한 길은 고집을 내려놓고 굳어져 있는 생각을 녹이고, 겸손한 마음으로 깎여 세모와 같은 모습으로 바뀌어야 세모의 틀로 들어갈 수 있는 것이다.

셋째, 물은 부드러움과 강함을 가지고 있다.

세상에 물처럼 부드러운 것은 없다. 그런데도 견고하고 강한 것을 이기는 것 중 물만 한 것도 없다. 이것은 물이 철저하게 약하기 때문이다. 부드러워 약할 것 같은 물은 시멘트를 만나면 콘크리트가 되고, 태풍을 만나면 엄청난 힘을 가진 파도가 되는 것이다. 비가 오면 땅이 굳어지듯이 물은 부드러움과 강함을 동시에 가지고 있다. 우리도 부드럽지만 강해지려면 스스로 단단해지기 위한 노력과 훈련을 해야 한다. 남이 하기 싫어하는 것도 해야 하며, 포기하고 싶어도 견뎌야 하는 인내심도 필요하다. 이런 노력들이 더해지면 물처럼 부드러움과 강함을 가질 수 있는 사람이 되는 것이다.

넷째, 물은 다투지 않는다.

물은 서로 먼저 가려고 다투지 않는다. 먼저 가려고 억지를 부리지 않고 순서대로 흘러간다. 웅덩이를 건너뛰거나 뒷물이 앞물을 절대로 앞서 가려고 무리하거나 억지를 부리지 않는다. 순리대로 흘러가도 결국 목적지에는 순서와 상관없이 모두 도착한다. 이처럼 물의 덕목처럼 양보와 희생의 순리대로 세상을 살다 보면 가끔은 순서가 뒤바뀌어 손해를 볼 수도 있다. 잠깐 손해 보는 것 같아도 결국 최종 목적지에 도착하기 때문에 아무런 영향을 받지 않는다. 대신 당신은 사람을 얻을 수 있다. 이런 배려와 희생이 당신을 따르는 많은 사람을 만들어내기 때문이다.

다섯째, 물은 지치지 않는다.

물은 바위도 뚫을 수 있는 끈기와 인내가 있다. 낙숫물이 바위를 뚫는다는 말이 있듯이 끈기와 인내로 결국 문제가 되는 모든 것을 이겨낼 수 있다. 작은 힘이라도 끈기 있게 지속하면 반드시 뜻을 이룰 수 있다.

목표를 이루려는 끈기 있는 생각이 열정을 만들고, 그 열정이 행동하게 하고, 행동은 습관이 되고, 결국 끈기 있는 인내가 뜻을 이루는 결과를 만들어낸다.

약해 보이는 물에는 엄청난 힘이 내재되어 있다. 물의 습성에는 배울 점이 많다고 생각한 노자(老子)는 '물처럼 살아라'며 이렇게 말했다. "물은 만물을 도와 키워주면서도 자신을 주장하지 않고, 사람들이 싫어하는 낮은 곳으로 흘러간다. 물은 낮은 곳에 자리 잡지만, 마음은 깊고 고요하다.

물은 나누어주는 데에 차별을 두지 않고 언동에는 거짓이 없다. 물은 머물러야 할 때는 반드시 머물고 움직일 경우에는 무리가 없다. 때에 따라 움직일 뿐이다."

이타적인 생각이 만드는
긍정의 힘

스웨덴의 어느 대학교 박사팀에서 일반인들을 대상으로 '이기적인 사람과 이타적인 사람 중 어떤 사람들이 높은 연봉을 받을까?'라는 설문 조사를 했다. 68%의 사람이 이기적인 사람이 높은 연봉을 받을 것이라고 응답했고, 이타적인 사람이라고 선택한 사람은 9%에 불과했다. 아마도 자기 자신을 최우선으로 생각하는 사람이 돈도 더 많이 벌 것이라고 예상한 것이다. 그러나 실제 결과는 정반대로 나왔다.

연구팀은 4,017명을 대상으로 설문 조사를 해서 기부나 봉사활동 등의 이력을 바탕으로 그 사람의 성향이 이타적인지 이기적인지를 파악한 후 14년간 연간 소득을 추적 조사했다. 처음에는 두 그룹 간의 소득이 비슷했지만, 시간이 지나자 이타적인 사람의 연간 소득이 이기적인 사람을 앞서기 시작해 최종적으로 이타적인 사람의 연간 소득 증가율이 이기적인 사람의 1.5배에 달했다. 이처럼 많은 사람의 예상과는 다르게 이타적인 사람이 이기적인 사람보다 더 높은 소득을 올리고 있었다.

당신은 이타적인 사람인지 평가해보라

· 자신보다 다른 사람의 의견이나 감정을 먼저 생각한다.

· 남에게 피해를 주는 것을 싫어하며 스스로에게 지나치게 엄격하다.

· 주변 사람들에게 주목받는 것을 싫어하며 다른 사람들에게 자신을 맞추고 베풀기를 좋아한다.

· 나의 사람이라고 생각하면 한없이 베풀고 배려하는 마음이 크다.

이타적인 사람들의 장점

· 타인의 감정을 잘 이해하고 배려한다.

· 갈등을 피하고 평화로운 관계를 유지한다.

· 타인의 의견을 존중하고 따라준다.

· 타인에게 신뢰받고 사랑받는다.

이타적 행동은 우리가 다른 사람을 돕고자 하는 본능적인 욕구이다. 이타적 행동은 자신의 이익을 포기하고 다른 사람의 이익을 증진시키는 행위를 말한다. 이타적 행동은 사회적 유대감과 공동체의 번영을 위해 중요한 역할을 한다. 그렇다면, 우리는 왜 다른 사람을 돕고자 하는 마음이 들까?

뇌과학적으로 생각해보면 이타적인 행동을 하는 사람은 남을 돕는 과정에서 두뇌에서 행복 호르몬인 세로토닌과 도파민 호르몬이 분비되면서 행복감을 느끼게 된다고 한다. 이것은 건강증진에 크게 관계된 모르핀의 200배 효과를 가진 엔돌핀과 다이돌핀(엔돌핀 효과의 4,000배)이 분비되어 행복감을 주고, 심신의 건강을 증진시킨다고 한다. 이렇게 자선사업과 기부, 자원봉사 같은 이타적인 삶은 사회 경제적으로도 큰 효과를 발휘한다.

우리는 왜 이타적으로 살아야 하는가?

이타적인 행동은 우리가 서로를 돕고자 하는 본능적인 욕구다.

우리는 왜 이렇게 다른 사람들을 돕고자 하는 것일까? 이타적인 행동은 우리의 개인적인 만족감과 행복감을 증진시킨다. 연구에 따르면, 다른 사람들을 돕고자 하는 행동은 우리의 자존감을 높여준다. 다른 사람들에게 도움을 주는 것은 우리가 더 큰 목표를 위해 노력하고, 더 의미 있는 삶을 살아갈 기회를 제공해준다. 이타적인 행동은 우리가 서로를 돕고자 하는 본능적인 욕구이다.

우리는 사회적 동물이다.

우리는 다른 사람들과 함께 살아가며 상호작용하고 의존한다. 이타적인 행동은 이러한 상호작용과 의존을 유지하고 발전시키는 데 중요한 역할을 한다. 이타적인 행동은 우리가 서로를 돕고자 하는 이유 중 하나이며, 이타적인 행동은 우리가 상호 의존적인 관계에 있다는 사실을 인식하게 해준다. 우리는 서로에게 도움을 주고받음으로써 더 나은 세상을 만들 수 있다는 것을 알게 된다. 이런 행동은 우리의 사회적 관계를 강화하고, 사회적 유대감을 형성하는 데 도움을 준다. 다른 사람들을 돕고자 하는 행동은 상호 간의 신뢰와 존중을 증진하며, 이는 우리가 더 나은 협력과 협업을 이룰 수 있게 한다.

이타적인 행동은 우리 자신에게도 긍정적인 영향을 미친다.

이타적 행동은 우리의 인간성을 발전시킨다. 이타적 행동은 우리가 인간답게 살아가는 데 도움을 주며, 우리의 고유한 인간성을 발휘하는 수단이 된다. 이타적 행동을 통해 우리는 자비와 관용, 배려와 협력을 배우고, 이는 우리의 인간관계와 사회적 상호작용을 더욱 풍요롭게 만들어준다.

이타적인 행동으로 행복감을 느낀다.

박 권사님은 이타적인 사람의 대명사이다. 박 권사님이 하는 행동들 하나하나에 이타적인 행동이 숨어 있다. 교회에 새 신자가 들어오면 박 권사님께 배당된다. 박 권사님은 새 신자의 행동들을 일일이 관찰한다. 돈을 받고 하는 것도 아닌 봉사인데, 자신에게 맡겨진 책무를 다하기 위해 항상 최선을 다하는 모습을 보면 감탄이 저절로 나온다.

먼저 새 신자가 자신에게 맡겨지면 주중에 전화해서 안부 인사를 하고 주일에 교회에서 만나기 위해 약속을 잡는다. 그날 또 한 번 연락해서 안부를 묻고 교회에서 만나면 친절하게 교제한다. 항상 주변을 돌아보며 자신의 도움이 필요한 사람들에게 다가가 안부를 묻는다. 잠깐의 시간만 주어지면 식당에서 서빙 봉사를 하고 주방에 수시로 들어가서 담당자에게 도와드릴 것이 없냐고 항상 물어보신다.

부탁을 받으면 안 된다는 이야기를 하시는 적이 없다. 차가 없이 오신 분이 있으면 집으로 가는 같은 방향의 카풀을 할 수 있도록 일일이 찾아서 연결해준다. 그래도 카풀이 잡히지 않으면 택시를 잡아서 차비까지 쥐여주며 일일이 챙기신다. 이쯤 되면 도대체 박 권사님은 어떤 분이실까 살짝 궁금해진다.

박 권사님은 예수님을 제대로 믿기로 작정하신 분이다. 예수님이 박 권사님을 구원해주셨다는 확신에 차 있고, 사람들을 섬기시는 예수님처럼 박 권사님도 주변 이웃들을 섬기는 삶을 살고 계신 것이다. 이런 분이 진국이다. 이렇게 항상 남을 배려하는 박 권사님의 얼굴에는 오늘도 힘든 표정이 아니라 행복한 미소가 있다. 인생의 긴 세월 속에서 이타적인 삶을 통해 스스로 행복해지는 것이다.

간절함으로 단 1년 만에
10억 원을 만든 주인공!

2014년 처음 부동산 투자를 시작하면서 부동산 투자에 집중해서 공부를 시작했다. 투자할 지역에 대한 부동산 권리분석, 입지분석, 도시개발계획 같은 부동산 지식을 차곡차곡 쌓아갔다. 그리고 이런 투자 정보를 오프라인 강의도 하고, 유튜브 방송을 통해 투자할 곳의 입지를 분석하는 영상을 제공했다. 이것이 투자자들에게 좋은 정보가 되어 많은 사람이 사무실로 찾아왔다. 정말 다양한 사람들이 찾아와서 투자에 대한 문의를 했고, 부동산 일을 배우고 싶다는 사람들도 몰려들기 시작했다. 가끔 투자자 중에 부동산 일을 꼭 배워보고 싶다는 간절한 사람들이 있었지만 채용하지 않았다. 그 이유는 부동산 투자가 단기간에 배울 수 있는 일이 아니고 또한 일일이 가르치다 보면 시간과 에너지가 너무 많이 소모되다 보니 대부분 일언지하에 거절했던 것이다.

건축업자와의 만남!

어느 날 수원 광교에 살고 있다는 임 사장이라는 건축업자가 찾아왔다. 다가구 원룸을 건축해서 매매하는 일을 한다고 했다. 사무실에 왔을 때는 투자금이 5억 원 정도 있는데 좋은 땅을 소개받아 토지 투자를 하고 싶다고 했다. 사업을 하셨던 분이라 빈손으로 오지 않고 고급 양주와 과일을 두 손 가득히 사서 왔다. 그냥 빈손으로 왔으면 짧게 상담하고 일찍 마치려고 했는데 정성이 담긴 선물 때문에 투자에 대한 정보를 3시간 동안 자세하게 이야기해주었다. 사업하는 방식이나 법인을 운영하는 방법, 땅을 고르는 방법, 땅을 매매하는 방법에 대해서도 실전에서 겪었던 모든 것을 아낌없이 알려주었다.

임 사장은 사업 경험이 있어서 그런지 매우 흥미롭게 들었다. 이윽고 상담이 끝날 즈음에 간절하고 정중하면서도 결의에 찬 목소리로 말했다.

"대표님, 부탁이 있습니다. 제가 지금 건축업을 하고 있다가 건축 경기가 좋지 않아서 뭘 할까 고민했는데 오늘 대표님을 만나보니 확실히 제가 해야 할 일이 정해진 것 같습니다. 저도 대표님처럼 땅을 배워서 부자가 되고 싶습니다. 대표님 밑에서 1년만 배울 수 있는 기회를 주신다면 은혜를 잊지 않겠습니다. 아침 일찍 나와서 청소도 해놓고 손님이 오면 뒤에서 듣기만 하고, 현장답사를 가실 때는 조용히 따라만 다니겠습니다."

"죄송합니다. 저희 회사에서는 직원을 채용하지 않습니다."

이렇게 대답하고 정중히 거절하며 보냈는데, 그다음 날 아침 임사장은 아침 간식을 준비해서 또 찾아왔다.

"대표님, 부담 갖지 마시고 다른 사람들 올 때 설명하시면 맨 뒤쪽에서 조용히 앉아서 듣고만 있겠습니다."

임 사장의 간절한 눈빛에 더 이상 거절하면 무안해질 것 같아 그냥 손님들이 올 때 뒤에서 앉아서 듣기만 하라고 했다. '일주일 정도 오다가 지치면 스스로 그만두겠지' 하는 생각이었다. 그런데 임사장은 다른 사람들과 달랐다. 매일 아침 수원에서 평택 사무실까지 가장 일찍 와서 청소를 깨끗하게 해놓고, 간식까지 준비해서 아침 미팅을 할 수 있도록 철저히 준비했다. 그리고 현장답사를 갈 때 꼭 따라갈 수 있게 해달라고 졸라서 어쩔 수 없이 함께하게 되었고 배움에 대한 열정과 의지는 일반인들과는 사뭇 달랐다. 직원들과 같이 현장답사를 갈 때나, 혼자 갈 때도 같이 따라갈 수 있게 해달라고 해서 항상 같이 다녔다. 열흘 정도 같이 다니면서 식사도 하고, 물건도 보고, 실제 토지 계약하는 현장들을 경험하게 해줬다.

어느 날 임 사장은 나를 조용히 부르더니 할 말이 있다고 했다.

"지금까지 살면서 집 짓는 일을 하고 부동산도 같이 겸해서 해보았지만, 10년 동안 했던 일보다 열흘 동안 따라다니면서 보고 배운 것이 훨씬 더 많았습니다. 현장답사를 하면서 현장의 상황을 직접 확인하고 말로만 듣던 땅을 반값에 사는 방법을 대표님을 통해서 실제로 보니 더욱 투자에 대한 확신이 서고 저는 이곳에서 무조건 대표님만 따라다니면서 대표님이 하라는 대로 하겠습니다."

정말 간절한 마음으로 이야기하는 것이 진심으로 느껴졌다. 배우려고 하는 의지가 얼마나 강한지, 더 이상 거절할 수가 없었다. 사실 임사장은 남부러울 것 없는 사람이다. 수원 광교신도시의 대형 아파트에 살고 있고, 다가구, 다세대 빌딩도 여러 채 소유해 재산도 수십억 원의 자산가이다. 이 정도 자산가라면 머리를 숙이면서 남 밑에서 일하는 것이 쉽지 않을 것이다. 그러나 임 사장은 겸손한 마음으로 일을 배우겠다는 결의와 열정이 대단했다.

그는 밑바닥에서부터 새로 시작하는 마음으로 매일 아침 일찍 사무실에 출근해서 청소부터 미팅 준비까지 완벽하게 세팅해놓았다. 역시 사업을 했던 사람은 기본부터 차이가 있다는 것을 느꼈다. 보통 자신이 어느 정도 지위가 있고 경제적으로도 부족하지 않으면 굳이 남의 밑에서 배우는 것을 좋아하지 않는다. 그러나 짧은 시간이지만 임 사장의 모습은 보통 사람들과는 다르다는 생각이 들었다. 그리고 건축 일은 나 또한 모르는 것이 많고 나중에 내가 해야 할 일들이기에 도움이 많이 될 수도 있다는 생각이 들어 우리 회사의 정직원으로 채용하기로 결정했다. 임 사장에서 이제 우리 회사의 임 이사라는 직함을 주었고, 법인 이사로 일하면서 그는 그동안 감추어졌던 부동산 투자의 비밀들을 조금씩 배워나가기 시작했다.

임 이사는 건축과를 졸업했고 건축자격증을 가지고 있었다. 그리고 실제 건축사업을 했기에 토목 인허가를 받는 것과 기초 공사 시 인부들 다루는 솜씨에서 이미 준비된 사람이었다. 부동산과 은행 대출 업무를 겸한 적이 있어 내가 하는 모든 일에 비서처럼 깔끔하게 정리를 해놓았다. 나는 땅을 찾고 땅을 매매하는 것에만 신경 쓸 수 있어서 일의 진행을 빠르게 할 수 있었다.

이렇게 일을 계획하고 추진해나가면 뒤에서 정리해주는 사람이 있기에 업무의 효율성이 좋아졌다. 혼자 일할 때는 땅을 살 때 10~20억 원 사이 물건만 다루었는데, 임 이사가 뒤에서 일을 처리해주니 30~50억 원짜리 땅도 망설임 없이 매입하게 되고, 땅을 개발해서 분할 후 매매하는 방식으로 재미있고 신나게 일할 수가 있었다.

연봉 10억 원의 약속!

임 이사는 사실 굴러 들어온 복덩이였다. 이렇게 헌신적으로 일하는데 어떻게 예뻐하지 않을 수 있을까? 이런 임 이사에게 일을 배우는 조건으로 무보수로 일하게 했지만 몇 달이 지난 뒤 나는 임 이사에게 한 가지 약속을 해주었다.

"임 이사, 내가 임 이사에게 1년 안에 순수익 10억 원 이상 만들어줄게요. 앞으로는 이곳에서 나와 함께 미래를 향한 꿈을 꾸어봅시다."

"대표님, 정말 감사합니다. 이렇게 대표님 옆에서 좋은 땅을 사서 파는 방법들을 배우는 것만으로도 감사한데 말씀만 들어도 감격스럽습니다."

"나를 믿고 따라오면 1년 안에 10억 원은 어렵지 않게 벌 수 있으니까 믿고 하라는 대로만 하시면 그대로 이루어집니다."

"저는 대표님이 사라고 하는 땅은 사고, 팔라고 하면 팔고 지시하는 대로 그대로 하겠습니다."

그 후로부터 1년 동안 임 이사와 나는 엄청난 일들을 진행했다. 1년 동안 사고판 땅들이 손에 꼽기 힘들 정도로 많았다. 심지어 정확한 입지분석으로 낮은 가격으로 토지를 산 뒤 3개월 만에 수억 원의 차익을 보며 팔았던 땅들도 여러 개가 있다. 1년이 지난 시점에서 임 이사와 했던 약속은 어떻게 되었을까?

임 이사는 토지 투자로 멋지고 행복하게 일을 할 수 있었고, 부동산에 관한 정보와 지식을 초고속으로 배울 수 있었으며, 일반사업자만 운영하다가 이제 법인 2개의 대표이사가 되었다. 내가 보장했던 1년 뒤 10억 원이 넘는 투자 수익은 약속했던 대로 이루어졌다.

이렇게 1년 동안 계속해서 땅을 매입하고 개발행위 허가를 통해서 팔릴 수 있는 땅으로 만들기 위해 분필과 합필 토목공사들을 해가면서 실력을 쌓을 수 있는 시간들이 있었기에 임 이사는 이제 토지개발에서는 누구에게 뒤지지 않는 진짜 실력자가 되어 나에게는 없어서는 안 될 중요한 인물이 되었다.

지금은 우리 회사에 각자 맡은 업무들이 있어서 좋은 땅을 발견하면 권리분석은 대표인 내가 하고 각종 개발 인허가는 임 이사가 하고 물건지 방문 조사 매입 담당은 관리 이사가 한다. 등기에 관한 서류상 권리관계는 법무사 사무실에서 처리할 수 있도록 업무 프로세스를 시스템화해 만들어 놓았다. 그래서 토지에 대한 매수, 매도 의뢰가 들어오면 10분도 안 되어 분석이 끝나고 아주 신속하게 의사결정을 할 수 있게 되었다.

천억 원 자산가의 꿈!

사실 좋은 땅은 오래 기다려주지 않는다. 단 하루 만에도 다른 사람들에게 뺏기기도 하고 뺏을 수도 있는 것이 토지 시장이다. 매물로 나온 땅이 아무리 좋아도 이 땅이 좋은 땅인지, 나쁜 땅인지 분간할 수 없으면 말짱 도루묵이다. 항상 '살까? 말까?' 하는 결정 장애를 겪을 수밖에 없다. 수억 원에서 수십억 원씩 하는 토지를 매수하는데 누구보다도 신속하고 정확한 정보가 바탕이 되어야 하고, 향후 개발하고 성장하는 위치로서 시간과 속도가 얼마나 빠르게 진행되는지 분석되어야 결정할 수 있기에 정확한 정보를 얻기 전까지 누구나 망설일 수밖에 없는 것이 토지이다. 그런데 이런 것을 아주 정확하게 10분 안에 비교 분석을 마칠 수 있다면 경쟁에서 이길 수밖에 없다. 100개의 땅을 사면 100개가 다 오르는 땅을 살 수 있다는 결론이 나오고, 실제 100개 이상 산 땅들은 1년 안에 모두 상상 이상으로 상승했던 결과를 보였다.

얼마 전 임 이사는 나에게 조용히 다가와 이런 말을 했다.

"대표님, 15년 뒤 저의 목표는 천억 원 자산가가 되는 것입니다."

남들이 들으면 허황된 꿈을 꾸는 돈키호테 같은 사람이라고 놀릴 수도 있지만 내가 생각하는 임 이사는 충분히 이루고도 남는다고 격려해주었다. 과연 임 이사는 천억 원의 자산가가 될 수 있을까? 긍정의 에너지가 있는 임 이사의 가능성에 99% 이상 점수를 주고 싶다. 임 이사는 배우려고 하는 의지와 정신력이 스스로를 포기하지 않게 만들었고, 나를 만나면 반드시 성공한다는 생각이 그의 운명을 갈라놓았다.

땅에 미친 농부

봄이 되면 얼어붙었던 땅이 녹아 아지랑이가 피어오른다. 봄이 왔다는 것을 알려주는 신호이다. 봄은 만물을 소생케 하는 힘이 있다. 나는 소봉규 이사와 봄에 만났다. 당시 곤충 사업으로 만나게 되었는데, 나는 평택에서 곤충 시범사업자로 선정되어 2016년부터 곤충 사업에 매진하고 있었고, 소봉규 이사는 안성에서 청년창업 후계농업경영인(청창농)으로 농업대학에 다니면서 후계농업경영인을 꿈꾸면서 곤충 사업을 하고 있었다. 우연히 만나서 대화하다 보니 곤충이라는 같은 사업을 하는 상황이라 자연스럽게 정보를 주고받는 사이가 되었다.

곤충 사업의 위기

나는 곤충 종자를 키워 분양하는 사업을 진행했는데 때마침 곤충이 축산업으로 편입되는 운이 따랐다. 제도적으로 곤충을 미래 대체 식량자원으로 준비한다는 것이 방송과 언론에 소개되어 곤충 열풍이 찾아왔다. 시기가 잘 맞아떨어졌고 때마침 매출도 올랐다. 준비도 잘해서 평택시에서 선정하는 곤충 시범사업자로 선정되어 사업지원금도 받게 되었다.

2년 동안은 곤충 종자가 없어서 못 팔 정도로 잘나갔다. 하지만 곤충 열풍으로 인해 은퇴 후 곤충 종자 사업을 하려고 하는 사람들이 너무 많아져 경쟁이 불가피하게 되었다. 그런 상황에서 곤충 시장을 조사하러 안성에 있는 곤충 농가를 방문했는데, 그곳이 소봉규 이사가 운영하는 곤충 사업장이었고, 처음 만났는데도 불구하고 많은 이야기를 나누었다. 몇 달 동안 수시로 왕래하면서 곤충의 정보를 주고받으며 대책을 세우던 중 심각한 대형 사건이 터지고 말았다. 곤충의 먹이로 사용하는 발효시킨 참나무 톱밥에 문제가 생긴 것이다. 소 이사로부터 공급받은 참나무 톱밥을 곤충에게 주었고, 곤충은 1주일이 지나자 백강균이 생겼다. 백강균은 사육장 안에 있는 모든 곤충에게 전염되어 전량 폐기하게 되었다. 이후 사육실을 깨끗하게 소독하고 다시 종자를 분양받아 사육했다. 그러나 또다시 백강균이 생겼다. 여러 곳에 문의해본 결과 이런 백강균이 생기면 3년은 쉬어야 완전 소독이 된다고 했다. 그래서 더 이상 진행이 어려워 잠시 쉬면서 나중을 기약했다. 발효 톱밥을 제공한 소 이사 농장에서도 동일한 문제가 발생해 소 이사도 곤충 사업을 잠시 중단할 수밖에 없었다.

위기를 기회로

나는 곤충 사업을 하면서 휴대폰가게를 운영하며, 부동산 공부를 계속하고 있었다. 이 일을 계기로 곤충 사업은 잠시 쉬고 부동산에 집중하기로 했다. 휴대폰가게는 주로 아내가 운영했고 저녁때는 내가 일을 봐주기로 해서 낮 시간에는 주로 부동산 물건을 찾으러 다닐 수 있는 시간이 있었다. 부동산 중개사무실에 방문하면서 공인중개사분들과 대화를 나누며 부동산 지식을 쌓아나갔다. 2015년부터 삼성전자 평택공장이 만들어지면서 평택 땅값은 지속적으로 올랐고 그 당시 지인들과 함께 매입했던 3개의 땅이 단기간에 급격하게 상승하는 행운이 따랐다.

이런 부동산의 매력을 알게 되자 더욱 부동산에 관심을 가지게 되었고, 이후 부동산개발 사업자등록증을 내서 직접 운영했다. 이런 사실을 옆에서 지켜보던 소 이사도 부동산에 관심을 가지기 시작했다. 소 이사는 골프장에서 근무하며 시간이 날 때마다 나를 따라다녔다. 내가 안성으로 현장답사를 간다고 하면 소 이사는 회사에 반차를 내고 함께 손님을 만나고, 현장답사도 함께 다니며 부동산을 방문하는 현장 공부를 같이했다.

"대표님, 부동산이 너무 재미있어요. 곤충 사업하고는 비교가 안 됩니다. 언제든지 현장답사를 갈 때 꼭 불러주세요. 회사에 휴가를 내고 따라다니겠습니다."

"그래, 알았어. 다음에 미팅이 잡히면 함께 가자."

소 이사는 신세계를 경험하는 것 같다고 했다. 지금까지 일하면서 이렇게 흥분되고 기대되는 것은 처음이라고 했다. 나는 소 이사에게 내가 처음 땅을 사게 된 계기부터 어떻게 하면 부동산을 살 수 있는지에 대해서 자세히 알려주었다.

"소 이사, 반드시 돈이 있어야 땅을 사는 것이 아니라, 대출을 통해서도 땅을 살 수 있어. 그리고 공동으로 돈을 모아서 뜻이 맞는 사람들과 같이 살 수도 있어."

"대표님, 그게 정말이에요? 지금 돈이 없이도 땅을 살 수 있다는 말이지요?"

지금 돈이 없어도 땅을 살 수 있다는 말에 소 이사는 흥분을 감추지 못했다. 나는 소 이사에게 반드시 평택이나 안성에 땅을 사놓으라며 꿈을 심어주었고, 소 이사는 청년 창업농이기에 국가에서 농업을 할 수 있는 땅을 살 수 있도록 지원해준다는 사실도 알려주었다. 소 이사는 어차피 청년 창업농에 선정되었기에 국가에서 지원하는 사업 중 농업에 필요한 땅을 살 수 있는 자격이 되었다. 그래서 이왕 살 때 향후 땅값이 오를 수 있는 곳에 땅을 사서 특용작물 농사를 해보라고 조언해주었다. 만약에 농사에 실패하더라도 향후 그 지역이 개발되거나 발전되면 땅값이라도 오르게 될 수도 있다는 이야기를 해준 것이다. 그렇다면 농사에 실패해도 땅값으로 보상되어 조금의 위안을 받을 수 있는 상당히 전략적인 계산을 한 것이다.

꿈이라고 생각한 첫 땅 계약

소 이사는 3억 원 정도 되는 자금으로 자신의 땅을 사기 위해 안성 전 지역을 찾아다닌 결과 아주 좋은 땅을 매입했다. 땅을 가져보는 것이 꿈이라고 했던 소 이사는 이때부터 땅을 보면 미친 사람처럼 열정적으로 행동했다. 청년 창업농 소봉규 이사에게 나는 '땅에 미친 농부 (땅.미.농)'라는 별명을 지어주었고, 그 닉네임으로 유튜버 활동도 하게 되었다.

사람은 자기가 하고 싶은 일을 해야 가장 잘할 수 있다는 것을 소 이사를 통해서 알게 되었다. 소 이사는 땅과 관련된 일이 너무 재미있다고 수시로 말했다. 그는 첫 땅을 매입 후 땅에 대한 가치와 소중함을 알게 되면서 부동산에 완전 몰입했다. 부동산과 관련된 일로 통화하면 2시간씩 전화 통화를 해도 너무 재미있다고 했다. 대화하면서 생소한 부동산 용어가 있으면 그는 꼭 질문하고, 다음 날 전화 통화한 내용을 출퇴근 시간을 이용해서 다시 듣기를 했다. 그리고 궁금한 것을 메모해서 다시 물어보는 열정으로 부동산 지식을 배워나갔다.

나는 보험 일을 그만두고 휴대폰가게와 부동산에 집중해서 일했기 때문에 좋은 성과를 낼 수 있었다. 2019년 안성과 용인 원삼지역에 대형 호재들이 발표되면서 더욱 현장답사가 많아졌고 수시로 상담자들을 만나면서 투자에 대한 상담을 이어가게 되었다. 소 이사는 이런 내 모습이 너무 부러웠다고 했다.

"대표님, 안성에서 고객을 상담할 일이 있으면 언제든지 휴가를 내고 달려갈 테니 꼭 불러주세요. 대표님께서 고객과 상담하는 모습을 보면 가슴이 쿵쿵 뜁니다. 나도 언젠가는 대표님처럼 몇 십억 원씩 투자하는 투자자들과 상담할 수 있는 실력이 될 수 있다고 생각하면 가슴이 뜨거워집니다"라고 자신의 포부를 밝혔다. 그리고 "저는 대표님이 하라고 하면 뭐든지 다 할 수 있습니다. 제가 대표님 하는 일에 필요하시다면 언제든지 불러주세요. 대표님의 손과 발이 되어드리겠습니다"라고 덧붙였다.

그날 나는 소 이사의 진심을 확인했다. 소 이사는 골프장에 있을 사람이 아니었다. 나는 생각했다. '언젠가 기회가 되면 반드시 너를 데리러 올 테니 그때까지만 참고 기다려라.' 이 생각은 한 달이 되지 않아 현실이 되었다.

골프장에서 스카웃

유튜브 방송을 시작하면서 고객은 폭발적으로 늘었고 상담자들은 줄을 서서 기다릴 정도가 되었다. 더 이상 혼자 감당하기 어려웠다. 나는 더이상 새장에 갇혀 자유를 잃은 새처럼 소 이사 같은 인재가 골프장에 갇혀 있게 둘 수 없었다.

"소 이사 나랑 같이 일할래?"

나의 제안에 소 이사는 기다리고 있었다는 듯이 말했다.

"대표님, 저는 내일이라도 당장 출근할 수 있습니다. 대표님과 함께한다면 두려울 것이 뭐가 있겠습니까! 함께할 수 있는 기회를 주셔서 감사드립니다."

나는 소 이사에게 매월 500만 원씩 주겠다고 약속했다. 그리고 월급은 작은 보상이고 별도로 땅을 살 수 있는 방법을 가르쳐주겠다고 했다. 소이사는 나와 함께 일한다는 생각에 그날 잠을 이룰 수 없었다고 했다. 그만큼 땅에 대한 열정이 넘쳤고 자신이 그토록 하고 싶었던 땅 투자에 대한 일을 지금까지 나의 손발이 되어 함께하고 있다.

소 이사는 나와 함께 일한 지 1년도 안 되어 "대표님 이제 월급은 안주셔도 됩니다. 그냥 땅으로 받겠습니다"라고 자신 있게 말했다. 그리고 함께 일한 지 1년 만에 벤츠 오너가 되었다. 그리고 고덕신도시의 34평 아파트의 주인공이 되었다. 그리고 농업회사법인의 대표와 부동산법인의 대표까지 2개의 법인을 설립한 주인공이 되었다.

소 이사는 지금 타의 추종을 불허할 만큼 성장했다. 안성 지역에서 '땅에 미친 농부'라고 하면 모든 중개업소에서 알 수 있는 유명한 토지 유튜버로 성장했고, 토지의 통찰력을 가진 전문가이자 임장교육의 전문가가 되었다. 나는 소 이사를 보면 흐뭇한 웃음을 짓는다. 소 이사가 이 일을 처음 시작할 때 한 말이 생각난다.

"나도 언젠가는 대표님처럼 몇 십억 원씩 투자하는 투자자들과 상담할 수 있는 실력이 될 수 있다고 생각하면 가슴이 뜨거워집니다."

스스로 개척하고, 스스로 임장하고, 스스로 몇 십억 원씩 투자하는 고객과 상담하고, 다른 사람을 교육까지 하는 실력을 겸비한 소 이사가 너무 자랑스럽다. 이렇게 성장할 줄은 상상하지 못했다. 이 모든 것은 그의 식지 않는 토지에 대한 열정이 있기에 가능했다.

수십억 원대의 자산을 보유한 소 이사는 자신의 시대는 이제 시작이라고 말한다. 그리고 미래를 향한 페달을 절대로 멈추지 않을 것이라고 다짐한다. 자신의 식지 않는 꿈이 있기에 몇 년이 지난 지금도 땅 투자를 생각하면 가슴이 뛴다고 한다. 그 열정을 고객에게 전달하기 위해 매일매일 최선을 다하는 소 이사에게 뜨거운 박수를 보낸다.

3장.

성공에 이르게 하는 행동

Just Do It

'Just Do It'은 나이키를 대표하는 슬로건으로 유명하다. 스포츠를 좋아하는 남자들은 이 문구를 모르는 사람이 없다. 어떤 도전에 맞서야 할 때 'Just Do It'은 '그냥 해'라는 의미로 사용되고 있고 고민하지 말고 그냥 해보라는 메시지를 담고 있다. 아디다스는 1960~1970년대에 전 세계 스포츠 시장에서 독보적인 존재였다. 다른 브랜드들은 감히 경쟁할 엄두도 내지 못했다. 그런데 아디다스가 독점하고 있는 시장에서 주변의 반대를 무릅쓰고 몇몇 젊은이가 운동화 회사를 창업했다. 세상의 비난과 부정적인 평가로 지쳐가던 중 그들 중 한 명이 다음과 같이 말했다.

"세상이 뭐라고 떠들어대든 간에 상관하지 말고 그냥 하자!"라고 말했고, "Just Do It"라는 이 세 단어가 슬로건이 되었다. 이 회사가 바로 나이키이다. 나이키는 창업 후 10년도 채 되지 않아 아디다스를 앞지르고 전 세계 최대 스포츠용품 브랜드로 성장했다.

'Just Do It!' 그냥 하면 된다. 일단 시작하고 나중에 완벽해지면 된다. 만반의 준비가 다 되고 하겠다는 생각은 아예 버려라. 모든 위대한 결과는 작은 결정과 행동에서 나온다. 그 사소한 것을 반복함으로써 성공한다. 나이키가 아디다스를 이길 수 있었던 것은 조건들을 따지지 않고 그냥 했기 때문이다. 일단 해보자! 운동을 하기로 계획했다면 그냥 하자! 운동을 해야지 기운이 솟아나고 활기찬 하루를 시작할 수 있는 것이다.

그냥 신발부터 신어라

TV 프로그램에서 배우 유해진 님이 "Just Do It"이라는 말을 했다. 그는 "그냥 해라! 내가 산을 가고 싶다고 하면 현관으로 가서 신발부터 신어라. 신발이라도 신으면 반은 성공한 것이다. 다시 신발끈 풀기가 귀찮아서라도 등산을 하게 된다"고 한다. 가만히 생각해보니 정말 그렇다. 사람들은 새해가 되면 다이어트를 해야지! 헬스장을 가야지! 이제부터 등산을 해야지! 등 많은 계획을 세운다. 하지만 계획만 세우고 실천하지 못하는 경우가 많다. 가까운 현관까지 가는 것이 너무도 귀찮고 어렵다. 가지말아야 될 이유를 찾고 자기 합리화를 한다. 그런데 억지로라도 신발을 신게 되면 반 이상은 성공이다. 산 정상까지는 아니더라도 산 입구까지라도 가게 된다. 이것이 'Just Do It'의 힘이다.

나는 아침에 일어나 이불 개기로 하루를 시작한다. 큰 목표를 성공하기보다 작은 일상의 목표를 성취하다 보면 더 큰 목표를 이룰 수 있다. 잠에서 깨어나 자신의 방 정리도 못 하는 사람이 과연 위대한 일을 해낼 수 있을까? 아주 작은 목표지만 가지런히 개어놓은 이불을 볼 때마다 오늘도 성공했다는 성취를 맛본다. 'Just Do It', 그저 하는 것이다. 이 작은 습관이 인생을 바꿀 수 있다.

미국 질병통제예방센터(CDC)의 연구에 따르면, 체중 감량을 목표로 다이어트를 시작한 사람 중 95%가 실패한다는 결과가 나왔다. 의외의 결과다. 그 이유는 무엇일까? 내가 다이어트에 성공하고 싶고, 미래의 나의 멋진 모습으로 바꾸고 싶다면 'Just Do It', 자신과의 약속을 지키기 위해 그냥 하면 된다. 그러나 사람들은 그렇게 하지 못하는 게 현실이다. 작심삼일이다. 사흘 동안은 어떻게든 해나간다. 그러나 지속해서 하기란 여간 힘든 게 아니다. 쉽게 생각하면 다이어트는 그냥 끼니 때마다 적게 먹고 운동을 열심히 하면 되는 거다. 그러나 대부분의 사람은 매 순간 작은 유혹들에 넘어가서 실패한다. 작심을 했다면 복잡한 생각을 하지 말고 그냥 하는 거다. 배가 고파도 참는 거다. 배가 고픈 것은 당연한 거다. 다이어트에 성공한 사람들 또한 하루하루가 힘들고 포기하고 싶을 것이다. 그렇지만, 지금의 힘든 고통을 이겨낸다면 값진 결과가 돌아올 것을 알기에, 묵묵히 그냥 해낸 것이다. 'Just Do It!'

캐나다에서 열린 동계올림픽의 금메달리스트 피겨 요정 김연아 선수가 훈련할 때 이야기이다. 어느 날 기자가 찾아와 빙판 위에서 열심히 점프 연습을 하는 김연아 선수에게 "빙판 위에서 높게 점프하는 동안 무슨 생각을 하세요?"라고 물었다. 김연아 선수는 피식 웃으며 "생각은 무슨 생각을 해요. 그냥 하는 거지!"

이 영상을 처음 보았을 때 깊은 영감을 받았다. 그렇다. 그냥 하면 되지 무슨 의미를 부여할 필요가 없는 것이다. 무슨 일을 할 때 큰 의미를 두기 때문에 부담이 되기도 하고 긴장이 되기도 해서 결국 자신감이 떨어져 포기하는 경우가 있다. 단순하게 생각할 필요가 있다. 'Just Do It!'

첫 번째 책을 쓴 이야기

2022년 새해 목표로 책을 쓰기로 작정했다. 7년 동안의 부동산 실전 경험을 살려서 실무에 꼭 필요한 책을 쓰기로 다짐했다. 하지만 차일피일 미루다 보니 3개월이 훌쩍 지나갔는데 단 한 장도 쓰지 못했다. 사실 이런 핑계, 저런 핑계를 대면서 미루고 있었다. 글을 쓴다는 것은 대단한 용기도 필요했고, 다양한 지식도 필요했기에 엄두를 내지 못하고 있었다. 사실은 그냥 막연하게 '책 한 권 냈으면 좋겠다'라는 바람이었다. 그러던 중 대한민국 전체로 코로나가 확산되었고, 결국 나도 코로나에 감염되어 격리하게 되었다. 코로나로 격리가 되자 이제는 일 때문에 바빠서 글을 못 쓴다는 핑계도 통하지 않았다. 이러다가는 결국 연말까지 단 한 글자도 못 쓰겠다는 생각에 무작정 그냥 해보기로 했다. 그래, Just Do It!

처음 마음먹기가 힘들지 그냥 해보니 생각보다는 그렇게 어렵지 않았다. 처음 써보는 글이지만 실전에서 겪었던 일을 노트북으로 옮기는 작업이었다. 소설처럼 특별하게 상상의 나래를 펼치며 고민할 필요가 없었다. 업무의 연장선 같은 기분으로 밤낮을 가리지 않고 글을 쓰는 것에 집중하고 매달리자 기적 같은 일이 일어났다. 학창 시절 이후 글을 써본 적이 없는 내가 일주일 만에 책 분량의 원고를 모두 작성한 것이다. 코로나로 인한 격리로 다른 사람들의 방해를 받지 않고 오로지 글을 쓰는 데만 집중할 수 있었다. 밥 먹고 화장실 가는 것 빼고는 책을 쓰는 데 모든 시간을 쏟았다. 책 쓰는 것에 흥미를 느끼자 밤을 새워 작업해도 피곤한 줄 모르고 글을 썼다. 책을 처음 쓰다 보니 문단 나누는 것도 잘 모르고 책을 써내려갔지만, 사실에 바탕을 둔 내용을 기록한 책이다 보니 온실에서 키운 화초라기보다는 야생에서 스스로 자란 야생화 같은 느낌의 책이 되었다. 거칠기도 하고 투박하기도 했지만 《오르는 땅은 이미 정해져 있다》라는 제목의 책으로 만들어졌고, 매일경제신문출판사에서 출판할 수 있었다. 이처럼 책을 쓰는 작업도 망설이다 보면 세월만 지나간다. 코로나의 영향도 있었지만 'Just Do It', 일단 그냥 시작하다 보니 책을 쓸 수 있었다.

책 쓰기를 통해서 자신감을 얻자 일에도 영향을 받았다. 어떤 일이든 깊이 고민하지 않고 시작부터 해보자는 습관이 생긴 것이다. '일은 저질러야 결과가 나온다'라는 좌우명까지 만들게 되었다. 이런 'Just Do It'의 작은 습관이 또 하나의 작품을 가능하게 했다. 2023년 두 번째 책 《오르는 땅의 비밀노트》를 출간할 수 있었다. 그 책의 출간으로 이제는 책을 쓰는 것이 두렵지 않고 오히려 즐길 수 있는 일이 되었고, 세 번째 책인 《생각이 운명을 가른다》라는 동기부여 책까지 출간하는 계기가 되었다.

이 모든 변화는 바로 'Just Do It'에서 비롯되었다. 언제까지 생각만 할 것인가? 언제까지 망설일 것인가? 이제는 행동으로 움직일 차례이다. 스스로에게 주문을 걸어라.

'Just Do It!'

성공은 방 청소로부터
시작된다

방 정리는 오늘 하루의 첫 번째 성공!

사람들은 성공에 대한 정의를 내릴 때 아주 거창한 것을 생각한다. 사실 생각해보면 위대한 성공이라도 첫 시도부터 성공하기는 쉽지 않을 것이다. 많은 경우 작은 것부터 성공해 위대한 성공을 이루게 된다. 나는 그 작은 성공이 바로 청소라고 말하고 싶다.

어떤 것이라도 시작할 의욕은 바로 청소에서 나온다. 일어나자마자 잠자리 정리부터 하게 되면 하루를 성공으로 시작하는 것이다. '천 리 길도 한 걸음부터'라고 하지 않는가? 작은 성공이 큰 성공을 이루는 토대라면 청소는 우리가 목표한 것의 첫 번째 과제이자 가볍게 성공할 수 있는 최적의 습관이다. 나는 몇 년째 일어나자마자 잠자리를 깨끗하게 정리하고 회사에 가장 일찍 도착해 청소부터 한다. 다른 사람은 어떻게 생각할지 모르겠지만 청소야말로 인생을 성공시키는 핵심 열쇠다. 잠자리를 정리하고 청소하는 것은 하루를 시작하는 첫 단추이자 첫 성공의 시작이다. 첫 단추를 잘 끼워야만 마지막 단추도 잘 끼우는 것이다. 첫 단추를 잘못 낀 채 결과만 바뀌길 바라는 사람들이 많다. 첫 단추를 잘못 끼우고 혹은 꿰지도 않고 어떻게 옷을 똑바로 입을 수 있겠는가? 하루를 성공적으로 시작하는 사람이 인생을 성공시킬 수 있다. 나도 처음에는 매일 이불을 정리하고 청소하는 것이 힘들다기보다는 귀찮았다. 하지만 청소 후 깔끔하게 정리된 침실이나 사무실을 보면서 '나는 오늘도 작은 성공을 이루었다' 하며 자부심을 느낀다. 한 번도 성공해본 경험이 없는데 어떻게 처음부터 큰 일에 성공할 수 있을까? 절대 그런 일은 일어나지 않는다. 아침을 이불개기라는 성공으로 시작하고, 그 성공으로 기분 좋은 하루를 시작할 수 있다.

청소는 통제를 뜻한다

청소는 스스로에 대한 통제를 뜻한다. 그 통제는 우리 삶 전체로 퍼져나가 결국 인생 전체를 통제할 수 있게 된다. 세계적인 베스트셀러 《타이탄의 도구들》에서 승리하는 아침을 만드는 5가지 의식 중 첫 번째가 바로 '잠자리 정리'다. 아무리 형편없는 하루를 보냈더라도, 아무리 슬픈 일이 벌어지더라도 잠자리 정리는 할 수 있다. 내 힘으로 제어할 수 있는 일이 적어도 한 가지는 있다는 사실은 삶에 생각보다 큰 위안과 도움을 준다. 하루 일과가 끝났을 때 당신이 마지막으로 하는 일은 '자신이 뭔가를 이뤄놓은 곳으로 돌아오는 것'이라고 책에서는 말한다. '성공하려면 새벽 4시에 일어나라', '하루에 6시간씩 공부해라'처럼 어려운 일이 아니다. 우리가 마음만 먹으면 5분 만에 쉽게 해낼 수 있다. 잠자리 정리, 청소하기 정도는 누구든 할 수 있지 않겠는가? 청소는 성공을 이루는 가장 쉬운 방법이다.

청소는 자존감을 높인다

청소는 또한 자존감을 높인다. 청소를 해보지 않은 사람은 요령이 없어서 긴 시간이 소요되고 체력적으로도 힘들어한다. 그러나 시간이 지나면 다양한 방법으로 청소하는 방법을 익히게 된다.

우리 회사는 신입사원이 들어오면 제일 먼저 청소를 시켜본다. 청소하는 신입사원을 보면서 얼마나 손놀림이 빠른지 얼마나 지혜롭게 하는지 자세히 관찰한다. 신입사원은 80평이나 되는 넓은 사무실을 진공청소기로 돌려보기도 하고 마른 밀대와 물이 흥건한 밀대로 밀어보기도 하면서 점점 요령을 쌓아간다. 이렇게 노하우가 쌓이면서 청소하는 시간이 짧아지는 것에 재미와 보람을 느끼고, 정리 정돈되어 있는 깨끗한 환경에서 일하는 것에 만족감을 느낀다. 청소를 해내고 나면 또 다른 일을 해내야겠다는 용기로 발전하게 된다. 작은 성공의 경험이 더 큰 성공을 부른다. 청소를 통해 성취감을 느끼고 자존감을 높일 수 있다는 것을 배운다.

청소는 질서를 만든다

방 청소는 삶의 질서를 만들고 그 질서를 지키며 유지하는 것이다. 청소를 한다는 것은 모든 물건이 있어야 할 제 위치에 놓인다는 의미다. 곧 질서를 의미한다. 물건들을 본래 위치에 정리해두어야 필요할 때 쉽게 찾을 수 있고 이용할 수 있다. 이런 질서를 체득하면서 삶의 우선순위도 결정할 수 있고, 급하거나 중요한 일을 구분할 수 있으며 사회생활의 기초를 쌓을 수 있다.

마스다 미츠히로의 책 《청소력》에서 일본 의료진이 제공한 연구 결과에 따르면 우울증의 시작은 방을 청소하지 않는 것에서 시작되어 더 이상 옷을 깨끗하게 입지 않는 순서로 진행된다고 한다. 어느 순간 샤워도 안하게 되고, 심지어 스스로 더럽게 되려고 노력하는 것처럼 보이고, 누군가 자신의 방을 치우려고 할 때 화를 내는 경우도 많았다고 한다. 반대로 청소를 시작하면 주변과 함께 마음도 깨끗해지고 상처는 치유되며 삶의 의미를 찾을 수 있게 되는 것이다. 나는 마음이 힘든 사람들을 많이 봐왔다. 교회의 청년들, 투자자들, 동호회 사람 등 그런 사람들에게 가장 먼저 추천하는 것이 바로 청소이다. 청소를 제대로 하면 반드시 길이 열린다. 모든 것을 시작할 의욕은 바로 청소에서 나온다.

청소가 주는 기적

1980년대 뉴욕에서는 60만 건이 넘는 중범죄율을 줄이기 위해 뉴욕 곳곳의 낙서부터 지우기 시작했다. 이 프로젝트를 시작한 지 5년이 되던 1985년, 모든 낙서가 지워졌고 범죄율은 무려 75% 감소했다. 청소의 힘으로 범죄율까지 줄어들게 만드는 기적이 일어난 것이다. 온 주변이 낙서

되어 있는 곳에서는 그런 환경이 그 주변을 지배하고 있기에 범죄가 일어나는 것은 어쩌면 당연할지도 모른다. 주변을 정리, 정돈하고 청소, 청결을 유지할 때 생활의 질서가 유지되며, 그 질서는 누구라도 함부로 훼손할 수 없는 것이다. 어쩌면 모든 낙서가 지워진 뉴욕에 범죄율이 줄어든 것은 기적이 아니라 청소가 주는 당연한 현상으로 받아들일 수도 있다.

일본에 여행갔을 때의 일이다. 일본이 깨끗한 나라라고 소문은 익히 들었지만, 여행 내내 거리에 휴지가 떨어진 것을 본 적이 없다. 더 충격을 받은 것은 차가 다니는 도로 위에 먼지 하나 없을 정도로 깨끗하다는 것이었다. 우리나라의 경우 차가 다니는 도로 중앙 분리대 쪽을 살펴보면 갖가지 모래와 쓰레기가 나뒹구는 모습을 쉽게 볼 수 있다. 반면 일본에서는 이런 모습을 찾을 수가 없었다. 제아무리 한국에서 거리에 쓰레기를 버리는 습관이 있는 사람이라도 깨끗한 환경에서는 절대로 버릴 수가 없을 것이다. 깨끗함에 압도되어 함부로 버릴 수 없는 것이다.

반면 한국에서는 도로나 주변 밤거리를 돌아다니다 보면 쓰레기가 더미로 쌓여 있는 경우를 흔히 볼 수 있다. 이런 환경 속에서는 쓰레기를 버리더라도 도덕성을 따질 수 없다. 그 환경이 이미 도덕성을 훼손했기 때문이다. 이처럼 내 주변을 먼저 정리, 정돈, 청소하지 않고 어떻게 큰 목표와 꿈을 꾸겠는가? 성공을 꿈꾸는 모든 사람에게 첫 번째 과제는 바로 청소부터라고 말하고 싶다. 잠을 자고 난 뒤 일어난 곳의 이불 정리부터 해보자! 작은 성공부터 시작하는 것이다.

당신은 지금 자고 일어난 방을 정리, 정돈, 청소하는 사람인가? 아니면 널브러진 이불은 상관하지 않고 하루를 시작하는 사람인가?

일은 저질러야
결과가 나온다

일은 저질러야 결과가 나온다. 일단 일을 저지르고 나면 반드시 성공이든 실패든 결과가 나오게 되어 있다. 나는 늘 이런 공격적인 마인드로 생활했다. 남들이 안 된다고 하면 고집스럽게도 된다는 것을 증명하기 위해 늘 도전했다. 그러다가 손해를 본 적도 한두 번이 아니다. 그러나 나는 절대로 그것이 손해라고 생각해본 적이 없다. 그것은 성공을 향한 실패의 경험이 쌓인 것이다. 그런 실패의 경험은 돈을 주고도 못 산다. 실패의 경험이 결국 목표한 것을 이루는 경험치가 되기 때문에 결코 망설일 필요가 없이 즉시 행동으로 옮길 수 있는 것이다.

1장의 '운명을 바꾼 권 부장 이야기'에서 나온 아파트 분양 에피소드의 연장선에서 이야기해보면 당시 경기가 좋지 않은 상황에서 모든 직원들은 아파트 분양에 대해 회의적이었다. 한 직원은 이렇게 말했다.

"대표님! 전국이 부동산 침체로 아파트가 미분양이 속출되고 있는 상황에서 아파트 분양이 말이 됩니까? 지방에서는 90%의 미분양이 발생되고 있는데 너무 위험한 도박 같습니다."

사실 맞는 말이다. 전체적인 부동산 분위기를 보면 하면 안 되는 일이었다. 당시 '춘천 레고 사태'가 터지는 바람에 PF대출을 금융권에서 규제하면서 전국적으로 묶여버렸고 또한 건설사의 도산이 시작된다는 소문이 무성한 때였다. 이럴 때 아파트 분양은 위험할 수 있었다. 모두가 어렵다는 인식을 가졌고, 그 때문에 회사 전체의 분위기가 어두워졌다. 게임 체인저가 필요했다. 어떻게 하면 이 분위기를 바꿀 수 있을까 고민했다.

일은 저질러야 결과가 나온다. 아무 일도 안 하면 아무 일도 일어나지 않는다. 정공법으로 돌파하기로 작정하고 다음 날 회사 전 직원을 모이게 했다. 재택 근무하는 영상 직원들까지도 회사로 나오라고 했고 모두가 모인 자리에서 강한 동기부여 강의를 했다.

"나는 지금까지 살면서 단 한 번도 실패해본 적이 없다. 실패는 관 뚜껑이 닫히는 날 그때까지 못 했다면 실패했다고 하는 거다. 실패는 없다. 지금도 여전히 하는 과정일 뿐이다. 남들이 안 된다고 할 때, 남들이 못한다고 할 때, 그때 해내는 사람이 진짜다. 우리 같이 위대한 도전을 해보자. 남들이 불가능하다고 하는 것을 비웃어주자. 우리는 할 수 있다. 지금까지 못 해낸 것이 없었다. 다시 한번 해보자!"

직원들에게 강한 동기부여를 했고, 위대한 도전의 여정을 시작했다. 최악의 부동산 침체기를 겪고 있는 시기라 여전히 반응이 좋지 않았다. 일주일 동안 아이디어 회의를 하고 유튜브 방송용 동영상을 제작하고, 할수 있는 모든 것에 집중했다. 일은 저질러야 결과가 나온다고 하지 않았던가! Just Do It, 그냥 해보자. 세상 모든 사람이 안 된다고 말해도 되는 사람은 된다는 것을 보여주고 싶었다.

직원들에게 각자 목표를 정해서 제출하라고 주문했다. 목표를 모두 제출받은 후 조금 더 높게 잡을 것을 다시 주문했다. 할 수 있다는 직원과 아직 확신이 없는 직원들로 나누어졌다. 입사한 지 3개월밖에 안 된 권 부장이 나의 진심을 믿어주었다. 나는 권 부장을 통해 게임 체인저를 만들어야 했다. 가장 잘하는 사람이 아닌 이제 갓 입사한 신입사원을 통해 할 수 있다는 것을 증명해야 했다. 나는 권 부장에게 꿈을 심어주었다.

"권 부장, 내 말 잘 들어. 이건 하늘이 준 기회야. 내 말만 믿고 따라오면 3개월 안에 3년 동안 받을 연봉을 받게 해줄게. 안 된다는 생각, 어렵다는 생각은 쓰레기통에 집어넣어. 이번 기회에 된다는 것을 다시 보여주자. 나는 널 믿어. 내가 그렇게 만들어줄게."

권 부장에게 강한 확신을 심어주었다. 그리고 곧바로 행동으로 보여주었다. 유튜브로 아파트에 대한 입지분석, 권리분석을 정밀하게 했고 사람들이 잘 모르는 민간 임대 방식에 대해서 특별하게 시간을 들여 제작해서 이해를 도왔다. 향후 이 지역의 성장과 발전에 관한 내용까지 상세하게 만들어 유튜브 방송으로 내보냈다.

방송이 나간 후 어떻게 되었을까? 곧바로 전화에 불이 났다. 통화 중에도 계속 전화 문의가 빗발쳤다. 긍정적이고 적극적인 생각으로 함께했던 신입사원 권 부장은 처음 목표를 달성한 이후 새로운 목표를 50개로 늘려 잡았고, 목표를 이루었다.

일은 저질러야 결과가 나온다는 신념으로 일한 권 부장은 이후 아파트

뿐만 아니라 땅을 개발해서 매매하는 일을 통해 2023년도 연 수입이 이전 대기업에서 받던 연봉의 10배 이상이 되었다. 단 1년 만에 이룬 일이다. 이번 일은 어렵다던 부정적인 시각의 직원들에게 신입사원 권 부장의 실적은 동기부여가 되었고, 이번 경험을 계기로 우리 회사의 모든 직원은 고민할 시간에 행동으로 먼저 움직여야 한다는 사실을 배웠다.

'Just Do It.'

결국 이 모든 것은 생각으로부터 시작했고, 행동으로 말을 증명한 중요한 사건이 되었다. 역시 일은 저질러야 결과가 나온다.

알리바바의 창업자 마윈(馬雲)은 이렇게 말했다. "세상에서 가장 일하기 힘든 사람은 가난한 사람이다. 자유를 주면 함정이라 말하고, 작은 비즈니스를 하자고 하면 돈을 별로 못 번다고 하고, 큰 비즈니스를 하자고 하면 돈이 없다고 한다. 새로운 일을 시도하자고 하면 경험이 없다고 하고, 전통적인 비즈니스를 하자고 하면 레드오션이라 힘들다고 하고, 새롭고 혁신적인 비즈니스를 하자고 하면 다단계라고 하고, 상점을 함께 운영하자고 하면 자유가 없다고 하고, 신규사업을 하자고 하면 자신은 전문가가 아니라고 한다.

그들은 공통점이 있다. 희망이 없는 친구에게 의견을 듣는 것을 좋아하고, 그들은 대학교수보다 더 많은 생각을 하지만 앞을 보지 못하는 맹인보다 더 적게 행동으로 옮긴다. 그들에게 무엇을 할 수 있는지 묻는다면 그들은 아무 대답도 할 수 없을 것이다. 내 결론은 아주 간단하다. 당신의 빨리 뛰는 심장보다 더 빨리 행동하고, 생각해보는 것 대신에 무언가를 그냥 하라!"

반드시
실패해봐라

실패 = 성공

지금 이 문구를 보고 깜짝 놀란 사람들이 있을 것이다.

'실패를 보고 왜 성공이라고 말하는 거지?'

'실패가 실패지 갑자기 왜 성공이라고 하는 거야?'

하지만 이 문장의 의미를 이해한 사람은 이미 실패라는 것이 어떤 효과를 가졌는지 알 것이다. 지금부터 다양한 사람들의 실패가 성공이 된 이야기를 들어보자.

그랜트 카돈의 이야기

우리가 알고 있는 세계적인 동기부여가 억만장자 그랜트 카돈(Grant

Cardone)의 이야기이다. 그랜트 카돈은 자신의 세미나 티켓을 초등학생밖에 안 된 자신의 딸 세브리나에게 전화로 세일즈하게 했다. 처음에는 의외로 티켓 판매가 성공적이었다. 그러나 곧 예상치 못한 상황에 당황한 세브리나는 전화를 끝낸 후 "방금 전화는 최악이었어요!"라고 아버지에게 말했다. 그랜트 카돈은 "맞아, 아직 익숙하지 않아서야. 연습해야지"라고 대답했다. 세브리나는 계속 전화를 걸었고 그날 18번의 전화로 4,000달러 좌석 1건이 판매되었다. 그랜트 카돈은 세브리나에게 물었다.

"18번 전화해서 몇 건을 했고, 너에게 얼마를 줬니?"

"1건을 했고 4,000달러요?"

"아니란다. 모두 너에게 돈을 줬어. 내가 너에게 수고한 비용으로 한 번의 전화당 10%를 지불한다면 400달러를 줄 수 있지. 400달러를 18로 나누어보아라. 각각 한 전화당 너에게 22달러를 준 거야. 전화를 안 받은 사람, 받자마자 끊어버린 사람, 네가 "최악이었어요"라고 한 전화까지, 모두 너에게 실제로 돈을 준 것이란다."

세브리나는 아빠의 말을 금방 알아듣고 눈이 반짝였다. 오늘 하루 시도한 모든 순간과 과정이 무수히 실패한 하루가 아닌 18번의 전체 전화가 성공이었다는 사실에 감격했다.

실패가 아니라 실수다

1970년 미국의 한 회사 연구소에서 일하던 스펜서 실버(Spencer Silver) 박사는 기존에 있는 접착제보다 더 강력한 접착제를 만들고 싶어 연구했다. 그런데 그는 원료를 잘못 배합하는 실수를 해서 더 강력한 접착제가 아닌 접착력이 약해 쉽게 떨어지는 접착제를 만들었다. 실버 박사가 연구한 것을 들은 사람들 대부분이 연구에 실패했다며 무시했다.

그러나 그중 아서 프라이(Arthur Fry)라는 사람은 실패한 연구라고 생각하지 않고 흥미를 느꼈다. 아서 프라이는 교회에서 성가대를 하는데 성가대에서 부를 찬송가를 빨리 찾기 위해 평상시 책에 종잇조각을 끼워두곤했다. 하지만 책을 펼칠 때마다 종이가 자꾸 떨어졌고, 이 불편함을 보완하고 싶었다. 그래서 종이에 접착제를 바르고 책에 붙였는데 종잇조각을 떼려고 할 때마다 책 자체가 뜯겨나갔다. 보완할 방법을 생각하던 아서 프라이는 사람들이 실패한 연구라고 무시했던 스펜서 실버 박사의 접착제가 생각났다. 그 접착제를 바르면 쉽게 붙였다 뗄 수 있으니까 책에 붙이기에 너무 좋았다.

그 길로 회사에 아이디어를 냈으나 반응은 좋지 않았다. 상품화에 필요한 추가적인 실험과 연구에 대한 부담은 물론 당시에는 사람들이 찾는 제품이 전혀 아니었기 때문이다. 이에 아서 프라이는 직접 제품을 만들기 위한 연구에 몰두했고, 결국 1981년 접착제와 메모지가 접목된 포스트잇으로 개발되었다. 이후 포스트잇은 날개 돋친 듯 팔려나갔고, 전 세계적으로 수출되기에 이르렀다. 포스트잇은 사무용품의 베스트셀러인 스카치테이프의 판매량을 훌쩍 뛰어넘으며 대단한 성공을 거두었다.

처음에는 단순한 상품명에 불과했던 포스트잇이 이제는 어딜 가나 판매가 될 정도로 모르는 사람이 없는 상품이 되었다. 스펜서 실버 박사의 실수를 실패로 생각했다면 포스트잇은 없었을 것이다. 실수를 보완해 포스트잇을 만들었고 성공을 경험한 것이다. 결국 마지막에 웃을 수 있는 성공도 사실은 실수투성이에서 시작되었다는 사실을 기억하자! 당신이 현재 겪고 있는 실패가 실패가 아니라 성공을 향한 과정이라고 받아들일 수 있다면 희망과 용기를 얻을 수 있을 것이다.

실수가 만든 걸작

얼마 전 식사하러 고깃집에 갔다. 아내가 삼겹살을 주문했는데 자세히 보니 대패 삼겹살이다. 일반 삼겹살과 달리 냉동된 삼겹살을 얇게 썰어 대패처럼 돌돌 말아져 나오니 예쁘기도 하다. 대패 삼겹살은 불판에 올리면 금방 구워져서 빨리 먹기도 쉽고 제육이나 된장찌개에 넣어도 일반 삼겹살보다 그 맛이 더 잘 배기도 한다. 고기가 얇으니 야채와 곁들여 먹는다면 조금 더 가볍게 먹을 수 있다는 장점이 있다. 갑자기 대패 삼겹살을 누가 처음 개발했을까 궁금해져 검색해보니 TV에서 자주 보던 백종원 더본코리아 대표였다.

대패 삼겹살이 탄생한 배경에도 실수가 있다. 백종원 대표는 손님들에게 어떻게 하면 고기를 더 많이 내어드릴 수 있을까 끊임없이 방법을 모색하고 있었고, 그 고민 끝에 직접 큰 고깃덩이를 사서 썰어드리면 되겠다는 결론을 내리고 큰 고깃덩이를 산 후 고기 써는 기계를 사러 매장에 방문했다. 하지만 가격이 부담스러워서 중고 기계를 매입했는데 그건 실수였다. 아뿔싸! 햄을 써는 용도의 기계여서 고기를 썰기에는 맞지 않는 것을 가져온 것이다. 직접 고기를 넣어 썰어보니 너무 얇게 썰려서 원하는 두께도 아니고, 심지어 모양도 돌돌 말아져 나왔다. 생각한 모양이 나오지 않아서 실망스러웠지만 그래도 이미 썰어놓은 것을 버리기는 아까워 손님께 그냥 내어드렸는데 그때 손님이 한 말이 대패 삼겹살의 시초가 되었다.

"이거 꼭 대팻밥처럼 생겼네요. 혹시 대패로 썰었나요?"

그 순간 백 대표는 이 단어를 캐치해 대패 삼겹살이라는 이름을 지었다. 대패 삼겹살을 그대로 구워보니 고소하고 식감도 좋았다. 실수로 만들어 낸 대패 삼겹살이지만 백 대표는 상표등록 및 특허를 냈고, 사용자들에게는 특허료도 받지 않고 사용하게 했다. 이처럼 누구나 실수 또는 실패를 하게 된다. 하지만 실패를 실패로 받아들이는 것이 아닌 또 다른 묘안을 찾아보고, 대체할 만한 아이디어를 내면서 시도와 도전을 멈추지 않는다면 실패가 진짜 실패가 아니라 성공을 찾아가는 과정이 되는 것이다.

"계속해서 실패하라. 그것이 성공에 이르는 길이다"
- 제임스 다이슨

세계적인 가전업체 다이슨의 창업자 제임스 다이슨(James Dyson)은 집에 있는 작은 창고에서 시작해 먼지 없는 무선 진공청소기 개발에 성공했다. 제임스 다이슨은 5,126번의 실패 후 5,127번째에 성공했다. '실패로부터 배운다'라는 그의 철학과 신념이 끝없는 실패의 과정에서도 혁신적인 제품을 개발할 수 있는 원동력이 되었다.

처음 다이슨이 나왔을 때 디자인도 세련되고 먼지 없는 무선 진공청소기라고 하기에 눈길이 갔다. 일반 청소기는 먼지를 빨아들여도 보이지 않는 미세한 먼지들이 공중에 날린다. 유선 청소기를 밀고 다닐 때면 30평대의 집에서는 코드를 뽑아 다시 근처 콘센트에 꽂아야 하는 불편함이 있다. 그런데 집에 장식용품으로 둘 정도로 예쁜 디자인의 무선 청소기라니 눈길이 갈 수밖에 없다. 거기다가 선이 없으니 너무 편리하고 청소가 하고 싶어진다.

하지만 지금의 다이슨이 성공하기까지는 무려 14년이 걸렸다. 실패의 연속이었다. 5,126번의 실패 과정이 얼마나 힘들었을까? 제품에 대한 확고한 신념이 없다면 절대 버틸 수 없었을 것이다. 그는 "내가 직접 만들고, 소비자들의 어려움과 제품에서 발생하는 문제를 직접 경험해야 비로소 내가 무엇을 하고 있는지 정확히 이해할 수 있으며 제품을 개선할 수 있다. 나의 까다로움은 결국 나의 경쟁력이다"라고 말했다. 제임스 다이슨에게 진공청소기는 열정 그 자체이다. 그 열정이 다이슨이라는 혁신적인 제품을 만든 것이다.

제임스 다이슨처럼 이렇게 실패를 많이 한 역사적 인물 중 가장 먼저 발명가 에디슨(Thomas Alva Edison)이 떠오를 것이다. 그는 백열전구를 2,000여 번의 실패 끝에 성공했다. 필라멘트를 만들기 위해 식물 탄화 실험만 6,000번도 넘게 했다. 축전지를 발명할 때는 30,000번의 실험이 실패로 끝났다. 천연고무 실험에서는 무려 50,000번 이상 실패했다. 그런 에디슨은 말했다.

"나는 실패한 적이 없다. 단지 전구가 빛을 내지 않은 2,000가지의 원리를 알아냈을 뿐이다."

평균의 법칙

나는 보험회사에서 10여 년 근무했다. 《실패에서 성공으로》의 저자 프랭크 베트거(Frank Bettger)는 나의 영업 마인드에 엄청난 영향을 주었다. 그의 책을 읽으면서 꿈을 키웠고, 열정을 느꼈다. 프랭크 베트거는 어떤 실패와 성공은 얼마나 반복했느냐에 의해 정해질 수 있다고 말했다. 확률이 존재할 때 시도의 횟수를 늘리면 성공 개수의 절댓값을 늘릴 수 있다. 즉, 30%의 성공 확률이 존재할 때 200번 반복하면 60번 성공하게 되고, 20%의 성공 확률이 존재할 때 1,000번의 반복적인 횟수가 200개의 성공을 보장한다고 볼 수 있다. 보험회사에서는 이것을 '대수의 법칙'이라고 말한다.

어떤 일을 반복할 때 바보가 아닌 이상 시도하는 횟수 대비 30% 이상 성공한다는 논리이다. 그만큼 반복은 곧 성공이라는 공식이 따라붙는 것이고, 실패를 많이 할수록 성공 또한 많아진다. '얼마나 많은 실패를 했느냐?'는 곧 '얼마나 많은 성공을 했다'라고 생각해도 된다는 말이다.

나는 서른 살부터 보험을 시작했다. 보험회사로 이직하기 전 학습지 교사로 근무할 때 당시 월 급여가 130만 원 정도였던 기억이 난다. 학습지 교사로 근무할 때는 아무리 노력해도 급여가 상승할 수 없는 구조였지만, 보험회사에서는 노력한 만큼, 계약한 만큼 급여를 받을 수 있는 구조였다. 학습지 교사를 그만두고 나는 보험회사에서 1년 만에 억대 연봉자가 되었다. 학습지 교사로 받는 연봉의 10배였다. 이런 일이 가능했던 것은 반복된 실패에 그 비밀이 숨겨져 있다. 프랭크 베트거가 말한 것이 그대로 이루어졌다. 수많은 실패를 하는 과정 중에 또한 성공도 자연스럽게 따라왔다.

더 구체적으로 설명하면 10명을 만나면 7명의 계약은 실패했지만, 3명은 계약을 성공했다. 그렇다면 오늘 내가 3건의 계약을 성공하고 싶다면 10명을 만나서 보험에 관한 이야기를 하면 되는 것이다. 모든 사람을 다 성공시키겠다는 생각은 집어치우고 그냥 10명을 만난다고 가볍게 생각하면 된다. 어차피 10명 중 3명은 계약이 되는 평균의 법칙이 적용되기 때문이다. 바꿔 말해, 오늘 6건의 계약을 하고 싶으면 20명의 사람을 만나면 되는 것이고, 하루에 9건의 계약을 하고 싶으면 30명을 만나면 된다.

나는 이 법칙을 적용해 1999년도에 1개월에 100건 이상의 계약을 성사시킨 적도 있다. 매월 보험 건수 평균 50건 이상을 할 수 있었던 것은 100% 성공을 목적으로 도전한 것이 아니라, 만남을 목적으로 하다 보니 거절 속에서 성공이 따라왔다. 결국, 거절이 있었기에 성공한 계약이 만들어진 것이다. 그렇기에 거절이나 실패는 결코 두려운 일이 아니라 환영받을 일이라는 생각의 전환이 필요하다.

잘 거절하는 방법

거절 이야기

우리 회사 신입사원 신 대리의 특별한 거절당하기 이야기를 해본다. 이 이야기를 듣고 감명 깊었던 내가 같은 도전을 했던 에피소드도 앞서 이야 기했지만, 더 자세하게 그의 거절 이야기를 해보려고 한다.

신 대리는 지아 장의 저서 《거절당하기 연습》이라는 책을 감명 깊게 읽고서 몸소 실천해본 뒤 일어나는 결과를 느껴보기로 했다. 곧장 운동복을 입고 한여름 밤, 러닝을 하면서 실제 거절당하기 연습을 하기 위해 '지금 거절당할 수 있는 것이 뭐가 있을까?' 생각했다. 신 대리는 평택 이충 레포츠공원과 국제대학교 주변을 뛰던 중 큰 카페를 발견했다. '저기 들어가서 커피를 달라고 하고 거절당해야겠다'라는 생각이 들었다. 러닝할 때 시계만 차고 달렸기 때문에 지갑도, 휴대폰도 없었다. 신 대리는 카페 문을 열고 들어가 계산대에 있는 아르바이트생에게 말했다.

"제가 1시간 동안 뛰다가 아메리카노가 너무 마시고 싶어서 들어왔습니다. 집에 가서 바로 계좌이체를 해드릴 수 있는데 커피 한 잔만 주실 수 있을까요?"

일하다 말고 멀뚱히 서 있는 직원 세 명이 서로를 쳐다보다가 가장 키가 큰 직원이 다가와서 안 된다고 했다. 뒤에 있던 직원들의 작은 웃음소리가 들렸다. 직원들이 비웃는 것 같아 얼굴이 너무 화끈거렸고 빨리 그 상황을 벗어나고 싶었다. 한 번도 이런 경험을 해보지 않았기에 그다음을 어떻게 대처해야 할지 잠깐 고민하던 중 지아 장이라면 여기서 한 발 더 나아갔을 것이라고 생각하며 다시 물었다.

"어떻게 하면 제가 커피를 받을 수 있을까요? 정말 커피를 먼저 받을 방법이 단 하나도 없을까요?"

순간 짧은 정적이 흘렀다.

"…."

"30분 뒤에 바로 계좌로 입금해드리고, 다음에 또 들리도록 하고, 친구들에게도 추천할게요!"

키 큰 직원이 대답했다.

"저희 교육 매뉴얼에 이런 경우가 없어서 어렵습니다. 반드시 카드나 현금으로 직접 결제를 하셔야 합니다. 여기는 이체로 돈을 받을 수 있는 계좌조차 없습니다."

신 대리는 거절당하고 곧장 밖으로 나와 뛰면서 뒤통수가 너무 간지러움을 느꼈다. 직원들의 수군거림이 느껴져서 수치심도 느껴졌다. 그러나 두 가지 깨달음을 얻을 수 있었다.

첫 번째 깨달음은 매뉴얼대로 교육받은 아르바이트생은 실수 하나로 해고를 당할 수 있기 때문에 매뉴얼에 따라 대응할 수밖에 없었다. 만약 아르바이트생이 아니라 사장님이었다면 결과는 달랐을지 모른다. 두 번째 깨달음은 더 당당해야겠다는 것이었다. 상대방이 나중에 반드시 커피 값을 받을 수 있다는 확신을 가지도록 행동해야 했다. 워낙 말주변이 없고, 뛰던 중이라 숨이 차 횡설수설했던 것 같다고 생각했다. 이 두 가지 깨달음을 얻었으니 신 대리는 집에 그냥 들어갈 수 없었다. 집에 거의 도착한 시점에 10평도 채 되지 않아 보이는 카페에 사장님처럼 보이는 분이 혼자 계신 곳이 보이자 신 대리는 용기가 생겨 다시 한번 더 시도해보기로 했다. 손님도 없었고, 횡설수설하지 않도록 미리 숨을 고른 후 카페 문을 열었다.

"사장님, 제가 막 뛰다가 갑자기 아메리카노가 너무 마시고 싶어서 카페에 들어왔습니다. 그런데 확인을 해보니 지갑을 놓고 운동하러 나왔습니다. 집까지 뛰어서 30분 정도 걸리는데 집에 가서 계좌이체를 해드려도 괜찮을까요?"

"계좌이체는 안 하는데…."

사장님은 약간 망설이시는 표정이었다. 그래도 여기서 포기할 수는 없었다.

"아, 그러시군요. 정말 간절한데 어떻게 하면 받을 수 있을까요? 방법이 단 하나도 없을까요?"

사장님은 빙그레 웃으시면서 "그냥 한 잔 드릴까요?"라며 커피를 내리셨다. 거절당하려고 한 건데 단 두 번 만에 승낙을 받아버렸다. 커피를 내리는 동안 계좌번호를 계속 여쭤봤는데 절대 가르쳐주시지 않았다. 땀을 흘리고 있으니 마시라며 물도 내어주셨다. 사장님께 여쭈어보았다.

"사장님은 커피를 팔아야 돈을 버시는 건데, 이런 말도 안 되는 부탁을 왜 들어주신 건가요?"

사장님은 자신도 공부하던 시절, 커피가 너무 간절한 시기가 있었는데 돈이 없어서 못 마신 적이 있다고 하셨다. 카페를 하게 된 것도 커피를 그렇게나 좋아했기 때문이라고 하시며, 살아가면서 가끔 마주치는 호의라고 생각해달라고 하셨다. 신 대리는 자신처럼 이렇게 달라고 한 사람이 있었냐고 물었고, 사장님은 웃으시며 한 명 있어서 줬고, 다음에 온다고 했는데 아직 안 왔다고 하셨다.

신 대리는 실제로 거절당하기 연습을 직접 해보니 거절을 당해도 생각보다 아무렇지 않았고, 두 가지 깨달음을 얻게 되었던 것이다. 거절을 통해 담대함을 배우고, 진심을 담아 이야기하면 들어줄 수도 있다는 확실한 사실을 알게 되었다. 그리고 이런 거절이 반복되면 될수록 더욱 강심장이 되어 나중에 어떤 일을 하더라도 고민하는 것이 아니라 자신 있게 거절에 대한 처리를 할 수 있다는 자신감이 생겼다.

신 대리는 생각한 것을 실제로 행동으로 옮겼다. 거절당할 수 있다는 것을 알면서도 창피함을 무릅쓰고 생각에서 행동으로 옮겨 실천해본 것이다. 책을 읽고 감동을 받아 그 느낌이 어떤 것인지 실제로 느껴보기 위해 생각에서 머무는 것이 아니라 행동으로 옮겨보았던 것이다. 그리고 깊은 통찰력을 얻었다.

거절은 누구에게나 기분 좋은 일이 아니다. 거절당하는 것을 좋아하는 사람이 누가 있겠는가? 그러나 우리가 어떤 일을 하더라도 거절은 필수 불가결한 것이다. 거절은 싫어도 받아들여야 하고 좋아도 받아들여야 한다. 그렇다면 인식의 전환이 필요한 것이다. 거절을 기분 좋지 않은 대상으로 받아들이는 것이 아니고 거절의 본질을 확인하는 것이 중요하며, 그 거절을 어떻게 받아들이고 처리해야 하는지에 대한 명확한 기준을 설정해야 거절을 거절답게 받아들일 수 있는 것이다. 또한, 거절당하는 상황과 마주하더라도 이것 또한 목적을 이루는 절차이고, 지나가는 과정이라고 생각한다면 성공으로 가는 기분 좋은 절차로 받아들일 수 있는 것이다.

보험회사에서의 거절 경험 이야기

서른 살 초반, 아직 사회 경험이 많지 않아 마음이 여렸기에 보험 세일즈를 할 때 가장 답답하고, 초조하고, 어려웠던 것이 거절이었다. 보험에 대한 인식이 그렇게 좋지 않아 거절당하는 것이 일상이었던 시절이 있었다. 한 번의 거절에 마음이 상하고 하루의 컨디션이 축 처지면서 마음 상태도 업, 다운이 반복되는 시기에 인식을 전환시키는 아주 소중한 경험을 했다. 늘 거절에 대한 두려움과 마주해야 하는 직업이기에 고객과의 만남은 항상 긴장의 연속이었다. 하루는 카페에서 고객과 만나 아메리카노를 시킨 후 보험에 대한 상담을 이어가던 중 고객의 커피잔이 비어 있는 것을 본 종업원이 다가와서 "손님 커피 리필로 좀 더 드릴까요?"라고 말했다. 앞에 앉은 고객께서는 다정한 목소리로 "아니요, 이만하면 충분합니다. 너무 많이 마시면 잠을 잘 자지 못해서요" 하고 정중히 거절했다. 그러자 종업원은 너무나 밝은 미소와 상냥한 목소리로 "아~ 네, 알겠습니다" 하고 어두운 표정도 짓지 않고 지나가는 것이었다. 나는 그때 깊은 통찰력을 얻었다. 분명히 앞에 앉은 고객에게 거절당했는데도 불구하고 밝은 얼굴로 응대하는 것을 보고 큰 깨달음이 왔다. 고객은 커피를 거절한 것이지 그 종업원의 인격을 거절한 것이 아니기에 종업원은 밝은 얼굴을 할 수 있었던 것이었다. 당시의 나는 항상 거절에 대한 두려움을 가지고 있었는데 '과연 내가 두려워했던 것이 무엇이었을까' 곰곰이 생각해보게 되었다. 그것은 고객이 내 인격을 거절할 것이라는 두려움이었다. 그러나 실상 내가 보험 상품을 권했을 때 고객들은 보험 상품에 대한 니즈가 없어서 보험 상품을 거절한 것이지 절대로 나의 인격을 거절한 것이 아니라는 깊은 깨달음을 얻게 되었다.

이 일이 있고 난 뒤 나는 거절 처리를 잘할 수 있었고, 거절에 대한 인식을 완벽하게 전환시킨 뒤로는 두려움이나 초조함을 갖지 않게 되었다. 고객은 나의 인격을 거절하는 것이 아니고 보험 상품에 대한 필요를 느끼지 못해 보험 상품을 거절하는 것이다. 그렇다면 보험에 대한 필요를 충분히 설명해서 고객이 스스로 보험의 필요성을 느낄 수 있도록 하는 것이 중요했다. 평소 거절에 대한 두려움으로 상품 설명을 많이 어려워했지만, 거절에 대한 인식이 전환된 후 평소 실적의 5배 이상의 결과로 이어졌고 그해 나는 연도대상자가 되었다. 이렇게 거절에 대한 인식 변화가 삶을 통째로 변화시킨 내 인생의 대형 사건이 되었고, 이후 다양한 사업을 하는 가운데서도 이런 거절 처리를 잘 적용해서 다양한 비즈니스를 크게 성공시킨 계기가 되었다.

반드시
운이 따르는 행동

항상 웃으며 인사하기

'즐거워서 웃는 게 아니라 웃다 보니 즐거워진다'라는 말이 있듯이 웃다 보면 나도 모르게 기분이 좋아진다. 웃음은 삶의 방식에서 기본 중 기본이라고 나는 생각한다. 웃는 얼굴에 절대로 침을 뱉을 수 없다. 웃음은 일단 상대방의 기분을 좋게 한다. 찌푸린 인상은 상대방으로부터 좋은 반응을 이끌어낼 수 없다. 당신 주변에서 잘 웃는 사람이 누구인지 한번 생각해보라. 그리고 그 사람의 이미지를 떠올려보자. 자, 어떤 생각이 드는가? 그 사람과 함께 있고 싶지 않은가? 이것이 바로 웃음이 가진 능력이다.

이렇게 웃다 보면 주변에 영향력 있는 사람들이 몰려든다. 마법과 같은 일이 웃는 사람을 통해 전달되는 느낌이다. 일단 웃으면 사람들의 기분을 좋게 하기에 주변 사람들에게 직접적인 영향을 미치고, 사람들이 모이는 현상이 나타난다.

보험회사에서 근무할 때 이정화라는 친절사원이 있었다. 모든 사람이 기분 좋게 출근할 수 있도록 데스크 앞에서 항상 밝고 명랑한 얼굴로 웃으며 인사해주었다. 집에서 언짢은 일이 있더라도 회사에 와서 이정화 씨의 밝은 얼굴만 봐도 언짢은 일들이 어디론가 사라져버렸다. 한 사람의 밝은 웃음이 50명이 넘는 사람의 기분을 좋게 만든 것이다. 웃는 얼굴의 인사는 그녀의 특별한 재능이었다. 이렇게 누구에게든지 잘 웃고, 기분 좋게 만드는 이정화 씨 주변에는 항상 좋은 사람들이 끊임없이 모여들었고, 친한 친구도 많이 생겼다.

영향력이 있는 많은 사람을 만나기

일단 만나야 무슨 일이라도 일어난다. 집에 가만히 있는다고 무슨 일이 생기지 않는다. 무슨 일이 생기려면 무조건 누군가를 만나야 일이 생기게 되어 있다. 당신 주변에 항상 사람을 많이 만나는 사람은 누구인지 생각해보라. 그리고 그 사람의 이미지를 떠올려보라. 어떤 생각이 떠오르는가?

여러 사람을 만나다 보면 다양한 경험을 하게 된다. 사람마다 인격이 다르고, 직업이 다르고, 가치관이 다르기에 다양성을 배울 수 있다. 다양한 사람들을 만나면서 다양한 정보를 접하게 되니 지식도 쌓이고, 자신을 뒤돌아보며 자신이 가야 할 방향을 설정하는 데 중요한 잣대로 삼을 수 있다. 그리고 그 정보와 지식은 나 자신을 성장시키고, 나의 성공 루틴도 만들 수 있다. 이렇게 여러 사람을 만나다 보면 다양한 기회가 생기고, 특별한 인연이 만들어지며, 이런 만남이 당신이 상상하지 못한 엄청난 사업의 기회로 이어지는 때도 있다. 이 모든 것이 결국 많은 사람을 만나는 것에서 출발한다.

긍정적으로 대화하기

입에서 나오는 모든 말은 항상 긍정적인 말이 되도록 노력한다. 좋은 말을 해주는 사람에게는 항상 사람이 따른다. 긍정적인 말버릇을 가진 사람들에게 많은 운이 따른다.

나에게는 20년이 넘은 모임이 있다. 스물일곱 살이 된 큰딸 진실이 친구들과의 부모 모임인데 네 가정이 모인다. 20년 넘게 깨지지 않고 매년 국내여행, 해외여행을 수시로 다니기도 하고, 보고 싶을 때 연락해서 네 가정이 모여 깊은 정을 나눈다. 이렇게 20년 넘게 모일 수 있었던 것은 상대방에 대한 배려와 긍정적인 대화가 있었기 때문이다. 모일 때마다 부정적인 이야기를 들어본 기억이 없다. 항상 기분 좋은 이야기를 하고 상대방을 높여주며 예의를 갖춘다.

2024년 3월에 대만 여행을 준비하면서 여행에 필요한 정보와 티켓팅, 일정을 누군가는 해야 할 수밖에 없었다. 이럴 때 자발적으로 꼭 먼저 나서주시는 리더십 있는 원익이네 아빠가 있다. 다른 분들은 모두 그분의 의견에 반대하지 않고 따라주려고 노력한다. 나머지 세 가정은 기분 좋은 말로 "우리를 대신해서 나서주셔서 감사합니다"라고 감사 표현을 한다.

'말 한마디로 천냥 빚을 갚는다'라고 하는데, 우리의 긍정적인 감사 표현은 일을 열심히 도맡아주시는 원익이 아빠를 더욱 열심히 준비하게 한다. 모든 귀찮은 일을 솔선수범하는 일이 쉽지 않지만 믿어주는 마음과 긍정적인 대화가 한 사람을 더욱 춤추게 한다. 이런 긍정적인 대화의 습관이 20년지기 네 가정의 행복 만남을 지속하게 했다.

좋은 대화는 상대의 기분을 곧바로 좋아지게 할 수도 있다.

좋은 대화는 지쳐 있는 상대를 위로할 수 있고 온전히 세워줄 수 있다.

좋은 대화는 지식과 정보를 알려주기도 하고 기회를 만들기도 한다.

좋은 대화는 자신감을 키워줄 수 있고 꿈을 꾸게 만들 수도 있다.

나의 부족함을 채우는 가장 확실한 방법, 독서하기

항상 책을 가지고 다니는 사람들은 잠깐의 흘러가는 시간조차 아까워 수시로 독서를 한다. 시간이 많아서 독서를 하는 것이 아니고 시간을 내서 독서를 하는 것이다. 독서에는 많은 효과가 있다. 독서를 함으로써 자신의 부족했던 지식을 채워나갈 수 있다. 독서를 통해 성장하는 나의 인격을 올곧게 세워나갈 수 있다. 독서를 통해 성공적인 삶을 살았던 현인들의 모습을 만날 수 있고, 깊은 통찰을 얻을 수 있다. 마지막으로 독서는 짧은 시간 내에 역사 속 원하는 모든 사람의 삶을 경험하고 그들의 생각까지 직접 듣는 삶의 체험 현장이다.

고민하지 않고 즉시 행동하기

　해보지도 않고 삶을 끝낼 수는 없다. 해도 후회, 안 해도 후회한다면 해보고 후회하는 것이 좋다. 안 해보면 경험이 없지만 해보면 경험이라도 쌓이게 되어 있다. 아무 일도 하지 않으면 아무 일도 일어나지 않지만, 일단 행동하면 성공이든 실패든 상관없이 경험을 하게 된다. 실패도 좋은 경험이고, 성공하면 더 좋은 경험이 되는 것이다. 반복적이고 직접적인 행동의 결과는 계속된 경험을 통해 실패를 줄여줄 수 있고, 확률상 더 안전하고 더 확실한 결과를 얻을 수 있다.

　행동은 두려움을 없앨 수 있다. 처음 하는 것이 두렵지, 계속하면 두렵지도 않다. 놀이기구도 처음 탈 때 공포와 스릴이 있지만, 몇 번 경험하면 그냥 놀이처럼 즐길 수 있다. 깊은 동굴도 처음 들어갈 때 긴장이 되고 두렵지만 반복해서 들어가다 보면 아무런 두려움이나 긴장감이 없다. 이처럼 행동의 경험은 우리의 떨리는 심장을 유연하게 만드는 특효약이다.

　"Just Do It."

감사하기

　감사는 나와 상대방, 모두에게 긍정적인 영향을 미친다. 그리고 감사는 상대방에게 배려와 감동을 줄 수 있다. 감사도 습관이다. 사소한 일에도 감사해보자. 감사하면 감사할 일이 정말로 많아진다.

　감사하는 마음은 행복한 마음을 준다.

　감사하는 마음은 심박수도 변하게 하고, 측좌핵의 뇌도 변화시킨다.

감사하는 마음은 말을 변화시킨다.

감사하는 마음은 행동을 변화시킨다.

감사하는 마음은 운명을 바꾼다.

살아가면서 지켜야 할 여러 덕목 중 지금까지 열거한 이 여섯 가지만 지킬 수 있어도 당신은 분명히 성공적인 삶을 살게 될 것이다. 처음부터 쉽지는 않을 것이다. 쉽다면 누구나 성공할 수 있다. 어려움이라는 허들이 있기 때문에 모든 사람이 성공하지 못한다. 그렇다면 이것은 기회다. 나에게만 주어지는 기회라고 생각하라. 거울을 들여다보고 스스로에게 다짐하라. 이런 깊은 통찰력이 가슴을 뛰게 하고, 인내하게 하며, 결단하게 만들고, 행동하게 만들어 당신이 꿈꾸는 꿈을 이룰 수 있게 하는 것이다. 맹자(孟子)는 이렇게 말했다.

"하늘이 장차 어떤 사람에게 큰일을 맡기려 할 때는 반드시 그의 마음을 괴롭게 하고, 그의 육체를 수고롭게 하며 그의 몸을 굶주리고 궁핍하게 만들어 그가 행하고자 하는 마음을 어지럽게 한다. 이는 그의 마음을 분발하게 하고 인내를 기르게 하기 위함이며 지금까지 한 번도 해내지 못한 일을 해낼 수 있게 하기 위함이다."

옳은 일이 아니면
즉시 멈춰라

인생을 살다 보면 하지 말아야 할 행동이 있고, 반드시 해야 하는 행동이 있다. 그리고 옳은 일인지 알면서도 하지 못하고, 나쁜 일인지 알면서도 해야 하는 경우가 있다. 러시아와 우크라이나의 전쟁은 러시아의 침략으로부터 시작되었다. 러시아는 국제 사회에서 비난을 받고 있다. 누가 보더라도 침략 전쟁이다. 러시아 대다수의 국민들은 명분이 없는 전쟁인 것을 알면서도 대통령 푸틴(Vladimir Putin)에 대항해서 전쟁을 멈추라고 말할 수 있는 용기가 없다. 러시아의 정치 분위기와 푸틴의 권력에 대항한 후폭풍이 어떤 결과를 맞이할지 알기 때문에 잘못된 일인 것을 알면서도 대항하지 못하는 것이다.

성경에 보면 예수님의 12명의 제자 중 첫 번째 제자인 베드로가 있다. 베드로는 3년 동안 예수님을 따라다니면서 가르침을 배웠다. 깊은 깨달음과 더불어 병을 고치고 죽은 사람을 살리는 기적도 가까이서 경험했다.

그런 베드로는 예수님이 로마 군인들에게 체포되면서 십자가에 처형될 위기가 되자 예수님을 부인했다. 주변 사람들이 베드로도 예수님과 함께한 제자라고 말하자 자신도 위험해질 수 있다는 생각에 예수님의 제자라는 것을 세 번이나 부인했다.

그 이후 베드로는 예수님이 예언했던 "새벽닭이 울기 전 세 번 나를 부인 하리라"라는 말씀이 생각나 대성통곡하면서 회개했고 결국 진리와 옳은 일을 위해서 예수님의 제자로 살면서 십자가에 거꾸로 매달려 순교했다.

사람마다 각자의 정체성과 가치관을 가지고 살면서 다양한 스펙트럼으로 세상을 본다. 자신의 이익을 위한 것이라면 수단과 방법을 가리지 않는다. 또한 자신에게 손해되는 일이라면 절대로 나서지 않고, 자신에게 이익이 된다면 다른 사람들에게 피해가 되어도 전혀 상관하지 않고 일하는 사람도 보게 된다. 사실 이런 사람들은 길게 보면 결코 유리할 수 없다. 시간이 지나면 사람들은 진실에 대해서 알게 되고, 결국 자신의 본성이 나타나면 사람들의 신뢰는 무너지고, 어떤 것을 하더라도 성공할 수 없다. 이 사실을 나는 부동산을 처음 배우면서 경험했다. 수억 원의 돈을 벌 수 있었지만 옳지 않았던 일이기에 하던 일을 멈추었던 일화를 소개한다.

60필지 전원주택 분양 이야기

부동산 공부를 시작하고 1년쯤 되었을 때 평소 잘 알고 지내던 이 사장님에게서 전화가 왔다.

"김 대표님, 안성 칠곡저수지 앞 저수지가 바라보이는 곳에 기가 막힌 좋은 땅이 나왔는데 꼭 확인해보세요."

그는 당부의 말과 함께 몇 가지 서류를 건네주었다. 네이버 지도로 위치를 확인해보니 평택에 있는 사람들이라면 누구나 꼭 한번 찾아가는 아름다운 명소인 칠곡저수지가 내려다보이는 위치가 아주 좋은 땅이었다. 현재 이곳 주변에는 대형 카페가 들어와 있고 저수지 건너편에도 대형 카페와 레스토랑들이 들어와 있을 만큼 상권이 어느 정도 형성되어 있어 손님들이 자주 찾는 명소였다.

토지이용계획확인원을 확인해보니 보전관리지역에 지목은 임야고, 대략 8,000평 정도 되는 면적이었다. 보전관리지역은 전원주택을 개발할 수 있는 건폐율 20%, 용적률 80% 지역이다. 현재 진행되고 있는 상황을 확인해보니 이 땅을 전원주택지로 만들기 위해 계약금과 중도금을 납입한 상태이고, 시행사 지주가 1개월 안에 잔금을 완납한다고 한다.

이 사장님에게 전해 받은 토지의 가분할도를 확인해보니 이곳에 전원주택지를 만들어 분양하려는 계획이었다. 주변 시세를 확인해보니 평당

150만 원 정도로 분양하고 있는데 이곳은 평당 120만 원에 분양한다고 했다. 가격 경쟁력이 좋은 조건이라 입지가 좋다면 충분히 분양할 수 있다고 생각했다. 분양 대행 수수료를 따져보니 꽤 큰 금액으로 책정되어 있었다. 입지 현황을 파악하기 위해 일주일 정도 주변을 탐문했다. 특별히 주변 시세, 교통, 향후 주거환경 등 전원주택지에서 직접 삶을 사는 사람들의 입장에서 장단점을 점검해보았다.

칠곡저수지에서 3분 거리에 서안성IC가 있고, 평택 시내까지는 15분 정도 거리였다. 서울에서 별장처럼 이용할 수도 있는 세컨하우스로 최적이었다. 저수지를 배경으로 볼 수 있는 배산임수의 전원주택으로 환경적으로나 지리적으로 교통의 편리성을 따져보니 충분히 경쟁력이 있는 곳이었다. 열흘 정도 이곳에 대해 충분히 파악한 후 이 사장님에게 전화를 드렸다.

"사장님 이거 제가 분양할 수 있을 것 같습니다."

"아, 그래요? 다른 부동산에도 물건을 내놓았기 때문에 먼저 파는 사람이 임자니까 서둘러 팔아보세요. 수수료도 섭섭하지 않게 챙겨드릴게요."

나는 단도직입적으로 말씀드렸다.

"사장님, 이거 저에게 독점으로 주세요. 제가 두 달 안에 60필지 모두 분양해볼게요. 두 달 안에 성공하지 못하면 수수료도 받지 않고 그때 다른 사람이 분양해도 막지는 않을게요."

"(조금 의심스러운 목소리로)이걸 두 달 안에 분양하실 수 있겠어요? 분양하는 팀들이 와서 광고해도 어려워요. 혼자 팔기가 어려울 수도 있으니 너무 욕심내지 마시고 할 수 있는 만큼만 해보세요."

"사장님 믿어보세요. 보험 할 때 한 달에 100건 이상도 했고, 제 주변에 지인이 많기에 잘 말씀드리면 60필지 모두 처리할 수 있을 것입니다. 이번에 저도 몇 년 치 연봉을 한꺼번에 받아볼 수 있도록 저에게 모두 맡겨주세요."

이렇게 자신 있게 말은 했지만 은근히 걱정되었다. 분양은 단 한 번도 해보지 않았고 아직 부동산을 보는 눈이 높지 않았으며, 특히 토목공사가 되어 있지 않은 원형지 임야를 두고 가분할도 종이 한 장 달랑 가지고 어떻게 사람들을 설득시킬지 걱정되었다. 그렇지만 저수지 주변 현장답사를 하면서 주변 시세나 환경을 파악해본 결과 충분히 분양할 수 있다고 판단했다. 바로 옆에 붙어 있는 땅이 현재 평당 150만 원에 분양되고 있었고 사람들이 많이 찾아오는 것을 확인했기에 자신감이 생겼다.

그곳에 가서 분양하시는 분들의 이야기를 듣고 주변의 여러 가지 정보와 호재들을 파악했다. 그리고 현재 분양하는 곳도 거의 분양이 끝나가고 있다는 이야기를 들었기에 향후 이곳에 새롭게 전원주택을 분양한다면 충분히 가격에 대한 경쟁력이 있어서 분양이 잘될 것이라는 확신이 있었다. 전체 필지에 대해 분양시킨다는 내용으로 시행사와 계약서를 작성하고 본격적으로 분양을 시작했다.

나의 전략은 아주 단순했다. 알고 있는 지인들 중 투자를 할 수 있는 사람들 100명을 리스트에 올려놓고 그중에서 또 추려서 정확하게 50명으로 압축시켰다. 50명의 지인에게 홍보하고 그분들을 만족시켜서 또 다른 사람을 소개받아 분양하면 충분히 가능하다고 생각해 전략을 세웠다.

계획대로 지인들 한 분, 한 분께 최대한 예의 바르고 간결하고 이해하기 쉽게 설명해드렸다.

60필지 전체 완판

바로 옆에 다른 업체에서 분양하는 전원주택지가 있었고 그곳보다 평당 30만 원이나 저렴했으며, 위치도 좋았기에 사람들의 관심도는 대단했다. 골프를 치는 후배부터 탁구동호회 사장님, 교회 지인, 축구하는 후배, 부동산 하시는 지인에게도 말씀드렸더니 신기하게도 대부분 긍정적인 답변이었다. 사람들이 오지 않는 산속 깊은 곳이었다면 의심과 오해도 할 수 있지만 저수지가 잘 보이는 위치였고, 주변에 이미 분양하는 곳이 있어서 신뢰를 얻었다. 또한 나도 엄청난 열정과 에너지로 확신을 심어주었기에 사람들은 모두 분양 계약을 하겠다고 난리였다.

아침부터 시작해서 저녁 늦게까지 만나는 모든 사람들에게 전원주택 분양에 대한 이야기만 목이 쉬도록 했다. 오로지 목표는 60필지 전체를 완판하는 것이었고 다른 생각할 여유는 없었다. 한 사람이 두 필지씩 투자해도 좋다고 무리한 강요도 했고, 현금 5,000만 원만 있으면 담보대출이 가능했기 때문에 금융까지 소개해가며 1달 이상을 집중적으로 분양에 매달렸다. 한 달 조금 지나자 가분할도 그림 종이의 60필지 모두를 분양받을 사람들의 이름으로 채울 수 있었다. 말이나 글로 어떻게 표현할 수 없을 만큼 혼신의 힘을 다해 집중하다 보니 60필지 전체를 분양할 수 있었던 것이다.

지금 다시 생각해보면 그때처럼 하라고 하면 절대로 못할 것 같다. 그런 미친 듯한 에너지가 어디서 어떻게 나왔는지 아무리 생각해도 궁금하다. 불가사의할 만큼 집중했고, 또 간절했던 마음이 수분양자들에게 전달되어 한 달 만에 60필지 분양이라는 결과로 나타난 것 같다.

좋은 것에는 항상 문제가 발생한다

칠곡저수지가 내려다 보이는 배산임수의 최적의 환경과, 지리적인 교통 여건도 훌륭했기 때문에 전원주택 분양에 많은 사람들이 호감을 가졌다. 주변 지인들도 칠곡저수지는 워낙 유명해서 모두 알고 있었기에 설득은 문제가 되지 않았지만 한 가지 간과한 것이 있었다. 보통 일반 분양은 토목공사를 끝낸 후 필지를 정리해서 네모 반듯하게 만들어놓고 분양한다. 이렇게만 하면 크게 문제될 것은 없다. 계약 후 잔금 처리해서 등기하면 마무리된다.

그런데 시행사 지주가 분양하고 있는 곳은 뭔가 이상했다. 아무런 공사도 하지 않은 임야 상태의 원형지 땅이었다. 시행사 지주에게 물어보니 지금은 임야 상태지만 곧 공사가 시작되면 임야는 모두 베어버리고 토목공사 후 필지별로 예쁜 모양으로 만들어서 분양한다고 했다. 그 당시에는 부동산을 잘 몰라서 그 말이 무슨 의미인지 잘 몰랐는데 지금 생각해보면 이 일이 얼마나 무모했는지 생각만 해도 끔찍하다. 60필지나 되는 곳인데 공사가 안 되어 있는 원형지 땅을 계약한 후 문제가 생긴다면 아주 난감한 처지가 되는 것이다.

시행사 지주는 땅만 계약해놓고 아무런 개발도 하지 않은 임야 상태에서 선분양을 하는 것이었다. 이런 개발은 계약자들에게 엄청난 부담이 되는 계약이다. 혹여라도 공사 중 문제가 발생할 수도 있고, 개발행위 인허가에 대한 문제도 발생할 수 있기에 공사가 안 된 곳은 더욱 위험한 것이다. 특히 이곳은 보전관리 임야이기에 임목도나 울폐도가 상당히 높은 임야가 많은 지역이라 허가가 가능한지도 모르는 위험까지 있었다.

부동산 지식과 토목 인허가에 관한 지식이 없는 상황에서 현 상황을 파악하지 못하는 부동산 초보가 이런 일을 시작했다는 자체가 무모한 일이었다. 만약에 시행사 통장으로 토지를 계약하는 계약자들이 계약금과 중도금을 입금시켰을 때 시행사 지주가 나쁜 마음을 가지고 도망가버리면 계약자들은 아무런 담보를 걸지 않았기에 고스란히 떼일 수도 있는 상황이었다. 보통 이런 사고를 방지하고자 신탁을 걸기도 한다. 하지만 이번 계약은 계약자들의 안전장치가 전혀 없었다. 그냥 나를 믿고 진행한다는 지인들이었다. 나는 분양을 처음 해보는 것이었고 등기를 하기 전까지 어떤 안전장치와 담보에 대한 권리를 확보할 수 있는지 알지 못한 상태로 분양했던 것이다.

돈보다 중요한 고객과의 신뢰

잔금이 아직 치러지지 않은 상태에서 선분양을 시작했기에 왠지 모를 불안감에 계약금이 시행사 지주에게 곧바로 가지 않도록 일단은 내 통장으로 받아놓았다. 그런데 지주가 시일이 지나도 계약한 땅의 잔금을 치르지 못하는 것이었다. 계약하고 중도금까지 지급했기에 당연히 잔금이 바로 진행되고 일자에 맞춰 등기가 진행될 줄 알았다. 그러나 잔금 일자가 지났는데도 임야가 등기되지 않는 것이 이상했다. 분명히 잔금을 치를 수 있다고 했고, 향후 등기 후 계약이 진행되면 계약자들의 명의로 분양받을 땅에 대해서 근저당을 설정해주어 최소한의 안전장치를 해주기로 했는데 잔금이 치러지지 않아서 더욱 불안했다. 시행사 지주에게 몇 번을 이야기해도 계속 미루기만 했다. 이렇게 한 달이 지나자 더 이상 미련을 가지면 큰 사고가 날 것 같다는 생각이 들었다.

한 달 동안 60필지를 분양하기 위해 뛰어다녔던 시간과 비용이 아깝지만 현명한 결정을 내려야 했다. 분양으로 얻는 엄청난 수수료를 생각하면 포기하기 어려운 유혹도 있었지만 고객이 우선이라는 생각으로 정도를 걸었다. 이렇게 불안한 계약을 더 이상 진행시키면 안 된다는 확신이 들었다. 분명히 큰 문제가 발생될 거라는 불안감이 몰려왔다. 사실 돈보다 더 중요한 것이 수분양자들과의 인연이고, 그분들의 계약금이 더 소중했기에 그동안 나의 계좌로 받아놓았던 가계약금을 미련 없이 500만 원씩 60명 모두에게 상황 설명 후 돌려드렸다. 자칫 가계약금을 시행사 지주 계좌로 넣었으면 큰일이 났을 것 같다는 생각에 아찔했다. 이런 일은 실제로 부동산 업계 현장에서 흔히 일어난다. 무지와 욕심이 대참사로 이어지는 것이다.

몇 개월이 지난 뒤 결국 시행사 지주는 잔금을 치르지 못해 그 땅을 다른 사람에게 넘겼다는 소식을 접하면서 다시 한번 가슴을 쓸어내렸다. 다른 일도 마찬가지지만, 특히 부동산 투자를 할 때는 조심하고 신중해야 한다.

부동산 초보의 중요한 세 가지 교훈

전원주택 필지 분양을 통해 세 가지의 깊은 깨달음을 얻었다.

첫째, 스스로 부동산을 잘 모르는 초보라고 생각하고 소극적이었다면 전원주택 분양이라는 경험을 할 수도 없을 것이고, 계속 고민하고 망설였다면 단 한 필지도 분양하지 못했을 것이다. 그러나 자신의 모든 것을 걸고 집중하면 혼자서도 60필지를 분양할 수 있다는 자신감을 가질 수 있게 된 계기가 되었다. 하고자 하는 의지와 신념을 가지고 목표를 향해 미치도록 몰입하면 세상에 이루지 못할 것이 없다는 것을 증명하게 되었다. 곧 생각이 목표를 이루게 만들어버렸다.

둘째, 누구나 실수는 할 수 있다. 그리고 사업상 실패도 할 수 있다. 그러나 예상할 수 있는 실수가 발견되고, 더 큰 실패나 피해로 진행될 것을 알게 된다면 용기 있게 그 일을 멈춰야 한다. 그리고 자신의 고집과 아집을 내려놓고, 위험성을 무시하고 절대로 모험하면 안 된다. 이런 일을 통해 깨달은 것은 내 이익을 위해 다른 사람이 손해를 볼 수 있다면 그 일은 절대로 해서는 안 된다는 것이고, 잘못된 일을 더 이상 진행시키면 안 된다는 교훈이다.

셋째, 부동산 초보자가 물질에 눈이 멀어 너무 큰일을 혼자서 저질렀고, 이것은 대형 사고로 이어질 수도 있었다는 교훈이다. 좀 더 신중했어야 했고 모르면 잘 아는 사람에게 조언을 구해야 했다. 만약 수분양자들의 돈을 시행사 지주의 계좌로 넣어서 되돌려 받지 못하는 상황이 되었다면 어떻게 되었을까? 아마도 60명의 계약금을 도의적으로 책임져야 하는 사태에 직면했을 것이다. 그렇기에 부동산은 전문가에게 도움을 구하고 고민에 고민을 거듭해야 한다.

부동산업에 종사하다 보면 대부분 좋은 사람들이 많지만, 의도적으로 사기를 치고, 투자자들의 마음을 멍들게 하는 사람들이 있다. 그런 사기를 치려는 사람들에게 당하지 않기 위해서라도 많이 알아야 하고 전문가와 상의해 일을 시작해야 한다.

세상에서 가장
쓸모없는 행동

인생은 수많은 선택이 모여서 만들어진다. 그 선택의 결과가 현재의 나를 만들고, 미래의 나를 만들어가는 것이다. 하지만 돌이켜 보면 헛되고 부질없는 선택들도 많았다. 나의 에너지와 시간을 낭비한 선택들로 인해 나의 소중한 시간을 헛되이 보냈다. 만약 선택의 순간 나에게 도움이 될 수 있는 일에 집중했다면 인생에서 더 많은 것을 얻을 수 있었을 것이다. 우리의 삶에서 중요하지 않은 가장 쓸모없는 행동에는 어떤 것들이 있을까?

남을 미워하는 마음

미워하는 마음은 왜 생기는 걸까? 사람은 누구나 남을 미워하는 마음이 생길 수 있다. 여러 이유가 있을 것이다. 나와 결이 맞지 않아 미워할 수도 있고, 나의 부족함을 드러나게 만드는 사람을 미워하기도 한다. 하지만 미운 감정이 들 때 다른 사람을 미워하는 마음으로 감정을 키우면 에너지를 낭비하고 고통받는 사람은 바로 자신이다. 옛 속담에 '미운 쥐도 품에 품는다'라는 말이 있다. 미운 사람일수록 잘해주고 감정을 쌓지 않아야 한다는 말이다.

어릴 때 나를 괴롭히던 친구가 있었다. 그 괴롭힘은 도무지 참기 힘들 만큼 고통을 주었고 항상 그 친구를 피해 다녔으며 정신적 트라우마로 남았다. 그 미워하는 마음은 성인이 되어서도 가끔 생각이 났다. 그럴 때마다 에너지가 소모되고 감정이 좋지 않았다. 지울 수 없는 상처가 되어 동창회를 가고 싶어도 그 친구를 만날까 봐 가지 않게 되었다. 이렇게 미워하는 마음이 있으면 항상 좋지 않은 생각 속에 시달려야 한다. 어느 순간 이 문제를 해결하지 않으면 평생 트라우마로 남고 미워하는 마음을 평생 가지고 살아야 한다는 생각이 드니 끔찍했다. 이 문제를 반드시 해결하고 살아야겠다는 생각이 들었다. 그래서 용기를 내 그 친구가 사는 곳을 수소문해서 만나러 갔다. 더 이상 미워하는 마음을 없애기 위해 그 친구를 찾아가서 어린 시절 너로 인해 상처가 되었다는 이야기를 하고 사과를 받고 마음을 풀고 오려고 작정을 한 것이다. 그런데 그 친구는 병원에서 투병 중이었다. 심각한 병으로 비쩍 마른 몸을 보니 따지려고 갔던 내 마음이 눈 녹듯이 녹아버렸다. 그 친구는 나를 단번에 알아보았다. 성인이 되어 만나니 아무런 감정이 없이 나를 반갑게 맞아주었다. 이렇게 죽을 날을 기다리고 있는 자신을 찾아와줘서 고맙다고 인사를 했다. 하고 싶은 이야기가 있었지만 차마 하지 못하고 왔다. 그러나 이렇게 만나는 것만으로도 미워하는 마음이 저절로 없어졌다. 오히려 그 친구가 빨리 회복되었으면 좋겠다는 간절한 마음으로 기도를 해주고 왔다. 그 친구는 투병한 지 2년 만에 운명을 달리했다. 장례식에 가서 친구의 얼굴을 다시 보며 미워하는 마음을 완전히 내려놓게 되었다. 만약 미워하는 마음을 풀지 못하고 친구의 죽음을 알았다면 평생 풀지 못한 마음의 숙제로 살아갔을 것이다. 미움은 평생 가져가야 하는 트라우마로 작용할 수도 있기에 빨리 없애는 것이 좋다.

이미 벌어진 결과를 걱정하는 것

미국 펜실베이나 주립대학교 연구진에 따르면, "우리가 걱정하는 일의 79%는 실제로 일어나지 않고, 16%의 일은 미리 준비하면 대처할 수 있는 것이다"라는 연구결과가 있다. 걱정이 현실이 될 확률은 단 5%인데, 이 5%는 사람의 힘으로 막기 어려운 천재지변 같은 것들이다. 우리의 걱정이 통제할 수 없는 것이라면 걱정은 더더욱 할 필요가 없다.

걱정을 없애는 연습
1단계 이미 일어난 일을 인정하기
2단계 자신이 통제할 수 없는 것을 받아들이기
3단계 자신이 통제할 수 있는 것에 집중하기

우리는 우리가 통제할 수 있는 것들에 집중해야 한다. 미래를 바꾸는 것은 걱정이 아니라 행동이다. 우리 힘으로 통제할 수 없는 것을 걱정하는 건 세상에서 가장 쓸모없는 행동이다. 이미 벌어진 결과에 후회하며 걱정하는 것만큼 부질없는 것도 없다. 잘못된 선택으로 괴로울 때가 있었다. 하지만 돌이켜보니 이미 벌어진 일을 가지고 고민한다고 해서 달라질 것은 없었다. 과거는 다시 돌아오지 않기 때문이다.

삶을 살다 보면 실수도 하고 잘못된 선택으로 후회하는 경우가 다반사이다. 그때마다 걱정한다면 매일매일 걱정하다가 하루가 다 지나간다. 다만 또다시 실수를 반복하지 않기 위해 그리고 교훈으로 삶기 위해 현실을 직시하고, 방법을 제시하고 대안을 세우는 일에 시간을 쏟아야 한다. 이미 벌어진 결과에 대해 걱정하는 것만큼 어리석은 것이 없다. 프랑스의 철학자 알랭 바디우(Alain Badiou)가 말했다.

"걱정 없는 인생을 바라지 말고, 걱정에 물들지 않는 연습을 하라."

건강을 팔아서 돈을 벌려고 하는 것

건강은 가장 소중한 자산 중 하나이다. 건강을 희생하면서 돈을 벌기보다는 건강을 유지하는 것이 더 중요하다. 건강을 소홀히 하면서 돈을 버는 데만 집중한다면 삶의 질은 낮아질 수밖에 없다. 악착같이 돈을 모았지만 쓰기도 전에 건강을 잃는다면 무슨 소용이 있겠는가!

군대를 전역하고 스물넷이 되던 해에 돈을 많이 벌고 싶었다. 직장을 다니면서 할 수 있는 일이 무엇일까? 하고 찾아보던 중 우유배달을 하면 돈을 벌 수 있겠다는 생각을 했다. 그래서 오토바이를 사고 우유 보급소에 가서 일을 했다. 새벽 4시에 일어나서 동이 튼 7시까지 3시간 동안 매일 쉬지 않고 우유배달을 하다 보니 당시 내가 받던 월급만큼을 벌 수 있었다. 돈 버는 재미에 힘든 줄도 모르고 열심히 했다. 당시 나의 하루 일정을 보면 새벽 4시에 일어나 우유배달을 하고 아침 9시까지 회사에 출근하고 저녁 6시에 퇴근해서 곧바로 야간학교에 가고 야간학교를 마치고 집에 오면 자정이 되었다. 정말 피를 말리는 삶이었다. 잠깐의 여유 시간도 없이 살았다. 누굴 좋아할 수 있는 여유도 없이 정말 누굴 미워할 시간도 없이 눈썹 휘날리며 젊은 날의 시간을 보냈던 것이다.

어떻게 생각해보면 젊은 날 정말 열심히 살았다고 생각할 수 있지만 이런 시간이 반복되니 어느 날 정말 죽을 수도 있겠다는 생각이 문득 들었다. 우유배달을 하면서 사고가 날 뻔한 적이 한두 번이 아니고, 실제로 가벼운 사고도 나고, 눈길에 미끄러지기도 하고 차에 부딪쳐서 튕겨 나가기도 하는 일들이 빈번해지자 덜컥 겁이 났다. 하루에 잠을 고작 3~4시간 정도 자다 보니 컨디션이 이루 말할 수 없을 만큼 나빠졌다. 직장 생활에도 무리가 오고 학교에 가면 졸기도 하는 모습에 건강을 잃어가며 돈을 버는 것이 얼마나 허무한 일인가를 순간 깨달았다. 이렇게 돈을 벌기 위해 치열하게 살다가 한순간 오토바이 사고로 죽게 된다면 무슨 의미가 있을까 하는 생각에 우유배달을 그만두게 되었다. 이처럼 건강을 해치면서까지 돈을 벌 이유는 없는 것이다. 돈보다 내가 더 소중하니까!

보여주기 위해 허영심을 갖는 것

남에게 보여주기 위해 사는 삶은 내 인생이 아닌 남의 인생을 사는 것이다. 허영심에 사로잡힌 삶은 일시적인 만족감을 주지만 진정한 행복과 만족을 찾기 어려울 수 있다. 자신에게 솔직하고 내적인 성장과 만족을 추구하는 것이 훨씬 의미 있는 삶을 살게 된다.

오래된 지인들과 함께 캄보디아 여행을 하게 되었다. 패키지 여행경비는 60만 원 정도로 저렴한 편이었는데, 문제는 쇼핑센터에서 건강식품으로 상황버섯을 산 것이었다. 상황버섯이 몸에 좋다는 가이드와 현지인의 말에 200만 원이 넘는 쇼핑을 한 것이다. 원래 이런 쇼핑을 좋아하지 않는데 함께 갔던 지인들이 상황버섯으로 병을 고쳤다는 사람의 이야기를 하며 원산지에서 자란 상황버섯이라면 무조건 사야 한다는 말에 휘둘려 지름신이 발동하고 만 것이다. 함께 갔던 사람들도 모두 200~300만 원씩 상황버섯을 사게 되었다.

한국으로 가져온 상황버섯은 어떻게 되었을까? 단 한 번도 끓여 먹지 못하고 창고 속에 넣어놓았고 몇 년 뒤 꺼내 보니 유통기한이 지나 먹지도 못한 채 쓰레기통에 버리게 되었다. 함께 갔던 분들에게도 물어보니 역시 몇 번 차로 마시고는 그대로 유통기한이 지나버렸다고 한다. 허영심이 결국 값비싼 교훈으로 남게 되었다. 자기 주관을 지키지 못하고 남들이 한다고 따라서 하는 이런 허영심은 인생에 있어서 절대적인 낭비인 것이다.

자신과 가족에게 함부로 하는 것

인생에 있어 나와 가족, 주변 사람들 모두가 중요하다. 하지만 정작 나 자신을 돌보지 않고 가족에게 함부로 하는 경우가 있다. 누군가와 갈등이 있을 때 나 자신을 지키지 못하고 방치하는 경우가 있다. 하지만 내가 나 자신을 돌보지 않는다면 결국 마음에 병이 든다. 나 자신을 친절하게 대하고 사랑해야 한다. 또한, 남에게는 친절하나 가족에게 함부로 대하는 경우도 있다. 직장과 주변인들에게만 친절하고 가족을 등한시한다면 정작 주변인들이 떠나갔을 때 나에게 남는 건 무엇일까? '가정이 화목해야 모든 일이 잘 풀린다'라는 말도 있지 않은가! 자신과 가족을 소중히 생각하고 사랑하자! 모든 것은 나로부터 시작됨을 잊지 말자!

어릴 적 시골에는 집집마다 집을 지키는 강아지가 있었다. 어느 날 친구가 잔뜩 화가 나서 작대기로 강아지를 때리는 것을 보게 되었다. 왜 그러냐고 물어보자 강아지가 주인이 불러도 오지 않고 말을 안 듣는다는 이유로 때리는 것이었다. 옆에서 보던 다른 친구가 그렇게 때려서는 효과가 없다며 때릴 때는 확실하게 해야 길들일 수 있다며 더 큰 몽둥이로 때리는 것이었다. 이것을 보면서 자신의 강아지를 학대하면 다른 사람도 함부로 해도 되는 줄 알고 더 크게 학대할 수도 있다는 생각이 들었다. 가령 집에서 키우는 반려견을 예쁘다 하고, 쓰다듬어주고, 간식도 주며 가족처럼 여긴다면 다른 사람들이 과연 내가 키우는 강아지에게 함부로 할 수 있을까? 절대로 그렇게 하지 못할 것이다. 여기서 중요한 교훈은 내가 어떻게 하느냐에 따라 남도 그렇게 한다는 것이다.

내가 나 자신을 사랑하지 않는데 남이 나를 사랑해줄 수 있을까? 내가 나를 사랑한다면 좀 더 자신을 존중해주고, 자신을 사랑해주고, 격려해주고, 할 수 있다고, 견디어보자고 해야 하지 않겠는가? 남도 아닌 자신을 격려하는 것만큼 중요한 것이 없다. 자신을 사랑하자.

도전적인 삶

사람들은 '어떻게 하면 좀 더 풍요로운 삶을 살 수 있을까?' 생각하면서 경제적인 자유를 누리고 싶어 한다. 그리고 매일 노동을 통한 과중한 업무에서 벗어나 정말 하고 싶은 일을 해보고 싶지만 그렇게 할 수 없다는 것에 절망하기도 한다. 우리 모두는 정말 이러한 경제적인 자유, 시간적인 자유를 꿈꾸는 것이 불가능한 것인가?

정신없이 삶을 치열하게 살아가다 보면, 이런 꿈을 꾸는 것조차 사치라고 하는 사람들이 있다. 처음부터 경제적인 자유, 시간적인 자유는 아주 특별한 사람만 누리고 사는 것이라고 치부해버린다. 자신에게는 이런 기적은 절대로 오지 않는다고 믿고 있다. 처음 시작하는 단계에서부터 안될 것이라는 부정적인 생각 속에서 빠져나오지 못하고 새로운 기회가 와도 도전하지 않고 그냥 흘려보낸다. 그것은 아마도 패배주의에서 벗어나지 못해 발생된 폐해이다. 자신의 주변을 돌아보면 대부분 자신과 비슷한 사람들이기 때문이다. 이럴 때는 즉시 그 자리를 벗어나야 한다. 반드시 자신의 주변을 정리할 필요가 있다. 자신의 주변부터 긍정적인 사람, 따뜻한 마음, 나눔, 베풂, 성공, 기쁨, 칭찬, 이런 단어들로 채워나가야 부정적인 환경에서 벗어날 수 있다.

좋은 사람들, 성공한 사람들과 교제하는 것이 매우 중요하다. 우리의 사고와 행동은 가까운 사람의 영향으로부터 시작된다. 좋은 사람들을 사귀면 자신도 모르게 그들의 말과 행동, 생활 태도 및 습관에 영향을 받기 때문에 어느새 당신도 그들과 비슷한 사람이 될 것이다.

성공의 상상력

생각하는 것부터 긍정의 요소가 필요하다. 생각을 많이 하다 보면 방법이 생각이 나고, 그 방법은 새로운 사업구상으로 이어지기도 한다. 미친 듯이 생각한 것을 행동으로 움직이다 보면 다양한 결과를 만들 수 있고, 그 일을 돕는 사람들도 만나게 된다. 중요한 것은 다수의 사람들이 이런 희망적인 것들을 생각에서 머물고 결코 행동하지 않는다는 사실이다.

나는 요즘 일과를 마친 후 수변공원을 뛰면서 운동한다. 이어폰을 끼고 걸어 다닐 때나 뛰어다니면서 항상 유튜브로 성공한 사람들의 이야기들을 즐겨 듣곤 한다. 이런 성공한 사람들의 이야기를 반복해서 듣다 보면 가슴이 뜨거워지기도 한다. 그 뜨거움이 너무 강렬해서 그 이야기의 주인공이 바로 나인 것처럼 느껴지기도 한다. 그리고 주인공처럼 행동하고 싶은 열망이 머릿속을 가득 채우기도 한다. 생각은 더 발전되어 구체적인 사업계획들이 생각나기도 하고, 기발한 아이디어가 떠오르기도 하고, 더 좋은 계획들이 머릿속에서 맴돌기도 한다. 이처럼 남의 성공을 내 것으로 받아들일 수 있는 마음과 상상력이 중요한 것 같다. 성공한 이야기를 듣다 보면 항상 남의 것을 내 것으로 만드는 상상에서 모든 것이 시작되고, 상상한 것을 더욱 확장시키고 행동으로 옮길 때 성공이라는 결과를 만들어낼 수 있는 것이다.

지금 하고 있는 일이나 계획하고 있는 일에 스스로 큰 의미를 부여하고 열심히 노력해보라. 자신의 삶이 조금씩 바뀔 것이다. 물론 몇 가지의 일로 그 모든 것이 가능하지는 않겠지만 적어도 하나의 중요한 시작점이 될 수 있다. 남이 해주길 바라지 말라. 누가 절대 대신해주지 않는다. 모든 것은 자기 자신의 결정에서부터 시작하고 아무것도 안 하면 아무 일도 일어나지 않는다.

자신이 평소 운이 좋지 않다고 생각한다면 남들보다 더 철저하게 준비해야 한다. 다른 사람들이 나를 어떻게 생각하는지는 그렇게 중요하지 않다. 남들이 비판하고 한심하게 생각할지라도 나 스스로를 믿고 '나는 반드시 승리할 것이다'라는 확신이 중요하다. 스스로 떳떳하다면 마음을 굳건히 먹고 내가 가고자 하는 길을 당당히 걸어가면 된다.

열정과 인내

진정한 변화는 열정에서부터 시작된다. 열정이 불타오르면 지금의 현재 모습대로 살 수 없다는 자각이 일어난다. 그 자각은 자신을 변화시킬 열정의 도구들을 찾아서 좀 더 구체적으로 시각화하고 굳은 결단을 통해 한 번도 시도하지 않았던 것을 하게 한다.

열정은 폭발력이 있다. 열정은 다른 일을 할 시간을 희생하더라도, 꿈꾸는 일을 멈추지 않게 한다. 누구나 이 뜨거운 열정은 가슴 속에 존재하고 자신을 변화시킬 확실한 동기가 있어야 열정이 나오게 되어 있다. 하지만 아무리 가슴 뛰는 열정을 가지고 있어도 이를 통제하지 못한다면 그 열정은 인생에서 하나의 추억으로만 남겨질 뿐이다. 인내와 불굴의 정신만 있다면, 그리고 그것을 행하고자 하는 실천이 더해진다면, 열정의 능력으로 모든 일을 다 이루어낼 수 있다. 게으름과 나약함과 타협하지 말고 스스로 정한 목표를 무슨 일이 있더라도 반드시 이루고 말 것이라는 굳은 의지가 중요하다. 그렇게 어려움과 좌절에도 굴하지 않고 하루하루를 참고 견딘다면 오래 지나지 않아 자신의 성숙되고 성장된 변화한 모습에 깜짝 놀랄 것이다.

세상과 절대 타협하지 말고 자신의 운명을 남에게 맡기지 않길 바란다. 자신이 재능은 많은데 성공하지 못한다고 한탄하거나, 또는 세상이 나를 제대로 알아보지 못한다고 원망하기 전에 자신의 재능을 최선을 다해 행동으로 옮겼는지 자신을 뒤돌아보아야 한다.

어떤 재능도 열정을 가지고 최선을 다하지 않는다면 바람직한 결과가 나올 수 없다. 세상에서 용기를 가장 크게 시험하는 것은 '어떠한 패배에서도 견딜 수 있는가?' 하는 것이다. 인생에서 계속 성공만 거둔다면 용기는 필요 없지만, 성공보다는 실패가 많을 수밖에 없는 것이 우리의 인생이다. 이 때문에 무엇보다 용기가 필요하다는 것이다. 실패가 계속됨에도 불구하고 상심하지 않고 꿋꿋이 패배를 견디며 이를 극복해낸다면 결국 성공은 찾아올 것이다.

질 줄 알아야 이길 수도 있다

어떤 일을 하다 보면 매 순간 승리할 수는 없다. 자신 있는 사람은 지는 것을 두려워하지 않는다. 질 줄도 알아야 한다. 졌다는 사실 앞에서 고개 숙이지 않고 담담해하며, 자존심이 상했다고 하지 않고 오히려 좋은 경험이었다고 이야기한다. 지면 진 것이다. 그뿐이다. 그렇다고 아주 진 것도 아니고 평생 진 건 더욱 아니다. 오늘 한 번 졌을 뿐이다. 다른 복잡한 의미를 붙일 필요가 없다. 사실 누구나 한 번은 지게 되어 있다. 질 줄 알아야 이기는 법도 알 수 있다. 천하무적의 챔피언도 언젠가는 쓰러지고 세계 신기록도 깨어지기 위해서 있는 것이다. 질 때가 있으면 이길 때도 있다. 여기서 중요한 것은 졌더라도 도전해보았다는 것에 의미를 둘 필요가 있다. 시도조차 해보지 않은 사람과 실패했어도 도전해본 사람과의 차이는 하늘과 땅 차이다. 실패라는 과정을 통해서 성공에 도달할 수 있는 것이다. 삶에 도전해보라. 못할 것 같지만 생각 이상으로 당신은 잘할 수 있다. 미뤄놓은 취미생활이든, 삶의 중요한 목표든, 이제는 도전해야 할 때가 된 것 같다. 삶을 향한 도전이 당신의 삶을 풍성하게 하고 당신을 성장시킨다는 사실을 잊지 않길 바란다.

평범했던 삶을 뒤집은
한 청년의 운명
- 신영재 청년 이야기

나는 가끔 생각한다. 과거로 되돌아갈 수 있다면 지금처럼 성공한 모습이 아닌 아주 평범한 스물네 살로 되돌아가고 싶다고 말이다. 지금까지 이뤄놓은 재산과 명예를 모두 내려놓아야 한다고 해도 그 시절로 가고 싶다. 단 한 가지만 필요하다면 현재 가지고 있는 정신력과 의지, 그리고 간절함이다. 지금의 정신과 의지 그리고 신앙이 있다면 그 어떤 일을 다시 시작해도 이룰 수 있다고 생각한다. 뒤돌아본 나의 스물넷 청년 시절은 아쉬움이 너무 많다. 좀 더 용기를 냈어야 했던 일, 좀 더 지혜롭게 대처했어야 했던 일, 기회가 찾아왔을 때 과감하게 하지 못했던 일들이 주마등처럼 스쳐 지나간다.

법인을 운영하면서 답답할 때가 있다. 내 일을 누가 대신 해주었으면 하는 마음이 굴뚝같다. '나 같은 사람이 한 명만 더 있다면 얼마나 좋을까?' 하는 생각을 하면서 주위를 둘러보아도 나를 대체해줄 것 같은 직원이 없었다. 나만큼 열정적이고, 나만큼 일찍 출근하고, 나만큼 목표의식이 뚜렷하고, 나만큼 성실하고 똑똑한 챗GPT 같은 사람이 있었으면 좋겠다는 생각을 했다. 어쩌면 이런 생각은 무리다. 왜냐하면 나는 무엇을 하더라도 목숨을 걸고 한다. 과연 나같이 어떤 일에 목숨 내놓고 하는 사람이 있을까?

나 같은 사람을 찾았다

어느 날 정말 우연하게 나 같은 젊은 친구를 보게 되었다. 정말 나처럼 목숨을 걸 수 있는 열정이 있는 사람을 찾았지만 아무리 찾아보아도 그런 사람을 찾을 수 없었는데 그런 사람을 드디어 찾았다. 송탄중앙침례교회 청년부에서 VIP초청 행사를 하게 되었다. 그 행사 가운데 청년들을 섬기는 일이 있어서 30명 정도 되는 청년들을 초대해서 농장에서 고기를 구워주었다.

그중에서 낯설지 않은 청년을 만났다.

"너 이름이 뭐지?"

"신영재입니다! 안녕하십니까?"

"어디서 많이 본 것 같다? 축구 나오니?"

"아닙니다. 처음 뵀습니다."

이것이 내가 찾는 나 같은 사람과의 첫 만남이었고, 첫 대화였다. 또렷하게 기억난다. 일상적인 대화를 하는 가운데 초롱초롱하게 영롱한 뭔가 신비한 눈빛을 가졌다고 생각했다.

청년들에게 돼지고기, 소고기, 양고기, 장어 등 다양한 고기를 준비해서 정성껏 구워주었다. 그리고 청년들과 이야기를 나누고 싶어 테이블마다 돌아다니며 대화를 나누었다. 그리고 조금 전에 인사를 나누었던 그 청년의 테이블까지 가서 이야기를 나누게 되었다.

"책 잘 읽었습니다. 감명 깊게 읽어서 편지도 쓰고, 사인받으려고 책도 가져왔어요."

청년은 빨개진 얼굴로 내게 말을 꺼냈다. '어떻게 내가 쓴 책을 읽었지?' 하는 생각이 들었다. 우리 교회에 200명이 넘는 청년들이 있어도 자발적으로 부동산 전문 서적인 내 책을 사서 본 사람은 처음이었다.

"오, 그래? 독특한데?"

옆에 있는 청년이 거들었다.

"장로님, 얘 진짜 독특해요. 책도 엄청 읽고, 자기가 진짜 궁금하다고 책 쓴 작가들 찾아다니면서 인터뷰 하고 그래요."

너무 독특한 청년이라 나는 잠시 뚫어지게 그를 바라보며 한마디해주었다.

"정말 간절히 원하면 진짜로 돼. 너는 뭔가 간절한 것 같다."

찾았다. 드디어 그렇게 찾던 사람을 발견했음을 직감했다. 짧은 시간 대화했지만 단번에 알아차렸다. 청년은 자신이 현재 하고 있는 루틴에 대해서 거침없이 말했다. 아침에 일찍 일어나 긍정 확언을 하고, 100번씩 적고 외치기를 하고, 이마에 땀이 나도록 1시간씩 뛰는 성공 루틴을 매일 하고 있었던 것이다. 그리고 가장 인상적이었던 것이 사람들을 모아서 독서 토론을 진행하는 청년리더였던 것이다.

정말 오랜만에 가슴이 떨리는 기분 좋은 젊은 청년과 마주하고 있었다.

"너는 훈련이 된 것 같은데, 어디 가서 교육을 듣고 왔니?" 하고 물어보았다. 그러자 너무 감동한 눈빛으로 말을 쏟아내면서 진심으로 이야기를 했다.

"지금까지 성공한 사람들의 책을 보면 공통적으로 아침에 일찍 일어나 운동을 하고, 긍정 확언을 하고, 원하는 것을 100번씩 적고 외치기를 하고, 독서를 하라고 해서 독서를 했는데, 이런 것들을 주변 사람들에게 이야기하면 대부분 이상한 눈빛으로 보는 것 같아 이렇게 하는 것이 맞는지 혼란스러웠어요."

나는 영재에게 진심으로 이야기해주었다.

"너가 하는 모든 것은 성공한 사람들이 하는 공통적인 행동이야. 누가 뭐라고 하든 지금처럼 계속 그렇게 해. 나는 너같이 하는 사람을 오늘 처음 보았다."

이렇게 격려를 해주었다. 나는 식사를 마치고 청년들을 한곳에 모아 청년들에게 꼭 필요한 강의를 짧게 해주었다.

"너희들이 현재 하고 있는 일을 기쁜 마음으로 소명감을 갖고 해야 해. 내가 지금 하는 일이 사람들에게 어떤 좋은 영향을 미칠 수 있을까 항상 생각하면서 살아야 해. 돈이 중요한 게 아니야. 너희가 다른 사람을 위해 기여한다면 돈은 저절로 들어오게 되어 있어. 다른 사람의 성공에 너희의 모든 것을 걸고 도와줘. 그 사람은 너희를 무한 신뢰하게 돼. 그리고 반드시 너희에게도 기회가 오게 되어 있어."

청년들이 집중해서 듣고 있었다. 나는 계속 말을 이어나갔다.

"성공은 반드시 실패를 동반하게 되어 있어. 성공을 위해 반드시 있는 실패는 피할 수 있는 게 아니란다. 아무것도 안 하면 실패도 안 해. 성공하려고 하기 때문에 실패가 있다는 거야. 그렇다면 실패는 기쁜 마음으로 받아들이는 거야. 실패를 두려워하지 마. 아니, 오히려 실패하지 않는 것이 가장 큰 실패라고 할 수 있지. 실패와 맞서 싸워봐. 너를 넘어야 성공이 있다면 얼마든지 받아줄게라는 마음으로 부딪쳐봐야 해."

나는 직장에 다니고 결혼을 앞둔 청년들이 앞으로 무엇을 위해 일해야 하며, 어떤 마음가짐으로 살아야 하는지, 어디에 집을 구해야 하는지, 매우 디테일하고 현실적인 조언을 해주었다. 짧은 강의가 끝나자 영재가 다시 찾아왔다.

"장로님, 책에서 정말 독자를 변화시키고자 하는 마음이 느껴졌습니다. 제가 정말 간절했던가 생각하게 된 하루였습니다. 심장이 뒤집어질 정도로 목숨을 걸어야겠다는 생각이 들었어요. 그렇게 살고 계신 분을 직접 보니 저도 할 수 있을 것 같다는 자신감이 생겨요. 저도 선한 영향력을 세상에 전달하고 남들을 이롭게 하는 사람이 되겠습니다. 감동적으로 잘 읽었습니다. 책에 사인해주세요!"

"하하, 이런 분위기는 우리 교육 때 분위기인데? 그래, 사인해줄게. 책 가져와봐. 너 이름이 뭐라고?"

"신영재입니다."

나는 책에 이렇게 적어 주었다.

신영재 청년! 정말 간절하면 '반드시' 이루어집니다. 저자 김양구.
인생의 변화를 기대하며….

청년 행사를 마치고 집에 돌아와 생각해보았다. 오랜만에 찾던 사람을 찾은 느낌이었다. 함께 찍은 사진을 영재가 카톡으로 보내왔다. 나는 열심히 사는 영재의 모습이 보기 좋아서 용기를 주기 위해 내가 직접 녹화한 영상 몇 개를 보내주었다. 영재는 내가 유튜브 채널이 있는 줄 몰랐다고 했다. 그날 보내준 영상은 이런 내용이었다.

"지금 당장 꿈을 위해서 새벽 5시에 일어나 운동을 시작할 수 있나요?"

"지금 당장 꿈을 위해서 새벽 5시에 일어나 책을 읽고 자기계발을 시작할 수 있나요?"

"지금 당장 꿈을 위해서 자신만의 루틴을 만들어 1년 이상 지속적으로 행동할 수 있나요?"

"이 모든 것을 즉시 다시 시작할 수 있는 용기가 있었기에 저는 성공적인 삶을 살아가고 있습니다. 하고자 하는 의지가 여러분을 성공으로 이끄는 시작점이 될 수 있다는 사실을 꼭 기억해주길 바랍니다."

영상 속의 내용들이 식어가는 마음을 다시 뜨겁게 해주길 기대했다. 자신이 가는 길이 외롭더라도 용기를 잃지 말고 달려갈 것을 기대하는 마음으로 보내주었다. 독서모임을 하고 책읽기를 한다는 말에 영재의 인스타그램에 들어가 보았다. 순간 나는 말문이 막혔다. 영재의 인스타그램은 첫 페이지부터 바둑판 모양으로 읽은 책들을 나열해놓았는데 대부분 자기계발, 동기부여, 심리학, 부동산 같은 책들이었다. 얼핏 봐도 백 권이 넘는 책들을 올려놓았는데 한 권 한 권 클릭할 때마다 감동이었다. 그곳에는 자신이 읽고 감동된 내용들을 정리해서 빼곡하게 기록해놓았다. 나는 순간 '멍' 했다. "이 친구 도대체 뭐지?"라는 말이 나도 모르게 튀어나왔다. 간절함이 구구절절 묻어 있는 예술 행위였다. 퍼포먼스도 이런 퍼포먼스가 없었다. 그동안 내가 그토록 애타게 찾던 청년이었다. 이런 꿈이 있는 청년에게는 내가 배운 모든 것을 가르쳐주고 싶었다.

선전포고 – 영재 본인의 이야기

나는 성공한 사람들을 만나러 서울로 부산으로 이리저리 찾아갈 게 아니었다고 생각했다. 누구보다 통찰력 있고 제대로 된 생각을 하는 성공한 분이 바로 근처에 계셨던 것이다. 마음속에 '장로님을 놓치고 싶지 않다. 어떻게 해서든 반드시 따라가고 싶다'는 강렬한 생각이 들었다. 지금까지 다니던 직장의 사장님, 회장님도 만났고, 자기계발서의 작가, 대기업 회장님, 주식 고수, 경매 고수, 의사 선생님 등등 성공한 사람들은 다 만나봤지만 이렇게까지 하루 종일 생각나고 마음을 요동치게 만든 사람은 처음이었다. 마치 스무살 때 같은 학과 동기였던 첫사랑에게 품었던 마음과 비슷한 두근거림과 설렘이었다. 나는 돌아오는 주말, 바로 본가인 대구로 가는 액셀을 힘껏 밟았다. 대구에 도착해 부모님께 말씀드렸다.

"저, 따라가고 싶은 사람이 생겼어요. 다음에 대구에 내려올 때는 퇴사했을지도 몰라요."

그렇게 선전포고는 했지만 오픈마인드 님을 따라간다는 건 불가능한 일이라고 생각했다. 오픈마인드 님과는 수많은 청년들과 함께 한 번 뵌 게 전부

였고 이미 성공하신 분이다. 부족한 게 하나도 없으실 텐데 내가 왜 필요하겠는가. 그럼에도 부모님께 그렇게 말해야 할 것 같은 기분이 들었다.

"지금까지 만나본 사람 중 가장 매력 있어요. 나이가 든다면 그렇게 나이 들고 싶어요. 그분 옆에 있으면 그렇게 될 수 있을 것 같아요."

아버지는 말이 없으셨고 어머니는 기겁을 하셨다.

"아니, 그 좋은 회사를 왜 그만둬! 급여도 많고, 스트레스도 별로 없잖니. 다른 것보다 사람들이 좋잖아! 지금처럼 회사에 다니면서 공부도 하면 되잖니?"

일리 있는 말이었다. 요즘처럼 사람이 까다로운 시대에 직장인으로 이만한 회사는 없었다. 부서 내에서 인정받고, 타 부서 사람들도 좋아해줬고, 고객도 나를 먼저 찾았다. 고과는 늘 A였고, 트로피와 상금도 받아 이대로만 가면 임원까지 갈 수 있는 탄탄대로인 직장인이었다. 하지만 나에게 그런 것이 중요한 건 아니었다.

"엄마, 저는 남을 위해서 일하는 거 싫어요. 빵 하나를 팔더라도 내 것을 팔고 싶어요. 죽기 전에 내 뜻대로 살아보지 못한 것에 대해 후회하면서 눈감고 싶지 않아요. 퇴사는 지금이 아니더라도 언젠가는 반드시 해요. 그러니 회사를 그만둔다면 하루라도 빨리 그만두는 게 맞지 않겠어요?"

결정된 게 하나도 없던 상황인데 열정이 앞서다 보니 나는 이미 그만둘 것처럼 말해버렸다. 어쨌든 그렇게 강하게 밀어붙이니 어머니는 아무 말도 하지 못했다. 당신이 살아오신 삶을 돌이켜봤을 때 안정적인 삶과 정반대의 길을 가려고 하는 아들을 말리고 싶으신 것은 당연했겠지만 행복을 찾아 떠나고 싶다는데 그걸 말릴 수 있는 부모가 얼마나 있을까? 그렇게 부모님께 선전포고를 하고 평택으로 올라왔다. 그러나 오픈마인드 님과의 교류는 거의 없었다. 당연했다. 성공한 분이 만나줄 이유가 전혀 없지 않은가? 감히 먼저 연락한다는 건 생각하지도 않았다. '근처에 정답을 알고 계신 분이 있는데…' 불편한 마음을 가진 채 나는 똑같은 일상으로 다시 돌아갔다.

한 통의 전화

2주 동안 나는 그 청년에 대해 많은 고민을 했다. 그리고 무슨 말이든 만나서 이야기해주고 싶었다. 2023년 12월 4일 인스타에 영재 청년이 책한 권을 올렸다. 이나모리 가즈오의 《왜 일하는가》라는 책을 읽고 SNS에 요약한 글이었다. 그날 밤, 나는 퇴근 후 곧장 그에게 전화를 했다.

"글 정리한 거 잘 봤어. 네가 지금까지 해온 독서나 글 쓴 것들도 쭉 봤어. 근데 영재야 너, 그렇게만 계속하잖아? 그럼 반드시 성공해. 내가 찾던 유형의 사람이 너 같은 사람이야."

"네? 그게 무슨 말씀이세요? 제가 성공한다고요? 그리고 제가 장로님이 찾던 사람이라고요?"

어안이 벙벙한 목소리였고, 나는 대답해주었다.

"모든 것은 의지에서 시작된단다. 대다수의 사람들은 의지조차 갖지 않아. 그런데 너는 의지를 행동으로 옮기고 습관으로 만들어서 자신의 한계를 깨려고 하는 모습이 굉장히 놀라워. 너처럼 꾸준하게 하는 사람은 극히 일부야. 많은 사람들이 시작했다가 금방 포기해. 조금 하다가 지치면 언제든지 그만둬버리는 것이 사람인데 너는 좀 달라. 성공한 사람들의 공통적인 특징들이 많이 보여."

영재는 긴장하긴 했지만 차분하게 듣고 있다가 질문했다.

"제가 특별히 뭘 만든 게 아니라 책에서 나온 대로 하는 건데 그렇게 말씀하실 정도로 놀랄 일인가요?"

나는 영재에게 자신이 하고 있는 루틴이 얼마나 가치 있는 일인지 정확하게 알려주어야겠다고 생각했다.

"사람들은 정답을 알려줘도 하지 않아. 책에서 하라고 한다고 해서 하는 사람은 거의 없어. 네가 지금 얼마나 가치 있는 일을 하고 있는지 아직 잘 모를 거야. 그렇지만 나는 그 길을 가봤고, 앞으로 어떻게 될지도 확실히 알아. 네가 성공하는 건 시간문제야. 길이 없어 보이고 막연하고 불안한 마음일 거야. 성공이라는 게 넘을 수 없는 높은 벽처럼 보일 거야. 하지만 그 높은 벽도 딱 한 번만 넘어버리면 나를 보호해주는 담장이 돼. 그러니까 가던 대로 계속 가. 길이 없어 보여도 계속 가. 돌아보면 그게 길이 되어 있을 거야. 지금 이미 잘하고 있고 그렇게만 해봐. 네 독서량이나 확언하는 것들, 스스로 동기부여를 시켜나가는 모습들을 보면 잘할 수 있을 거라는 확신이 들어. 지금 정말 잘하고 있다는 것을 이야기해주고 싶어서 전화했어."

영재는 자신도 잘 모르는 성공의 길을 걸어가며 외로운 투쟁을 했었는데, 그 마음을 알아주는 사람을 만났던 것이다. 격려해주는 나의 말에 수화기 너머로 울먹이는 소리가 들렸다. 지금껏 영재의 주변에는 자신과 같은 사람이 없었다. 꿈을 말하는 사람이 없었고, 된다고 말하는 사람이 없었다. 부정적인 인간관계들을 끊어내니 혼자 남았고 외롭게 달려왔다. 책을 읽고 스스로 묻고 스스로 대답했다. 이 악물고 달리면서, 100번씩 적어 내려가면서 동기부여를 해왔다. 영재는 겨우 울음을 참으며 말했다.

"제가 하는 것들을 보고 이렇게까지 좋게 말씀해주신 분은 처음입니다. 늘 '왜 그렇게 피곤하게 사냐', '그래서 실제로 이룬 게 뭐가 있냐', '어차피 안된다'와 같은 부정적인 말만 들었어요. 실제로 된 것도 없으니 반박도 못 했습니다. 저처럼 하는 사람이 주변에는 한 명도 없어서 제대로 가고 있는 건지도 몰랐는데 이렇게 좋게 말씀해주시니 방향은 맞구나 하는 안도감이 들고 용기가 생겨요."

나는 영재가 너무 사랑스러워 안아주고 싶었다.

"네 주변 사람들이 다 너처럼 했다면 그 사람들도 성공했을 거야. 네 주변에 책을 읽고, 글을 쓰고, 성공을 향해 달려가는 사람이 없기 때문에 바로 네가 성공하는 1%의 주인공이 될 수 있는 거야."

만남의 축복은 성공의 지름길

나는 영재에게 아버지 같은 마음으로 계속 이야기해주었다.

"단순히 돈이 많다고 해서 성공했다고 보긴 어렵지만, 일반적으로 말하는 경제적인 자유, 시간적인 자유를 얻은 사람이라고 한다면 나 정도면 성공했다고 말할 수 있어. 지금 네가 하는 것처럼 똑같이 해본 나는 성공했고, 너는 아직 아니야. 왜 그럴까?"

"잘 모르겠습니다."

"너처럼 열심히 사는데도 안 되는 딱 하나의 유형이 있어. 바로 '만남의 축복'이 없는 유형이야. 네가 가고자 하는 분야에서 가장 성공한 사람을 만나야 해. 이게 핵심이야. 그 만남이 없으면 해왔던 모든 것들로 인해서 오히려 추락하고 좌절하게 될 수도 있어. 만남의 축복이 없으면 절대 성공할 수 없어. 성공하는 것의 비법이 대단한 것이 아니야. 약간 실망스러울 수 있는 말이 될 수 있지만 이건 확실해."

영재는 숨죽여 계속 듣고 있었다.

"그런데 이미 성공한 사람 중 몇몇은 소수만이 가는 그 길을 알려주고 싶어 해. 열심히 달려가고 있는 사람들을 찾고 있어. 나도 누군가에게 가르쳐주고 싶다고 생각해왔어. 그런데 대부분의 사람들이 성공의 길을 가려는 마음조차 먹지 않아. 의지와 열정, 노력이 없어. 수학을 가르치려면 최소한 사칙 연산은 알고 있어야 어려운 문제를 풀도록 알려줄 수 있어. 너는 최소한 내가 가르치는 것을 받아들일 수 있는 준비는 된 것 같아. 의지와 열정도 확실히 보여. 영재 너는 아마도 내 이야기를 들으면 가슴이 미친 듯이 뛸 거고, 삶이 발칵 뒤집힐 수도 있어. 너한테 내 이야기를 들려주고 싶어. 영재야, 꿈을 꿔. 큰 꿈을 꿔야 해. 꿈을 꾸면 현실이 돼. 인생은 단 한 번이야. 실패하면 어때! 네가 꿈으로 생각했던 것들을 이루기 위해서 달려가는 모습을 그려봐. 그걸로 충분히 행복한 삶이지 않겠어?"

나의 이런 말에 영재는 심장이 미친 듯이 뛰었다고 한다. 당장이라도 나의 스토리를 듣고 싶어 했다.

"듣고 보니 지금의 삶에 안주하고 있었어요. 사람들이 말하는 안정된 삶이라는 게 진정한 의미의 자유를 뜻하는 건 아니라는 생각이 들어요. 현실을 탈출하고 싶어 하면서도 벗어날 수 없는 이유를 저 스스로 만들어왔어요."

영재는 안정된 삶보다는 의미 있는 자유의 삶을 갈망하고 있었다. 영재는 계속 말을 이어갔다.

"과감하게 퇴사를 해볼까요? 퇴사를 하고 앞으로 달려가야 목표를 찾고, 꿈을 찾고, 1등을 만나기 위해 미친 듯이 노력하지 않을까요? 제가 달려가는 길을 먼저 가보신 장로님도 계시니, 지금의 마음이라면 무엇이든지 할 수 있을 것 같아요. 벼랑 끝에 서 있다는 간절한 마음으로 지금보다 더 이 악물고 간절하게 행동한다면 저도 성공할 수 있을 것 같은 자신감이 들어요!"

나는 영재에게 나의 생각을 말해주었다.

"벼랑 끝에 선다는 것은 현실이야. 한 걸음만 뒤로 물러서도 죽는 거야. 사람들과는 다른 삶을 살아야 해. 이루고자 하는 간절한 마음으로 달려가야 해. 영재 너는 한 걸음 물러서면 죽는다는 각오가 되어 있니?"

약간은 망설임이 있었지만 영재는 자신 있게 말했다.

"네, 벼랑 끝에 설 준비가 돼 있습니다!"

자신 있게 이야기하는 영재가 귀여워 보였다.

"교육을 하면서 많은 교육생과 투자자들을 만나왔지만, 너처럼 준비가 잘되어 있고 간절한 사람은 아직 못 봤어. 나는 너 같은 사람을 찾아왔어. 내가 알려줄 수 있어. 누군가에게 이렇게 말하는 건 영재가 처음이야. 나와 같이 일하고 싶다고 수많은 사람들이 찾아왔고, 지금도 수시로 찾아와. 그렇지만 다 돌려보냈어. 모든 게 갖춰져 있어서 굳이 사람을 받을 필요가 없어. 나는 대단한 능력이 있는 사람을 원하는 게 아니었거든. 간절한 사람! 정말 간절한 사람에게 비전을 보여주고 꿈을 심어주고 꿈을 이 룰 수 있도록 돕는 일을 하고 싶어. 네가 꿈을 이루면 내 자산이 커질까? 아니야. 나는 이미 아무것도 안 해도 평생 먹고살 수 있는 자산이 있어. 단지 꿈을 꾸고 희망을 찾는 간절한 사람이 성장해가는 과정을 보고 싶 은 거야. 그리고 그 사람이 선한 영향력으로 다른 사람들을 또 세울 수 있 는 사람이 되기를 바라는 거야. 이런 상상을 하면 가슴이 뛰어. 내가 너를 선택한 이유는 다른 게 아니야. 네가 간절하고, 준비가 돼 있었기 때문이 지. 어때, 배우고 싶어?"

나는 단순히 영재에게 용기를 주려고 전화한 것이 아니었다. 꿈이 있 는 한 청년의 인생을 세워주고 싶어서 전화를 한 것이다.

"네, 알겠습니다. 회사 그만두고 장로님을 따라가겠습니다."

기회가 왔을 때 자신의 모든 것을 걸어야 한다

영재는 그 순간 모든 것을 던지겠다고 결심했다. 인생은 선택의 연속 이다. 선택을 하지 않는 것은 불가능하다. 선택하지 않는 것조차 선택인 것이다. 지금 이 순간 무엇을 어떻게 선택했는지가 내일의 나를 만든다. 이것저것 따지며 매사에 부정적으로 생각하며 도전하지 않고 항상 제자 리에서 투덜거리는 것은 인생을 낭비하는 것이다. 설령 그 선택으로 실패 하더라도, 실패에서 배우고 잘못된 선택에서 소중한 경험을 얻을 수 있 다. 기회라고 생각되면 과감하게 기회를 잡는 용기와 실행, 목숨을 건 선 택이 필요하다. 지금을 기회라고 생각했고 퇴사하겠다고 나에게 말을 꺼낸 그 순간, 영재는 이미 성공자가 되었다. 이미 성공한 사람이 영재를 선택했기 때문이다. 나는 영재가 현명한 선택을 한 것이 다행이라고 생각했지만 다시 한번 심도 있게 생각해보라고 말했다.

"감정에 앞서 대답하지 말고, 깊게 생각해봐. 기도도 해보고, 부모님과도 이야기해봐."

"네, 알겠습니다. 오늘 전화주셔서 너무 감사합니다."

영재는 그렇게 대답한 뒤 전화를 끊었다. 나는 알고 있었다. 영재는 감정적으로 대답한 것이 아니었다. 인생에서 조금이라도 현명한 의사결정을 하기 위해 100권 이상의 책을 읽고, 성공한 사람들을 만나고, 성공한 사람들의 습관들을 모조리 따라 해오고 있었다. 모든 것을 걸고 뛰어들 준비를 1년 이상 하고 있었던 것이다. 그리고 지금, 자신의 인생을 던질 한 사람을 찾은 것이다.

영재는 나와 통화를 마치고 나서 손으로 입을 틀어막고 소리를 질렀다고 한다. 온몸을 격정적으로 흔들며 기쁨을 표현한 뒤, 마음을 가라앉히고 영재는 책상에 앉아 일기를 써 내려갔다.

나는 내일 퇴사하겠다고 회사에 이야기할 것이다. 남아 있는 인생은 끌려다니지 않고 살고 싶다. 내 인생은 내 마음대로 해낼 수 있는 것이다. 모든 것을 다 해놓고 멘토를 만나지 못하면 실패할 수도 있다. 그 멘토를 지금 만났다는 강한 확신이 든다. 내 인생은 오늘부터 또 달라질 것이다. 나는 이제 편안한 감옥에서 벗어나겠다. 들판을 누비는 늑대가 되어 자유롭게 인생을 살아가리라고 다짐한다. 먼 훗날, 성공한 내가 이 일기를 다시 들춰보며 웃고 있다. 나는 행복해 보인다. 그리고 지금도 행복하다.

신영재, 화이팅!'

영재는 그날 저녁까지만 해도 퇴사는 생각하지도 않았다. 퇴근할 때 내일 보자며 인사했던 동료들도 있었다. 내일이 되면 마음이 약해질 수도 있을 것 같아 독서 모임 채팅방, 친구들 채팅방 등에 내일 퇴사하겠다고 선포했다고 했다. 대학을 졸업하자마자 입사해 5년 가까이 다닌 직장을 그만둔다는 것은 영재의 인생에서 너무나도 큰 결정이었다. 영재는 선포를 해서라도 마음을 다잡고 싶었던 것이다.

전화 한 통으로 퇴사를 결심하다 – 영재 본인의 이야기

2023년 12월 5일 나는 뜬눈으로 밤을 지샌 뒤 출근길에 올랐다. 차 안에서 눈물이 나서 펑펑 울었다. '엔지니어로 일해온 내가 부동산? 투자자?' 너무나 다른 분야이다. 그리고 어떤 일을 하는지도 몰랐다. 바닥에서 출발한다는 막연함, 하루아침에 퇴사 결심을 한 스스로에 대한 놀라움, 그리고 약간의 기대감. 왜 눈물이 나는지, 그리고 어떤 감정인지 정확히 꼬집어 말하기 어려웠다. 만감이 교차한다는 말이 딱 맞았다. 한참 울면서 가고 있는데 갑자스레 아버지께서 전화를 주셨다.

"잘 있나?"

눈물을 억누른 채 대답했다.

"네, 잘 있어요."

잠시 뜸을 들인 뒤 말을 이어갔다.

"아버지, 저 오늘 퇴사한다고 말하러 가요. 내일 당장 그만둘 수도 있고, 이번 달까지일 수도 있어요."

아버지께서 대답하셨다.

"저번에 내려왔을 때 퇴사한다고 말했잖느냐. 그때 네가 곧 회사를 그만두겠거니 생각했어. 오픈마인드 님의 유튜브 영상도 봤는데 좋은 분인 것 같아. 그리고 무엇보다 아빠는 너를 믿어. 잘할 수 있을 거야."

상냥하진 않았지만 믿음이 느껴지고 힘이 되는 응원이었다.

"네, 아버지. 감사합니다. 잘 말하고 올게요."

얼마나 심하게 울었던지 회사에 도착하니 목이 다 쉬었다. 나는 내 목청이 그렇게 큰지 그날 처음 알았다. 사무실에 도착 후 팀장님께 퇴사를 말씀드리는 것은 의외로 쉬웠다. 담백하게 있는 대로 이야기했다.

"팀장님, 저 따라가고 싶은 사람이 생겼습니다. 그분은 부동산 쪽의 토지 전문가입니다. 제 인생의 골(Goal)이 투자자나 토지 전문가가 되는 것인지 아직 모르겠습니다. 하지만 이분과의 만남이 제 인생을 바꿀 거라는 믿음이 있습니다. 제가 원하는 삶을 살아보고 싶습니다. 저는 이분을 따르기로 결심했습니다. 퇴사하겠습니다. 빠르면 빠를수록 좋습니다."

말씀을 드리면서 심장이 두근거렸다. 회사에 불만이 있다면 부서 이동을 권하기도 하는데 나의 단호한 말에 그런 경우는 아닌 것 같다며 감사하게도 퇴사를 받아주셨다. 대신 이달 말(2023년 12월)까지 출근하는 것으로 매듭을 지었다.

'그래 잘한 선택이야. 승리의 여신은 쳇바퀴를 잘 도는 사람이 아니라 쳇바퀴에서 내려온 사람의 손을 들어준다고 했어.' 우리가 쳇바퀴 속에 있는 이유는 두려움과 불안 때문이다. 쳇바퀴에서 내려왔을 때 불행한 사건 한 방에 모든 것을 잃을 수 있다고 생각하기 때문에 익숙한 쳇바퀴를 타는 것이다. 그러나 성공을 가로막는 장애물 중 하나가 바로 익숙함이다. 익숙한 것을 버리고 용기 있는 선택을 한 스스로를 칭찬했다. '잘했어. 난 무슨 일이든 해낼 수 있어. 진짜 꿈은 원래 예상치 못한 곳에서 발견되는 거야.'

영재와의 두 번째 만남

영재가 다니던 회사에 퇴사하겠다는 의사를 밝혔다는 소식을 전화로 전해 들었다. 일요일 오후 운동을 하기 위해 고덕신도시 수변공원을 뛰었다. 운동을 하던 중 갑자기 영재를 만나봐야겠다는 생각이 들었다. 영재에게 전화를 했다.

"영재야, 수변공원에서 뛰고 있는데 잠깐 볼까?"

"네, 알겠습니다. 옷 갈아입고 바로 나가도록 하겠습니다."

잠깐 운동을 하고 집 근처 카페에서 만났다. 밖에서 만나는 건 처음이었다.

영재가 궁금한 것이 있다고 물어보았다.

"대표님이 직접 뽑은 직원은 처음이라고 하셨는데 최근에 입사한 분은 누구신가요?"

"작년에 입사한 권 부장이라는 친구가 있어. 이 친구는 대구에 살다가 평택에 아파트를 분양받아서 다니던 모든 것을 내려놓고 가족을 다 데리고 올라왔어. 그리고 음식점을 하겠다고 우겨서 그대로 두면 안 될 것 같아서 우리 회사에 오라고 했어. 입사 후 부동산 투자를 배워서 지금은 연봉 10억 원이 넘는 엄청난 실력자로 성장했어. 너도 입사하면 권 부장과 같은 길을 걸을 거야. 모든 것은 영재 네가 하기 나름이야. 하고자 하는 신념이 있으면 생각한 그대로 될 거야."

영재는 순간 의심하는 것 같았다. 자신이 살아온 상식으로는 이해하기 힘들었던 것 같다. 그래도 상관 없었다. 어차피 입사하면 그 말이 사실인 것을 알게 될 테니까.

당시 영재는 이런 생각을 했다고 한다.

'연봉으로 10억 원을 준다는 정도로 유능한 사람이 있는데 내가 왜 필요하지? 그리고 자신의 아들, 딸도 있는데 굳이 왜 나를 데려가려고 하시는 걸까?'

여러 가지 의문이 들어 영재는 솔직하게 질문했다.

"대표님, 왜 저를 선택하신 건가요?"

나는 잠시 커피잔을 바라보다가 생각난 것이 있어 그 이야기를 해주었다.

"이 잔에 담긴 커피가 내 전부라면 나도 나눠줄 수 없어. 그런데 이 커피잔에 물이 흘러넘쳐. 흘러넘친 물은 나한테는 아무것도 아니야. 바닥으로 떨어져서 사라질 수도 있어. 그런데 그 한 방울이 누군가에게는 생명수와도 같을 수 있는 거야. 내 것을 나누고 돕겠다는 긍휼한 마음으로 사는 것이 예수를 믿는 사람이 할 일이라고 믿어. 누가 그런 혜택을 받아야 되냐고 묻는다면 너처럼 간절하고, 삶에 대해 고민하고 몸부림치는 사람들에게 기회가 먼저 가야된다고 생각해. 이건 자연의 섭리야. 내 것을 전수해줄 나와 비슷한 사람을 찾아왔고 너라는 보석을 발견했으니 내가 너를 성공으로 이끌어주고 싶어. 너는 반드시 성공할 것이고, 너가 그리는 대로 이루어질 거야. 꿈을 크게 가지도록 해. 꼭 그래야 해."

나는 영재에게 비전을 주었다.

"첫째, 너는 올해 책을 한 권 쓰게 될 거야. 둘째, 입사 후 곧바로 너의 법인을 만들어줄거야. 셋째, 두 달 안에 넌 투자가가 되어 있을 거야."

영재에게 알아듣지 못할 말을 비전이라고 해주었다. 한 번도 써보지 않았는데 입사 후 바로 책의 저자가 된다는 말과, 법인을 만들고 그 법인의 대표가 된다는 말을 어떻게 받아들일 수 있을까 고민도 했지만 그 말이 사실이기에 신경 쓰지 않고 이야기했다. 영재는 나중에 알 것이다.

그려진 삶을 사는 게 아니라 그리는 대로 사는 거네요
- 영재 본인의 이야기

2023년 12월 12일, 나는 연구소 소장님과 점심 식사를 하며 마지막 면담을 했다. 동종 업계로 이직하는 경우를 많이 봐왔던 소장님은 나 역시 대충 둘러대고 이직하는 줄로 아셨다.

"솔직하게 말하지 그래?"

"진짜예요, 소장님. 멀리 가는 것도 아니고 계속 평택에 있을 거예요. 가끔 찾아와 인사드리겠습니다."

오픈마인드 님의 유튜브도 보여드리고 쓴 책도 보여드리고 나서야 소장님도 믿는 눈치였다.

"그렇구나, 전혀 모르는 분야라 딱히 해줄 수 있는 말이 없네. 한 가지, 이 세상에 일확천금이란 건 없어. 열정이 너무 과하면 현실이 왜곡돼서 보일 수 있어. 객관적으로 보고 냉정하게 의사결정을 하도록 해. 그리고 열심히 해."

형식적이라면 형식적이지만, 진심이 느껴지는 말씀이셨다. 그리고 갑자스럽게 퇴사를 말씀드렸는데 받아주셔서 감사한 마음이 들었다. 식사를 마치고 사무실로 돌아왔다. 나는 한 테마의 리더로 일하고 있었고, 같은 부서에서는 한 명의 후배 사원이 서포트를 해주고 있었다. 첫 후배였기 때문에 아는 모든 것을 다 알려주는 마음으로 가르쳐줬고 스스로 열심히 해 손발이 잘 맞는 파트너로 지내고 있었다. 그래서인지 퇴사한다고 말한 뒤 후배는 크게 혼란스러워했다. 어떤 날은 눈물을 보이기도 했다.

"잠깐 이야기 좀 할까요?"

후배 사원을 다독일 겸 비어 있는 회의실에 가서 말을 꺼냈다.

"제가 회사에 없어도 전혀 걱정할 것 없어요. 이미 훌륭하게 잘하고 있고, 책임님들이나 소장님도 다 믿고 있잖아요. 지금처럼 성실하게만 하면 누구든 좋아할 거예요."

후배가 물었다.

"영재 선임님이야말로 정말 누구나 다 좋아하고 잘해오셨는데 도대체 왜 퇴사하시는 거예요?"

처음 받아보는 당돌한 후배의 말에 약간 놀랐다. 곰곰이 생각하다가 대답했다.

"맞아요. 직장인으로는 더할 나위 없이 좋았어요. 사람들도 좋죠. 일도 재밌죠. '지금'은 그래요. 근데 제가 여기에 계속 있으면 8년 뒤에 팀장님 자리, 15년 뒤 임원 자리에 가는 거예요. 그게 제 인생에서 일어날 수 있는 가장 극적인 일이에요. 10년이나 지난 뒤의 미래가 이미 정해져 있다는 거예요. 임원이 된 제 모습을 상상해봤는데 크게 행복해 보이지 않아요. 임원이 되는 것이 진정으로 원하는 삶이 아닌 거예요. 그런데 퇴사를 결정한 지금, 10년이 아니라 당장 6개월 뒤, 1년 뒤도 어떻게 될지 모르겠어요. 지금 말하면 말도 안 되는 꿈 같아 보이는 것을 1년 뒤에는 이뤘을 수도 있어요."

그러자 후배가 대답했다.

"아, 영재 선임님은 그려진 삶을 사는 게 아니라 직접 그리시는 대로 살아가시는 거네요. 너무 멋져요."

'그려진 삶을 사는 게 아니라 그리는 삶을 산다.' 후배에게 이런 감동적인 말을 들은 건 처음이었다. 그렇다. 나는 앞으로 내가 그리는 대로, 원하는 대로 삶을 살아갈 것이다. 내 삶은 내가 원하는 대로 살 수 있고, 무슨 일이든 이뤄낼 수 있다!

모두가 아니라고 할 때 "예"라고 말하는 용기
- 영재 본인의 이야기

회사를 그만둔다는 이야기를 끝내고 주변 동료들과 인사를 나누며 직장생활을 정리하고 있었다. 그런데 같은 부서, 다른 부서할 것 없이 힘내라고 하면서도 너무 섣부른 결정이라고 했다.

"경력을 살려서 갔어야지. 경력도 못 살리는 곳에 왜 가? 얼마나 준대?"

"요즘 기획 부동산인가 뭔가 그런 사기 많다던데. 쯧쯧."

"너 공인중개사 자격증 있어? 없으면 안 될걸?"

"형 사촌 동생이 부동산 일해. 근데 요즘 손가락을 빨고 있어. 그것도 경기 봐가면서 해야지."

노란색을 보고 다섯 명이 파란색이라고 말하면 잘못 본 건가 싶어 눈을 비비고 다시 보게 된다. 열 명이 파란색이라고 말하면 '아 저게 노란 게 아니라 파란색이었구나' 착각하게 된다. 동료들의 말을 들으면서 '내가 지금 뭐 하는 거지? 나 앞으로 어떻게 되는 거지?' 혼란스럽고 걱정되는 순간들이 있었다. 어떤 일을 하게 되는지도 정확히 몰랐다. 누가 10억 원 이상을 벌었다고 하지를 않나, 책을 쓸 거라고 하지를 않나, 몇백억 이상을 투자했다고 하지를 않나. 다시 생각해보니 현실과 동떨어진 이야기들이었다. 지금이라도 팀장님께 무릎을 꿇고 싹싹 빌까? 잠깐 고민했다가 고개를 세차게 저었다.

'안되는 이유를 생각하지 말고, 될 이유를 생각하자.'

'나는 저들이 보지 못한 가치를 볼 수 있는 눈이 있고 실행력이 있는 사람이야.'

'어차피 여기서는 최대로 꿈꿔봤자 임원이야. 내 인생을 다 걸어도 부끄럽지 않은 큰 꿈, 설령 이뤄지지 않더라도 부끄럽지 않은 그런 삶을 살러 가는 거야. 그게 내가 살고 싶었던 삶이야.'

'직장 생활은 어차피 그만두려고 했잖아. 그 시기를 당긴 것일 뿐이고 망하더라도 하루라도 젊은 나이에 내 일을 찾을 수 있는 기회가 주어지는 거니

까 좋은 일이야.'

퇴사하지 않아야 하는 이유보다 퇴사해야 하는 이유가 마음을 움직였다. 잘 선택했다는 확신이 들었다. 분명히 되는 이유가 있었다. 사람들이 말하는 안되는 이유는 대개 얼마 안 되는 돈, 얼마 안 되는 시간처럼 작은 것이다. 그런데 되어야 하는 이유를 곰곰이 생각해보면 꿈과 비전, 행복과 자아실현에 관련된 것들이다. 비전을 위해, 그리고 꿈을 위해 안되는 이유를 찾지 말고 될 이유를 찾으며 마음을 다잡았다.

기록되어 있었던 퇴사 - 영재 본인의 이야기

2023년 1월, 여자친구와 평택의 카페에서 책을 읽고 있었다. 제임스 클리어(James Clear)의 '아주 작은 습관의 힘'이라는 책이었다. 습관으로 만들기 위해서는 나의 정체성을 완전히 바꿔야 된다는 대목이 매우 놀라웠다. 습관은 어떤 행동을 '원하는' 것이 아니라 어떤 사람이 '되는' 것이다. 예를 들어서, "글을 쓰는 습관을 갖고 싶어"라고 말하지 말고, "글을 한 줄 쓰는 순간 나는 글을 쓰는 사람이야. 작가가 됐어"라고 말하거나, "운동하는 습관을 갖고 싶어"라고 말하지 말고, "운동을 시작하는 순간 나는 운동하는 사람이야. 운동선수가 됐어"라고 말하라는 것이다.

두 번째로 놀란 점은, 습관을 만들기 위해 분명하게 만들어야 한다는 것이다. '나는 X월 X일 X시에 20분 동안 격렬한 운동을 할 것이다'처럼 분명히 하고, 또한 그것을 눈으로 확인할 수 있게 적고, 큰 목소리로 외치는 것이다. 외치는 것만으로도 그 일을 할 가능성이 매우 높아진다는 것이다. 책을 읽다가 벌떡 일어나서 여자친구에게 소리쳤다.

"이거야! 올해 말에 내가 되었으면 하는 나의 모습, 이루고 싶은 모습을 미리 일기로 적어놓고 영상으로 찍어두자! 그리고 1년 뒤에 진짜 됐는지 보자. 재밌겠지?"

여자친구의 반응은 시큰둥했다.

"뭔 소리야? 책 읽다가 왜 이렇게 흥분해. 앉아서 책이나 읽어."

나는 격양된 목소리로 말했다.

"지금 책 읽는 것보다 이게 훨씬 중요해. 내 말 믿고 책 덮어. 이 세상에 실패라는 개념이 아예 없다고 생각해봐. 그런 세상에서 마음 저 깊숙한 곳에서 네가 깊게 원하는 것, 이루고 싶은 것, 갖고 싶은 것, 되고 싶은 것, 그 모든 것들을 다 적어봐."

강제로 여자친구의 책을 덮고 노트를 들이밀었다. 나는 옆에 앉아 일기를 쓰기 시작했다. '1년 뒤에 내가 진짜로 원하는 모습을 적어보자. 지금 모으는 것보다 50만 원만 더 모으고 싶어. 급여 말고 50만 원 더 번다고 적어보자. 근데 어떻게 벌지? 에이, 모르겠고 일단 적어보자. 그리고 책 읽는 게 너무 중요해. 책을 읽으니까 이런 것도 행동에 옮기잖아. 작년에 20권 정도 읽었는데, 올해는 100권이라고 적어보자. 그러고 보니 책에서 멘토가 있어야 된다고 하는데 이건 어떻게 하는 거야? 멘토도 있다고 적자. 그리고 절대 되지 않을 것 같은 꿈 같은 것도 적어보자. 음, 에라 모르겠다. 퇴사한다고 적어보자.' 이런 식으로 나는 1년 뒤인 2023년 12월 31일의 일기를 적었다.

'나는 근로소득 외 수입으로 월 50만 원을 더 벌게 되었다.'

'독서와 글쓰기의 힘이 엄청 중요하다는 것을 깨달은 한 해였다.'

'너무나도 좋은 멘토를 만나게 돼서 궁금한 것은 언제나 멘토에게 바로 물어봤다. 나보다 더 좋은 의사 결정력과 판단력을 가진 멘토에게 바로 물어본 것은 돌이켜 생각해도 너무 잘한 일이다.'

'건강한 생활을 해야겠다고 생각하니 운동하고 싶은 마음이 더욱 강하게 들었다. 매일 조금씩이라도 몸을 움직였다.'

'2024년 나는 퇴사를 했다. 너무 좋은 기회를 만났고 성공의 가능성도 확인했다.'

'아무리 힘들고 어려운 일이 있어도 내가 정해놓은 작은 목표를 향해서 한 걸음씩 걷다 보니 고작 1년 만에 이렇게 큰 성과를 낼 수 있었다. 2024년도 너무 기대되고 지금보다 0.1% 더 성장한다는 생각으로 열심히 해야겠다. 2024년도 파이팅!'

이 일기와 영상을 남몰래 유튜브에 올려두었다. '설마 되겠어. 미래의 일기를 쓸 때 설레고 기분 좋았으니까 이걸로 충분하지 뭐.' 그런 영상을 찍었다는 것만으로 기분이 너무 좋았다. 매월, 미리 쓰는 월말 일기를 적는 계기가 된 날이었다.

시간은 쏜살같이 지나갔다. 날씨는 곧 따뜻해졌다. 회사에서는 진급도 했고, 영상을 찍어주었던 여자친구와는 헤어졌다. 낙엽이 떨어졌고 금세 12월이 되었다. 올해 초에 이런 내용의 일기를 썼다는 것도 까맣게 잊고 있었다. 스마트폰을 바꾸고 침대에 누워 사진을 정리하다가 우연히 1년 전에 찍어두었던 영상을 보게 되었다. 영상을 보다가 침대에서 벌떡 일어났다. 찍어두었던 것들이 하나도 빠짐없이 모두 이루어진 것이다. 미래의 일기는 정말이지 과거의 일기가 되어버렸다. 월 50만 원을 더 벌겠다고 한 1월에 일본어 과외를 시작해 70만 원, 2월부터 100만 원 이상을 더 벌게 되었다. 책은 100권 읽겠다고 했는데 지금까지 몇 권 읽었는지 세어보니 무려 112권이나 읽고 요약해 블로그에 정리해두었다. 운동도 340일 이상 하루도 빠짐없이 SNS에 인증하고 있었다. 도저히 내 힘으로 어떻게 할 수 없을 것 같았던 멘토도 생겼다. 심지어 멘토를 따라 퇴사한다는 것까지 몽땅 이뤄졌다. 어떻게 이런 기적 같은 일이 일어날 수 있지? 나는 다시 노트를 폈다. 2024년 12월 31일의 일기를 적어 내려갔다. 1년 뒤에는 더 큰 꿈, 가슴 뛰는 꿈을 적고 영상으로 남겼다. 지금 보기에는 될 것 같지 않은 것들이지만 적고, 외치면 이뤄진다.

절대 일어날 것 같지 않은 놀라운 일이 나에게 일어나고 있다면 제대로 가고 있는 것이다. 놀랄 일이 일어나지 않고 매일이 똑같은 일상이라면 뭔가 잘못된 방향으로 가고 있다는 것이다. 지금 당신에게는 어떤 일이 일어나고 있는가? 나의 이야기보다 더 말도 안 되는 사례들은 수없이 많다. 그 이야기를 믿느냐 믿지 않느냐는 당신이 선택할 문제이다. 당신이 할 수 있다고 생각하건, 할 수 없다고 생각하건 둘 다 맞다. 바라는 대로 적고 믿는다면 언젠가 사람을 통해 기회가 온다. 당신의 잠재의식은 기회가 왔을 때 엄청난 힘을 발휘할 것이다.

연말 워크샵 - 영재 본인의 이야기

크리스마스를 앞둔 주말, 전화 한 통을 받았다.

"영재야, 우리 회사에서 12월 27일, 28일 1박 2일로 워크샵을 가는데 너도 와."

퇴사까지 연차는 많이 남아 있었기 때문에 시간은 괜찮았다. 조금 떨렸지만 멤버들을 한자리에서 볼 수 있는 기회라고 생각했다. 당일이 되었고 사무실에서 직원분들을 처음 뵙게 되었다. 담소를 나누시는데 굉장히 화기애애했다. 이전 회사에서 워크샵을 갔을 때와는 분위기가 많이 달랐다.

코로나가 터지기 전인 2019년 가을, 이전 회사에서 워크샵을 간 적이 있다. 직원들은 워크샵을 간다는 것 자체를 싫어했다.

"올해도 워크샵이야? 금토라고? 토요일은 왜 꼈대. 그 임원은 왜 또 온대. 아, 정말 가기 싫다!"

선임들의 이야기였다. 직원 대부분이 부정적이었고, 심지어 주말에 일을 해서라도 워크샵을 빼기 위해 갖은 노력을 하던 모습들이 떠올랐다. 그런데 여기는 워크샵을 가는데 오랜 친구들과 여행을 가는 것처럼 분위기가 좋았다.

담소를 나누던 중 안경을 쓴 분이 사무실 뒤편에서 종이가방을 여러 개 들고 들어오시며 말씀하셨다.

"자~ 선물 하나씩 가져가세요~ 기분 좋게 출발합시다."

직원들의 환호성이 터져 나왔다.

"와~ 권 부장님! 이게 뭐예요? 감사합니다!"

저분이 대표님께서 말씀하신 권 부장님이신가보다. 권 부장님은 직원분들께 그냥 선물도 아니고 명품을 선물하셨다. 직원 한 분, 한 분 고려해 옷이며 향수며 화장품이며 각자에게 맞는 세심한 선물을 준비하신 것이다. 다 합치면 300만 원은 훨씬 넘을 것 같았다. 누구의 생일도 아니고, 결혼식도 아니고, 워크샵을 가는데 그런 통 큰 선물을 하시다니. 아무리 많이 벌어도 커피 값을 아까워하는 사람도 많이 봤다. 저런 마음이시면 뭘 해도 되시겠다는 생각이 들었다. 베푸는 사람이 이긴다는 말을 들은 적이 있다. 실제로 수많은 성공자들이 기버 성향을 갖고 있고, 왠지 여기 계신 분들은 다 그런 성향이실 것 같았다.

도착해 맛있는 고기도 먹고, 커피도 마시고, 레크레이션도 하면서 너무나 즐거운 시간을 보냈다. 잠깐 쉬던 중 오픈마인드 님께서 말씀하셨다. "저녁에 내년의 목표에 대해서 서로 이야기하는 시간을 가질 거야. 준비할 수 있으면 하고 사람들이 이야기하는 것도 들어봐."

회사의 핵심성과지표 같은 것을 말하는 건가 생각했는데 그게 아니라 개인적으로 이루고 싶은 목표, 꿈에 대한 것이었다.

'우와, 여긴 한 해의 목표를 미리 작성하고 리뷰를 하는구나. 대박이다.'

대부분의 사람들은 목표를 세우지 않는다. 세우더라도 실천하지 않는다. 나는 2023년의 목표를 정했었지만, 진심으로 들어주는 사람이 없었기 때문에 이야기할 곳이 없었다. '꿈에 대해서 이야기할 수 있다니, 그리고 꿈에 대해 이야기하는 것을 들을 수 있다니, 너무 좋다.' 이어서 오픈마인드 님이 목표와 관련된 이야기를 해주셨다.

"목표를 세우면 목표를 생각하면서 살게 돼. 나는 목표로 세웠던 것을 다 이뤘단다. 목표를 향해서 간절한 마음으로 달려가면 반드시 이뤄져. 우주에 우리가 이해할 수 없는 힘이 확실히 있거든. 개미 이야기를 하나 해줄게."

개미 이야기

"지난 여름, 러닝을 하다가 개미들이 왔다 갔다 지나가는 길을 발견했어. 개미집이 근처에 있을 것 같은 거야. 숨도 돌릴 겸 눈으로 개미들을 쭉 훑어보는데 개미 한 마리가 무리에서 한참 떨어져 있었어. 왜 떨어져 있나 가만히 살펴보니, 자기 몸의 4배 크기의 빵 조각을 물고 조금 갔다가, 놓쳤다가, 물었다가를 반복하고 있는 거야. 우습기도 하고 저걸 어떻게 물고 가냐 생각하면서 재미나게 보고 있었어. 그렇게 몇십 분 동안을 흥미롭게 지켜봤어. 근데 이 고집 센 개미가 절대 포기를 안 해. 자기네 무리가 어디를 가든 말든, 배가 고프든 말든, 내가 지켜보든 말든 빵을 물고 가겠다는 그 집념밖에 없어. 인간도 아닌데 저렇게 열심히 하는 모습을 보니까 안쓰럽기도 하고 기특한 거야. 살짝만 도와줘야겠다 싶어서 나뭇가지를 잡고 빵 뒤를 살살 밀어줬어. 정말 세밀한 힘으로 밀었어. 내 힘으로 밀면 개미까지 날려버릴 수 있으니까. 그러니까 당연히 앞으로 가는 거지. 딱 개미 무리가 있는 곳까지만 밀어줬어. 개미들이 금세 바글바글 몰리더라고."

나는 말을 멈추고 영재에게 물어보았다.

"내가 무슨 말을 하려고 하는지 알겠니? 개미는 이렇게 생각할 거야.

'우와! 기적이 일어났다! 혼자 힘으로는 절대 옮길 수 없는 빵인데 내가 해냈어! 간절하게 미친 듯이 하면 되는 세상이구나!'

개미는 내가 뒤에서 밀어준 걸 몰라. 심지어 옮기다가 개미 입에서 빵이 떨어진 적도 있어. 그래도 내가 밀어주니까 빵은 계속 가. 근데도 자기가 한 줄 알아. 재밌지? 그런데 중요한 것은 누가 한 지 상관없어. 어떤 방식이든 '빵을 옮기는 목표'만 달성하면 돼. 그러니 이 개미를 도와준 나처럼, 우리도 무언가 간절히 원하면 뒤에서 우리를 밀어주는 보이지 않는 힘이 있어. 나는 리얼하게 그 힘을 느끼면서 살아. 주변 사람들 모두가 떨어지는 청약이 나 혼자 되고, 탁구 대회에서 0 : 10으로 지고 있다가 12 : 10으로 역전하고, 하는 모든 사업마다 성공하고, 1억 원으로 수백억 원의 자산을 만들고, 로또에 당첨되는 이런 일들이 어떻게 나에게만 일어날 수가 있겠어? 간절함, 간절하게 바라고 원했기 때문이야. 그것들을 이루기 위해 온 마음을 집중해봐. 그럼 정말 이뤄져. 우리는 한 해의 시작 전 각자가 이루고 싶은 목표를 정해. 그리고 1년간 그 목표를 향해서 달려가는 거야. 그럼 보이지 않는 손길이 목표를 향해 밀어준다고 믿어. 내가 개미를 밀어준 것처럼. 이 워크숍은 그런 의미를 갖는 거야."

그날 밤, 각자의 목표에 대해서 나누는 시간을 가졌다. 독서 몇 권, 운동은 어떻게, 매매 몇 건, 계약 몇 건, 소득 얼마 등 각자의 목표들이 너무 멋졌다. 영재는 처음으로 오픈마인드 워크숍에 참여하면서 많은 것을 느끼고 있었다. 한 분, 한 분의 꿈이 너무나 소중하게 느껴졌고, 한 분, 한 분이 너무나 보석 같았으며, 한 분, 한 분이 사랑스럽게까지 느껴졌다. 어떻게 그동안 못 찾았던 사람들이 이렇게 모여 있지? 이런 직원들을 보니 지금까지 불안했던 영재의 마음이 한 방에 평온해졌다. '아, 여기에 같이 있기만 해도 난 충분히 행복할 수 있겠다'는 생각을 했다고 한다.

그날 새벽, 영재는 남몰래 2024년 12월 31일의 일기를 썼다. 쓰고 있는데 1년 뒤의 영재 자신의 모습이 보였다. 오늘 처음 본 오픈마인드 멤버들을 1년 뒤에는 사랑하고 있었고, 과분하게 사랑받고 있었다. 가족이 되어 있는 모습이 눈앞에 선명하게 그려졌다. '다들 오늘 처음 본 나를 어떻게 생각할지 모르겠지만 1년 뒤에 우리는 가족이야.' 영재는 1년 뒤 미래의 일기에 '직원들'이라는 단어를 지우고 '가족'으로 고쳐 쓰고는 행복하게 잠들었다.

4장.
_____

성공을 부르는 삶의 지혜

성공을 위해
스스로 채운 족쇄

　사람들은 새해에 대한 기대가 있다. 지난해보다는 더 열심히 잘살아보겠다는 다짐을 할 수 있기 때문이다. 그래서 성공적인 삶을 살아가기 위해 새해가 되면 다양한 각오와 목표를 써놓고 강한 의지와 비장한 결의를 다진다. 하지만 한 달도 못 가서 포기하는 경우를 주변에서 많이 볼 수 있다. 이럴 때 필요한 것이 있다면 족쇄다.

　'족쇄'라는 단어를 들으면 어떤 생각이 드는가? 나는 영화 〈벤허〉가 떠오른다. 로마의 노예들이 배 위에서 목과 다리에 족쇄를 차고 언제 끝날지도 모르는 항해를 한다. 식사는 물론 용변조차 노를 저으며 해결해야 하는 끔찍한 모습으로 그려진다. 이처럼 족쇄는 자유의 박탈과 억압을 대표하는 단어이다. 하지만 이런 부정적 단어인 족쇄의 이면에 성공과 관련된 비밀이 있다.

　족쇄는 자유를 박탈하는 도구로 생각할 수 있지만, 이 자유를 또 다른 의미로 적용해본다면 이야기가 달라질 수 있다. 만약 자신의 나쁜 습관들에 족쇄를 채운다면 어떤 일이 일어날까? 성공을 향한 항해를 할 때 너무 힘이 들어 쉽게 포기하는 습관을 지닌 사람이 절대로 포기하지 못하게 만드는 족쇄를 채운다면 그 효과가 만점일 것이다. 나는 스스로를 통제하기 위해 내 삶에 족쇄를 채워왔다. 나를 옭아매는 족쇄가 아니라 성공과 기쁨으로 삶을 채울 수 있는 해방의 족쇄다. 현재 나는 누구보다 건강하고 풍요로운 삶을 누리고 있다. 이번 장에서는 내가 스스로에게 채웠던 족쇄들을 소개하려고 한다.

첫 번째 족쇄 - 나쁜 언어 고치기(벌금 통)

나는 경북 문경의 시골에서 태어나 자랐다. 당시 시골에서는 아이 어른 할 것 없이 모두가 욕을 입에 달고 살았다. 그런 환경에 있으면 자연스럽게 누가 가르쳐주지 않아도 욕을 배우게 된다. '윗물이 맑아야 아랫물이 맑다'라는 말이 있지 않은가. 동네 아저씨들이 사용하는 욕을 어느새 배운 나는 그것이 잘못된 행동이라는 것도 모르고 욕을 입에 달고 살았다.

"xx새끼야, 진짜 뒤진다?"

이 정도는 하루에도 수백 번씩 인사처럼 말하고 다녔다. 그랬던 내가 교회를 다니고 예수님을 알게 되면서 교회 다니는 사람이 폭력적인 언어를 사용하면 예수님의 얼굴에 먹칠한다는 목사님의 말씀이 아프게 뼈를 때렸다. 그 후로는 절대로 욕을 하지 않겠다고 결단했고 그것을 지키기 위한 강력한 족쇄를 채웠다. 그 족쇄는 벌금 통을 만들어 욕을 할 때마다 벌금을 넣기로 결심한 것이다. 그리고 내가 별로 좋아하지 않는 친구에게 그 돈을 다 줘버리겠다고 교회 다니는 친구들 앞에서 선언했다. 나 스스로 벌금 통이라는 족쇄를 채운 것이다. 그것도 가장 싫어하는 친구에게 벌금을 준다고 생각하니 절대로 욕을 하면 안 된다는 굳은 의지가 세워졌고, 다음 날부터 거짓말처럼 욕을 하지 않게 되었다. 그리고 교회를 다니기 시작하면서 주변 욕하는 사람들과의 만남이 줄어들고 대신 상냥하고 좋은 말을 해주는 교회 사람들과 지내다 보니 자연스럽게 욕을 하지 않을 수 있었다. 이처럼 벌금 통의 족쇄를 강제로 채운 뒤부터는 지금까지 욕을 하지 않고 있다.

두 번째 족쇄 : 새벽기도 나가기(교회 차량 운행)

청년 시절 매일 새벽 예배에 나가겠다고 다짐한 적이 있다. 적어도 새벽 4시 30분에는 일어나야 제시간에 도착할 수 있다. 하루 이틀은 할 수 있겠지만 한 달을 꼬박 채울 자신이 없었다. 잠이 많았던 나는 새벽에 일어난다는 게 상상하기 힘든 일이었다. 고민하던 중 한 가지 방법이 생각났다. 절대로 새벽 예배에 빠질 수 없는 방법을 찾아냈다. 바로 교회 차량을 운행해야겠다는 아이디어를 떠올렸다. 차량 운행을 맡게 되면 새벽 예배에 무조건 갈 테니 이보다 좋은 족쇄는 없었다. 내가 잠에서 깨어나지 못하면 차량 운행이 되지 않기 때문에 다른 사람들에게 피해를 줄 수 있다는 무거운 책임감이 뒤따랐다. 결국 족쇄를 채운 것이다. 절대로 빠질 수 없는 아주 강력한 족쇄로 나 스스로를 통제한 것이다. 만약 늦잠을 자는 바람에 차량 운행을 못 한다면 이보다 더 부끄러운 일이 있겠는가!

처음에는 이 책임감이 너무나 무겁고 부담스러웠다. 휴대폰 알람과 자명종을 같이 맞춰놓고 어떻게든 일어나려고 몸부림쳤다. 부담감에 새벽 1, 2시에 깬 적도 있고, 잠드는 시간이 조금만 늦어져도 스트레스에 속이 울렁거릴 지경이었다. 하지만 생활 패턴이 점차 익숙해지자 요령이 생겼다. 그리고 매일 새벽에 일어나니 쉽게 피곤해져서 누우면 금방 곯아떨어졌다. 이렇게 나는 한 달간 성공적으로 새벽 기도에 참석한 것은 물론, 이것이 습관이 되어 일찍 자고 일찍 일어나는 좋은 습관으로 살아가고 있다.

처음부터 족쇄에 맞춰진 삶을 살 수는 없다. 족쇄에 몸이 할퀴어지고, 뛰어가다 목이 당겨지기도 하는 등의 시행착오가 반드시 있다. 차량 운행을 하며 처음에는 고통스러운 순간들이 많았지만, 조금씩 습관을 바꿔나가 결국 기존의 루틴을 완벽히 바꿔버린 귀한 경험이 되었다.

세 번째 족쇄 : 사람 만나기(벼랑 끝 전술)

보험회사에서 영업사원으로 일하던 당시 사람을 만나는 게 가장 큰 스트레스였다. 영업의 기본은 사람을 만나는 것인데, 나는 사람을 만나는 것이 세상에서 가장 힘들었다. 그래서 '하루에 10명을 만나지 못하면 집에 들어갈 수 없다'라고 스스로에게 다짐하며 아내에게 부탁했다.

"여보, 내가 집에 돌아오면 몇 명을 만났는지 꼭 물어봐줘. 만약 10명을 못 만났다고 하면 현관에서 문을 닫아버려."

아내는 황당해하면서도 나의 의미 있는 부탁을 들어줬다. 그날부터 나는 집에 들어가기 위해 필사적으로 사람들을 만나려고 노력했다. 어느 날은 밤 9시가 되었는데도 8명밖에 만나지 못한 날이 있었다. '2명을 더 만나지 못하면 집에 못 들어간다. 어떻게 하지?' 정말 막막했다. 가게들이 하나둘 문을 닫았고, 퇴근 시간이 지나자 마음이 다급해졌다. 어떻게 해서든지 집으로 돌아가려면 사람을 만나야 했다. 도로에는 차량마저 별로 다니지 않았다. 그때 밝은 빛이 보였다. 바로 병원이었다. 24시간 오픈되어 있으며, 들어오는 사람을 막을 수도 없는 곳, 저기다!

나는 병원에 근무하는 간호사들을 노렸다. 3교대 인수인계를 하며 약간의 여유 시간을 갖는 타이밍에 간식과 김밥을 준비해 간호사들과 대화를 나눴다. 2명이 아니라 10명 이상 간호사에게 보험 상품을 소개할 수 있었고 계약도 전원 성공했다. 나는 당당히 집에 돌아와 아내에게 오늘 있었던 이야기를 해주었고, 아내는 약속을 지킨 나에게 너무 대단하다고 칭찬해주었다. 스스로 생각해도 기특했고 이것이 계기가 되어 더 많은 사람을 만나고 더 많은 계약으로 이어져 그 당시 연도 시상식에서 값진 은상을 받았다.

10명을 채우지 못하면 집에 들어가지 못한다는 강수를 두고, 아내에게 선언함으로써 결국 해내게 된 것이다. 결국, 초강수의 족쇄를 채움으로써 게으르고 나태할 시간을 스스로에게 주지 않고 책임감을 느끼며 업무를 수행할 수 있었다.

성공의 족쇄를 채우는 두 가지 쉬운 방법

선포하기

마음속으로 '해야지', '되겠지'라고 혼자 생각하는 것은 족쇄가 아니다. 내가 아내에게 오늘 목표를 달성하지 못하면 문을 닫아버리라고 했듯이 외부를 향해 선포해야 한다. 나는 직원들에게 올해 책을 쓰겠다고 계속 선포했다. 이렇게 말했는데 쓰지 못하면 얼마나 부끄러운 일인가. 너무 많이 말하다 보니 이제는 직원들도 당연히 내가 책을 쓴다고 믿고 있고, 나도 그렇게 믿는다. 결국, 믿음은 현실이 되었다.

또 다른 방법은 선포한 내용을 글로 쓰고 방문 앞에 붙여놓고, 현관 앞에 붙여놓고, 잘 보이는 곳에 항상 붙여놓고 잊어버리지 않도록 각인시키는 것이다. 그리고 매일 하루에 한 번씩 현관문 앞에서 큰 소리로 외치고 출근하는 습관을 들인다면 그 외치는 말 한마디, 한마디가 당신의 뇌를 자극하고, 자극을 받은 뇌는 곧 행동으로 움직여지고, 당신이 목표한 모든 것들을 이룰 수 있는 성공의 족쇄가 되는 것이다.

벌금 통

'일주일에 3번 이상 운동을 해야지'라고 마음을 먹었다면 그것을 지키지 못했을 때, 나와 관계가 별로 안 좋은 사람에게 10만 원이든 100만 원이든 주기로 약속하라. '그 사람한테 100만 원을 주느니 해내고야 만다'라는 오기로라도 하게 된다. 이 방법은 직접적인 효과가 있다. 말이 아닌 실제로 해보라. 돈이 아까워서라도 강제로 운동하게 된다. 이런 강력한 족쇄는 당신을 건강하게 만들고, 자신감을 갖게 하는 좋은 수단이 될 것이다.

당신에게는 족쇄가 있는가?

당신의 인생을 완벽하게 변화시킬 족쇄

당신을 인생을 철저하게 성공시킬 족쇄

당신의 게으름과 나태함을 회피하게 만드는 족쇄

당신을 인격적인 사람으로 만들 사랑의 족쇄

당신의 자산을 강제로 키울 수 있는 투자의 족쇄

이 글을 읽은 당신에게 족쇄는 더 이상 억압과 고통의 단어가 아니다. 우리를 성공으로 이끌고, 성장시키기 위한 성공의 족쇄라는 것을 깨닫고 당신만의 족쇄를 하나씩 채워가길 바란다.

나를 증명하라

지금까지 살면서 자신을 증명해본 경험이 있는가? 아무것도 없는 상태에서 자신을 어필할 수 있는 것은 무엇이 있을까?

어느 날, 건강검진을 받기 위해 서울에 가게 되었는데 주차도 어렵거니와 교통 체증 때문에 불편한 것 같아 대중교통을 이용하기로 했다. 문제는 대중교통을 이용하다 보니 버스를 타야 하는데 버스 요금이 얼마인지, 어떻게 타는지 전혀 모르는 상태로 버스를 기다렸다. 자가용만 이용하다가 버스를 타려고 하니 불편한 것이 이만저만이 아니었다. 설상가상으로 지갑도 가져오지 않고 휴대폰과 책 한 권만 달랑 챙겨 왔다. 휴대폰에 내장되어 있는 신용카드가 있으니 당연히 결제가 될 줄 알고 큰 걱정을 하지 않았던 것이다.

기다리던 버스가 도착해서 버스에 오르던 중 차례가 되어 카드결제를 여러 번 시도했지만 되지 않았다. 순간 너무 당황했는데, 뒤에 사람들이 밀려 있어 우선 양보한 후에 다시 휴대폰을 요금단말기에 터치했지만 결제가 되지 않았다.

그런데 갑자기 버스 안쪽에서 나를 알아보는 사람이 다가와서 "유튜브 하시는 오픈마인드 님이시죠? 제가 대신 결제해드릴게요" 하고 웃는 얼굴로 대신 결제를 해주었다. 나를 알아보고 나를 증명해주는 사람이 있어서 위기를 넘길 수 있었다. 너무 고마워 가지고 온 나의 저서 《오르는 땅의 비밀노트》를 선물로 드렸더니 "평소 오픈마인드 님의 유튜브를 자주 보고 있는 팬입니다. 이렇게 직접 뵐 수 있어서 영광입니다"라며 인사를 했다. 나는 처음 겪어보는 일이라 당황스럽기도 하고 창피하기도 했다. 다행히 유튜브라는 매개체로 나를 증명할 수 있었기에 다른 사람의 도움을 받을 수 있었다. 나를 증명해야만 쉽게 살아갈 수 있는 지금의 신용사회에서 나를 증명할 수 있는 것은 무엇이 있을까?

여러분은 자신을 증명할 수 있는 것이 있는가? 누군가 무언가를 떠올릴 때 당신의 이름이 바로 생각나는 그런 사람이라면 당신은 증명될 수 있다. 나는 마흔 살 전까지 '지치지 않는 남자'라는 별명으로 불렸다. 사람들은 나를 열정의 화신이라고 불렀다. 그렇게 부르는 이유는 무엇을 하더라도 절대로 지치지 않는 것을 모토로 살았기 때문이다. 축구 시합을 해도, 탁구 시합을 해도 열정적으로 했고, 경쟁에서 지는 것을 싫어했다. 지치면 지는 것이라고 사람들에게 각인시켰다. 그때부터 나는 지치지 않는 남자로 통했다.

지금은 나를 증명할 수 있는 단어가 더 많이 생겨났다. 탁구라는 단어가 나오면 2,000명이나 되는 교회 사람 중 다들 나를 추천한다. 왜냐하면 그중에서 내가 제일 실력이 뛰어나고, 나를 넘어설 사람이 없다는 것을 알기 때문이다.

부동산 투자에서 땅 투자로 유명한 유튜브 하면 '오픈마인드'라고 증명할 수 있을 것이다. 주변 여러 사람들 중 내가 제일 구독자도 많고 그 분야에서 가장 잘하기 때문이다. 자신을 가장 잘 나타낼 수 있고 키워드만 이야기해도 자신을 알아봐주는 사람이 있다면 그것이 바로 자신을 증명하는 것이 된다.

기업에서는 이것을 '브랜딩'이라고 부르고, 개인이라면 '퍼스널 브랜딩'이라고 말한다. 아이폰을 떠올리면 스티브 잡스(Steve Jobs)를 생각하게 되고, 마이크로소프트를 떠올리면 빌 게이츠(Bill Gates), 철강왕을 떠올리면 카네기(Andrew Carnegie)가 생각난다. 껌이라면 롯데 껌, 바나나우유 하면 빙그레, 홈런왕 하면 이승엽인 것처럼, 당신은 이런 브랜드를 가지고 있는가?

전 세계적으로 유명하지 않아도 괜찮다. 당신이 주변 사람으로부터 당신의 실력을 인정받으면 되고, 당신을 증명할 수 있으면 된다. 꼭 필요한 곳에 일시적 소모품이 아니라 평생토록 사용되어야 하는 정품이 된다면 그것으로 당신이 증명되는 것이다.

습관이
운명을 바꾼다

리모컨 사건

20년 전 여섯 살 된 딸아이와 함께 텔레비전에서 방송되는 〈뽀로로〉라는 어린이만화를 보고 있었다. 나는 소파에서 보고 딸아이는 방바닥에서 뒹굴며 누워서 보고 있었다. 문제는 뽀로로라는 만화가 끝나는 순간 말을 잇지 못하는 장면을 목격했다. 딸아이는 누운 상태에서 리모컨을 찾느라 이리저리 둘러보다가 리모컨이 보이지 않자 그대로 누운 상태에서 발가락으로 받침대 위에 올려져 있는 텔레비전 채널을 돌리려고 발을 들고 애를 쓰고 있었다. 그냥 일어나서 손으로 채널을 돌리면 더 쉬울 텐데 누운 상태로 발이 겨우 닿을 듯한 자세로 발가락으로 채널을 돌리는 것을 보고 너무 큰 충격을 받았다.

도대체 딸아이는 '누구에게 이런 방법을 배웠을까? 자기 스스로 알아낸 방법일까?' 하는 생각을 하다가 어디서 많이 본 모습이라는 것을 깨달았다. 바로 나의 모습이었다. 내가 평소 주말에 쉬면서 텔레비전을 볼 때 거실 방바닥에 누워서 일어나기가 귀찮아 발가락으로 채널을 돌리고 있는 모습을 딸이 따라 한 것이었다. 어쩌면 웃기기도 한 장면이었지만 자녀 앞에서 하지 말아야 할 모습을 보인 것이 너무 부끄러웠다. '자식은 부모의 거울이다'라는 말이 저절로 나오는 순간이었다. 이런 잘못된 습관마저 대를 잇는다고 생각하니 심장이 두근거렸다. 아이들 앞에서 큰소리 친 것, 아이들 앞에서 부부싸움, 부정적인 이야기 같은 습관적인 행동들을 했는데, 그것을 아이들이 똑같이 따라 할 수 있다는 아찔한 생각이 들었다.

한편, 이런 생각도 들었다. 아이들 앞에서는 책 읽는 모습, 아내를 포옹하고 사랑하는 모습, 친절하게 말하는 모습, 인사를 바르게 하는 모습 같은 좋은 태도를 보여준다면 아이들도 그대로 좋은 모습으로 답습하겠다는 생각이 들었다.

그런 의미에서 현재 나의 삶을 뒤돌아보며 몇 가지 습관을 소개해본다.

나는 일어나면 항상 이불 개기를 한다.

일어나서 첫 번째 하는 일이 이불 개기이고, 이불을 개면 정리된 느낌이 있고 하루를 깔끔하게 시작해 하루 중 첫 번째 성공이라는 생각이 든다.

나는 퇴근 후 항상 옷장 정리를 한다.

주변 사람들을 관찰하다 보면 퇴근 후 옷을 거실이나 소파에 아무렇게 늘어놓는 경우가 있다. 보기가 너무 좋지 않아 어느 순간 나는 아무리 힘들고 피곤해도 겉옷을 벗는 즉시 곧바로 옷은 옷장에 양말이나 빨래는 즉시 빨래통에 넣는 습관을 들여 항상 깨끗함과 정리 정돈된 상태를 유지하고 있다.

나는 새벽에 일어나 운동한다.

새벽 5시에 일어나 제일 먼저 350m 트랙 10바퀴를 돌고 그 후 1시간 동안 조기 축구를 한다. 매일 이렇게 하고 나면 기초체력과 몸의 신진대사를 원활하게 해줘 건강을 유지할 수 있고, 무엇보다 하루 일과의 힘든 과정들을 체력으로 이겨낼 수 있다. 새벽 운동은 나의 중요한 원동력이 된다.

나는 사무실 청소를 한다.

나는 회사의 직원들이 있지만 제일 먼저 출근해서 청소를 깨끗하게 해놓는 습관이 있다. 이것은 직원들 보기에도 좋은 사례이고 '윗물이 맑아야 아랫물이 맑다'라는 말처럼 윗사람이 먼저 모범을 보이니 회사 직원들 모두 배려와 솔선수범의 문화가 정착되어 있다.

나는 책을 읽는다.

비즈니스를 하다 보면 시간이 모자라 별도로 책 읽는 시간이 주어지지 않는다. 그렇다고 책 읽는 습관을 포기할 수는 없기에 생활하는 주변에 항상 책을 준비해둔다. 침대 머리맡이나, 거실 소파 가장자리, 사무실 책상 가장자리에 책을 비치해두고 시간만 나면 항상 책을 집어 드는 습관으로 틈틈이 보게 된다. 마음이 힘들고 어려워질 때 책은 마음을 단단하게 잡아주고 깊은 통찰력을 주는 중요한 수단이 되기에 책 읽기를 포기할 수 없다.

나는 욕을 하지 않는다.

중학교 시절 나는 입이 아주 거칠었다. 시골에서 일상적으로 접하는 것이 욕이었지만 교회를 다니고 난 뒤부터 하나님이 기뻐하는 말이 아니라는 말을 듣고 그 후로는 아무리 화가 나도 욕을 하지 않는 좋은 습관을 들였다. 사실 혀를 길들이기가 제일 어려운 부분이고, 이것을 통제한다고 하는 것은 그 사람의 인격이 얼마나 잘 다듬어져 있는지 가늠하는 척도가 된다. 혀를 길들이자!

나는 부정적인 말을 하지 않는다.

우리 회사의 사훈은 '놀면서 일하자. 그리고 베풀며 살자!'이다. 우리 회사에서 퇴사를 당하는 사유가 3가지가 있는데 첫째, 담배 피우면 퇴사! 둘째, 도박하면 퇴사! 셋째, 부정적인 말을 반복하면 퇴사! 회사 대표의 강한 의지가 깃들어 있는 조건이지만 꼭 지켜야 하는 기본적인 인간성을 볼 수 있는 대목이다. 부정적인 생각이나 말은 곧 사람을 병들게 하고 문제에 대한 실타래를 풀 수 없게 만드는 요인이다. 아무리 어렵고 힘든 일이 있더라도 긍정적인 생각과 말은 곧 문제를 해결하는 기초가 되기에 인생에 있어서 부정적인 생각과 말은 내 삶의 금기어가 되어버렸다.

나는 빠르게 걷는다.

나는 천천히 걷지 않고 항상 빠르게 걷고 심지어 뛰어다닐 때도 많다. 그 이유는 천천히 걷게 되면 여유 있는 것 같지만 비즈니스를 하는 사람으로서는 여유가 있을 수가 없다. 간혹 엘리베이터를 놓치게 되면 계단으로 5층 정도는 뛰어서 올라가기도 한다. 이런 빠른 동작이나 빠른 걸음은 자신감을 주고 승리할 수 있다는 확신으로 이어지기도 한다. 정장을 입은 사람이 축 처진 어깨로 천천히 걷는다고 생각해보라. 뭔가 실패한 사람으로 보이지 않는가? 반면 정장이 휘날리도록 당차게 걸어가는 모습을 보면 자신감이 하늘을 찌르고 무엇을 해도 잘할 것 같은 멋진 사람으로 비치기도 한다. 그래서 나는 당당하게 살고 싶어 항상 빠르게 걷는 게 습관이 되어 있다.

나는 커피값, 밥값을 먼저 계산한다.

사업적으로 미팅을 할 때 카페나 식당에서 식사하는 경우가 많아진다. 이럴 경우 나는 항상 먼저 계산한다. 어느 순간 깊은 깨달음을 얻었다. '커피값 아끼고 밥값 아껴서 부자가 된 사람이 얼마나 될까? 그것을 아끼느라 얼마나 눈치를 봐야 하고 인간관계 속에서 얼마나 인색해야 할까!' 그런 생각을 하면 소름이 돋는다. 그래서 그 이후 나는 커피값이나 식사비는 아끼는 것이 아니고 베푸는 것이라는 소중한 깨달음을 얻었다. 커피값이나 밥값으로 누군가를 내 사람으로 만들 수 있다면 그것만큼 값싼 비용이 어디 있을까? 이런 베푸는 습관으로 내 주변에는 나를 지지해주는 사람들로 넘쳐난다. 베푸는 것을 실천하다 보면 주변 사람들도 나처럼 변해가고 있는 모습을 보게 되고, 그것이 너무 행복하다. 나눔, 베풂이 일상화된 삶을 사는 지금이 너무 행복하다.

나는 세차를 자주 한다.

세차를 하면 일단 기분이 좋아지고 생각까지 깨끗해지는 기분이 들어서다. 차가 지저분하면 몸과 마음마저 지저분한 생각이 들어 참기가 어려워진다. 2년 전 벤츠 차량을 샀는데 중요한 사실을 한 가지 발견했다. 깨끗하게 세차를 한 뒤 아파트에 주차하면 문콕 사태를 방지하기 위해서인지 내 차량 주변에 주차하더라도 차량 간격을 많이 띄우고 주차를 한다. 그러나 세차를 하지 않고 지저분한 상태로 주차하면 주변 차들도 주차 간격을 특별하게 생각하지 않아서 문콕 상태가 자주 발생한다.

이처럼 차나 사람이나 항상 청결을 유지하면 깨끗함을 함부로 훼손할 수 없는 것이 밑바탕에 깔려 있으므로 존중받게 되고, 같은 사람이라도 작업복을 입었을 때와 정장 차림의 모습은 대우가 달라지는 것이 세상의 이치이기 때문이다. 항상 청결하게 유지하면 몸도 마음도 정리 정돈이 되어 있는 상태가 되어 기분도 좋아지고 깊은 통찰도 얻게 되기에 나는 자주 세차하는 좋은 습관을 갖게 되었다.

습관은 시스템이다

시스템은 일정한 원칙이나 목표를 달성하기 위해 다양한 요소를 배치, 배열하는 질서이다. 시스템을 세팅할 때는 시간이 꽤 오래 걸리지만 완성되면 언제 어디서든지 쉽게 할 수 있는 장점이 있다. 습관 또한 형성되기 전까지 노력과 시간이 필요하지만 한번 형성된 습관은 최소한의 에너지로 최대의 성과를 낼 수 있게 만드는 행동이다. 올바른 습관이 있느냐 없느냐는 작은 차이로 보이겠지만, 성공하는 사람과 실패하는 사람의 큰 격차를 만드는 것이 바로 이 습관의 결과이다.

미국의 경제 전문지 〈포브스〉는 '성공을 막는 13가지 작은 습관'이란 제목의 기사를 실었다.

맞춤법 실수, 행동에 앞서는 말, 성급한 결정, 불평불만, 허풍떨기, 남 탓하기, 요령 찾기, 열정 있는 척하기, 목적 없이 살기, 부탁 다 들어주기, 인생 쉽게 생각하기, 생각 없이 행동하기, 현실 부정하기.

여기서 첫 번째 습관으로 사소한 맞춤법 실수를 꼽은 것이 눈길을 끈다. 보통 사람들은 문법이나 철자를 실수할 수 있다고 생각할 수 있지만, 다시 생각해보아야 할 부분이다. 철자나 문법의 실수는 교육받지 못했거나 사소한 것에 신경을 쓰지 않는다는 이미지를 심어준다는 것이다.

나에게 문자를 보내는 사람 중에 항상 철자나 맞춤법을 틀리게 보내는 사람이 있는데 그 사람을 자세히 관찰하면 항상 조심성이 없는 덜렁대는 성격이다. 또 직원 중에 아주 꼼꼼한 직원이 있는데 이 직원은 평소 몸가짐이 바르고 예의 있게 행동하는 직원인데 보고서나 문자 메시지를 보낼 때도 예의에 맞는 문구를 보내고, 철자 하나 틀리지 않게 보낸다.

우리나라 속담에 '하나를 보면 열을 알 수 있다'라는 말이 있듯이 사소한 것 같지만 사소함의 1%가 99%를 망쳐버릴 수도 있다는 것에 공감이 간다. 그 1%가 다 된 밥에 재를 뿌리는 결과로 이어진다면 평소의 습관은 우리의 운명까지 바꾸어놓는 일이 되기도 한다. 매일 똑같은 훈련을 이어가는 것은 무척이나 힘든 일이지만 그것이 습관이 된다면 쉬운 일이 될 수도 있다. 세상의 모든 뛰어난 성과는 습관으로 만들어졌다는 사실을 알게 되면 습관의 힘이 우리의 운명을 바꿀 수 있다는 것을 알 수 있을 것이다.

올바른 습관

당신은 지금 어떤 습관으로 삶을 살아가는지 되돌아볼 필요가 있다. 자기 자신은 잘 모르기에 주변의 가까운 지인에게 물어보면 도움을 받을 수 있다. 먼저 자신의 잘못된 습관이 무엇인지 파악하고, 앞으로 배워야 할 좋은 습관이 무엇인지 결단하는 것도 좋은 방법이다.

몸에 해로운 담배를 피운다든지, 늦은 밤에 야식을 먹는다든지, 늦잠을 잔다든지 하는 습관은 당신의 능력을 떨어뜨리는 나쁜 습관이기에 반드시 고쳐야 하는 항목임을 잊지 말아야 한다. 습관이 하나 만들어지면 더 이상 그 일에는 많은 의지력이 필요 없게 된다. 그리고 또 다른 습관을 만들 수 있는 의지력이 확보된다. 하나의 습관을 만드는 것은 이렇게 또 다른 습관으로 이어지는 연쇄 반응을 일으키게 되는 것이다. 우리가 가끔 볼 수 있는 자기관리가 철저한 존경받는 사람도 이런 올바른 습관을 여러 개 가진 것에 불과한 것은 아닐까? 당신도 지금부터 시작할 수 있다.

습관은 어떤 행위를 오랫동안 반복하는 과정에서 저절로 익혀진 행동 방식이다. 즉 몸이 기억하고 무의식으로 하는 행동이다. 성공한 사람들은 평범한 일상을 좋은 습관으로 쌓은 결과 성공을 이루었다. 필연적 습관은 운명을 바꾼다.

2009년 영국의 런던 대학에서 실시한 연구에 따르면 새로운 행동이 습관이 되는 순간까지 평균 66일이 걸리는 것으로 나타났다. 물론 이보다 더 오래 걸린 사람, 심지어 150일이 넘게 걸린 사람도 있었지만 불과 18일 만에 습관을 만든 사람도 있었다. 하지만 평균적으로 66일이면 충분했다.

습관이 되는 기준은 무엇일까? 습관은 자동으로 혹은 몸에 밴 것처럼 나오는 행동이고 그 순간부터가 습관이 되었다고 할 수 있다. 또한, 의지력과 노력은 처음 습관을 들일 때보다 불과 5%만 필요하다는 것도 연구 결과에서 밝히고 있다. 이 습관의 힘이 바로 세상의 모든 위대한 성과를 내는 사람들의 유일한 비결이었다. 세상의 위대한 성과는 강한 의지력이 아니라 효율적인 의지력으로 끊임없이 지속할 수 있을 때 만들어진 것이다.

지금 당신의 모습은 당신이 가진 습관의 결과물이다. 지금까지 습관처럼 그렇게 살아왔기 때문에 당신의 삶이 현존하는 것이다. 몸무게도 식습관의 결과물이고, 지식도 공부하는 습관이 쌓인 결과물이며, 돈을 쓰고 버는 경제적인 습관까지도 모두 당신의 습관으로 만들어진, 오늘 당신의 모습이자 결과물이다. 당신의 사무실이나 방의 청결 상태는 말할 것도 없는 당신이 보고 있는 청소 습관의 결과물이다. 따라서 현재 우리의 모습은 우리의 선택과 결정, 습관과 행동이 모인 전체적인 결과의 산물인 것이다.

잊지 말자. 습관은 당신의 운명을 가를 수 있다!

좋아하는 것과
잘하는 것

내가 다니는 교회는 청년들이 많은 교회이다. 200여 명의 청년들과 생활하다 보면 마음도 젊어지고 생각도 젊어진다. 청년들의 언어를 사용하고, 청년들과 같은 옷을 입고, 청년들의 생각을 공유하다 보면 그들의 고민도 함께 듣게 된다. 그리고 가끔 청년들이 진로에 대한 상담을 요청하는 경우가 있다.

"장로님, 고민이 있는데요. 좋아하는 일이 있고, 잘하는 일이 있다면 어떤 일을 해야 할까요?"

당신은 이 질문을 앞에 두고 어떻게 답변할 수 있는가? 혹시 당신의 자녀가 이런 질문을 한다면 어떻게 조언해주겠는가? 나는 경험에 빗대어 이야기해주었다. 나는 초등학교 때부터 물고기 잡는 것을 너무 좋아했다. 어린 나이지만 물고기가 어디에 있는지 그 종류마다 특성을 모두 파악했고 고기 잡는 도구와 장비까지 모두 섭렵했기에 물고기를 잘 잡았다. 부모님은 어린 내가 고사리손으로 물고기를 잡아 오는 것을 매우 신기해 하셨다. 그래서 우리 집에는 항상 물고기 반찬과 매운탕이 떨어지지 않았다. 나는 물고기 잡는 것을 좋아했지만 직업으로 선택하지는 않았다. 시골에서 자라서 시골 풍경의 한 장면으로 냇가에서 수영하고 물고기 잡는 것을 좋아했지만, 실제로 물고기를 잘 잡는 전문가는 아니었기 때문이다.

성인이 된 후 나는 탁구를 배웠다. 회사에서 퇴근 후 매일 탁구장으로 향했고 레슨을 받고 실력이 눈에 띄게 향상되었다. 나는 탁구대회에 나가면 늘 순위권에 들어갈 정도로 실력이 좋아졌다. 어느 날 탁구대회에서 나는 모든 사람들이 지켜보는 가운데 우승을 했다. 사람들이 나를 보며 응원해주고 열광하는 모습을 보니 더욱 열정이 살아나 탁구를 미치도록 열심히 했다. 탁구선수를 찾아가 레슨도 받고, 기술을 연마하는 훈련을 하고, 탁구 고수를 찾아다니면서 시합까지 하는 열정을 가지게 되었다. 이렇게 즐겁게 운동하니 당연히 몸도 좋아지고 탁구 실력도 좋아져 평택시 탁구 1부라는 수준까지 올라가게 되었다. 탁구를 잘하니 주변 사람들로부터 유료 레슨 요청이 들어왔다. 탁구를 배우고자 하는 사람들이 늘어났다. 평소 배우면서 익혔던 기술들을 친절하게 사람들에게 가르쳐주었더니 배우고자 하는 사람들이 더 많아졌다. 나는 확실한 깨달음을 얻었다. 일은 내가 좋아서 하는 것보다 잘하는 것을 직업으로 해야 한다는 것을 직접적인 체험으로 알게 되었다.

좋아하는 일은 누구나 있다. 그러나 좋아하지만 특별히 잘하는 사람은 많지 않다. 대체 불가능할 정도로 잘해야 직업인으로 가치 있는 사람이 되는 것이다. 미술을 좋아한다고 무조건 화가를 직업으로 해야 하고,

음악을 좋아한다고 무조건 가수가 되어야 한다고 생각하면 안 된다는 것이다. 좋아하는 것을 넘어서 잘해야 한다. 미술을 떠올리면 주변 사람들이 당신을 떠올릴 정도로 실력이 좋아야 하고, 노래를 떠올리면 주변 사람들이 당신을 떠올릴 만큼 실력이 있어야 한다는 말이다. 누구도 대신할 수 없는 그 분야에서 원탑이 되어야 직업으로 성공할 수 있는 것이다.

좋아하는 일을 하다 보면 그 분야에서 전문가가 될 수도 있다. 현재 자신이 하는 일이 좋아하는 일이고 잘하는 일이라면 직업으로 해도 아주 좋다. 그러나 좋아하기만 하고 잘하지 못한다면 당연히 직업으로 선택해서는 절대 안 된다.

어릴 때 시골에서 자란 경험이 있어서 도시에 살다가 농사짓고 시골 생활하는 것이 즐겁다고 귀촌해서 농사를 짓는다면 정말 후회하지 않을 자신이 있겠는가? 시골 생활하는 것이 즐거울 수 있겠지만, 시골 생활하면서 일정한 수입이 들어와야 그 생활도 유지할 수 있는 것이다. 그러기 위해서는 즐거운 일이 우선이 아니라 농업을 잘할 수 있는 전문가가 되어서 원하는 수입이 들어와야 즐거움을 함께 누릴 수 있는 것이다.

내가 어떤 직업을 구하기 전에 어떤 것을 잘할 수 있는지 자신에게 물어보고 잘하는 것이 없다면 자신이 잘할 수 있는 것이 무엇인지 찾고 두드리고 행동해봐야 한다. 그래야 잘하는지 못하는지 알 수 있을 것이다. 아무것도 해보지 않고 잘하는지, 못하는지를 판단하는 것은 어불성설(語不成說)이다.

잘하는 사람이 되려면 전문가가 되어야 한다. 전문가가 되려면 시간을 갈아 넣어야 한다. 수많은 어려움과 실패를 겪어봐야 전문가가 된다. 그냥 저절로 전문가가 될 수가 없다. 자신의 모든 열정과 꿈을 갈아 넣어야 진짜 전문가가 될 수 있다.

'즐거운 일을 해야 좋을까? 아니면 잘하는 일을 해야 좋을까?'

이것의 명쾌한 답변은 잘하는 일은 즐거울 수밖에 없다는 것이다. 잘해야 한다.

뿌린 대로 거둔다

지금 내가 누리는 것은 지금까지 내가 뿌려온 것들의 결과물이다. 원인 없는 결과물은 없다.

'콩 심은 데 콩 나고, 팥 심은 데 팥 난다.'

모든 것에는 원인이 있으며 반드시 결과물이 있다. 내가 생각하는 것이나 말하는 것이나 행동하는 모든 것에 적용된다. 내가 나쁜 생각을 하면 나쁜 계획을 세우고 진짜 나쁜 행동을 하게 된다. '뿌린 대로 거둔다'라는 말이 아주 정확하다. 내가 나쁜 행동을 하면 그 행동에 대한 책임을 져야 하는 결과가 나타날 수밖에 없다. 나쁜 일을 했는데 좋게 될 수 없고, 좋은 일을 했는데 나빠질 수 없다는 말이다. 반대로 내가 좋은 생각을 하면 좋은 계획을 세우게 되고 정말 좋은 행동을 하게 된다. 이처럼 내가 어떤 것을 뿌리느냐에 따라 결과의 값은 정해져 있다고 볼 수 있다. 열 방울의 땀을 흘렸는데 절대로 열한 방울의 결과가 나타나지 않고, 열 방울의 땀을 흘렸는데 아홉 방울의 결과가 절대 나타나지 않는다. 반드시 흘린 땀방울만큼 결과가 나타나게 되는 것이 세상의 이치이다.

우리가 무엇을 하든 그 모든 것에는 반드시 결과물이 있다는 것이 '카르마의 법칙'이다. '잘못을 하면 벌을 받게 되어 있다', '좋은 일을 하면 좋은 일이 반드시 일어난다'라는 것은 어떤 종교에서도 기본 원리가 되고 있다. 내가 어떤 선택을 하느냐에 따라 삶의 방향이 결정된다는 의미이다.

주변에 보면 나눔을 실천하시는 분들이 많다. 그들의 삶을 자세히 들여다보면 삶이 행복 그 자체이다. 돈이 많아서 나눔을 하는 것이 아니다. 가진 것에 대한 만족감이 있는 분들이 나눔을 실천하신다. 이분들의 표정을 보면 너무 행복해 보인다. '행복해서 웃는 게 아니라 웃으니까 행복하다'라는 말도 내가 웃음이라는 씨를 뿌렸기에 행복이라는 결과가 나온 것이다. 나눔이라는 씨를 뿌렸기에 받은 사람의 결과는 행복해지고 더불어 나눔을 실천한 사람도 보람과 긍지가 생기고 연쇄 반응에 의한 긍정적인 효과가 주변 사회를 더욱 풍성하게 만드는 효과로 이어진다.

내가 누군가에게 인색하게 굴면 인색하게 되고, 내가 누군가에게 베풀면 그 사람도 내게 베풀게 되어 있는 것이 세상 이치이다. 하나를 받으면 두 개를 주지 못하더라도 하나를 받으면 하나는 줄 수 있는 그런 사회가 된 것이다. 그렇다면 진지하게 생각해보아야 할 부분이 있다. 안 주고 안 받는다고 하면 아무런 현상이 일어나지 않지만, 하나를 주고 하나를 받는다고 생각해도 인간적인 정이 있고 풍성함과 행복한 마음이 만들어진다는 사실이다.

얼마 전 우리 회사의 권 부장이 회사 전 직원에게 깜짝 선물을 했다. 일반적인 선물이 아니고 맞춤형 고급 선물을 한 것이다. 13개의 선물을 한 사람 한 사람 그 사람의 특성에 맞게 준비했다. 그것도 명품으로 준비했다. 선물을 준비하면서 그 사람이 기뻐할 모습을 떠올리며 선물을 골랐고, 그 선물을 고르는 시간이 너무 기쁘고 행복했다고 한다. 일반인의 한 달 치 월급을 선물로 베푼 것이다. 받은 사람도 기분이 좋지만, 선물을 준비한 권 부장은 더 행복했다고 한다. 그 선물을 받은 사람들이 너무 행복해했고 감동적인 퍼포먼스가 자연스럽게 일어나 선물을 받은 사람들이 일일이 찾아가 권 부장을 포옹해주는 따뜻하고 감동적인 축제가 벌어졌다. 권 부장은 내 컨셉에 맞는 옷을 신경 써서 준비해주었고 나는 답례로 이렇게 말해주었다.

"권 부장! 정말 고마워. 정말 감동이야! 지금 받은 것의 100배로 갚아줄게."

나는 반드시 이 약속을 지킬 것이다. 이미 권 부장은 외국계 기업에서 받았던 자신의 전 직장 연봉에 10배 이상을 작년에 받았다. 이제 100억 원 자산가라는 권 부장의 목표를 달성할 수 있도록 나는 최선을 다해 도울 것이며 뿌린 대로 거둔다는 신념으로 더 많은 씨앗을 심도록 할 것이다.

메멘토모리 &
카르페디엠

메멘토모리 : 죽음을 기억하라

　'메멘토모리(Memento mori)'는 라틴어로 '자신의 죽음을 기억하라'는 뜻으로 인간은 언제가 반드시 죽게 된다는 의미를 담고 있다. 고대 로마 공화정은 전쟁에 나간 장군이 승리해서 돌아오면 시가행진을 할 때 '노예' 한 명이 마차에 올라타 승리한 장군에게 끊임없이 '메멘토모리'를 외치도록 했다. 이는 개선장군에게 지금은 전쟁에서 승리했지만 언젠가는 패배할 수도 있고 죽을 수도 있으니 '겸손하라'는 교훈을 주기 위해서라고 한다. 지금 나에게 중요한 것은 무엇인가? 우리는 죽음 앞에 겸손해질 수밖에 없다. 현재를 사랑하고 매 순간 최선을 다해 살아가자!

　호주에서 수년간 임종 직전 환자들을 보살폈던 간호사 브로니 웨어(Bronnie ware)는 자신이 돌봤던 환자들의 임종 직전의 깨달음을 블로그에 기록해두었다가 《죽을 때 가장 후회하는 다섯 가지》라는 제목의 책을 펴

냈다. 책에서 임종 직전의 사람들이 가장 많이 하는 후회는 '내 뜻대로 한 번 살아보았으면'이었다. 다른 사람들의 시선이나 기대에 맞추는 가짜 삶을 사느라, 정작 사람들은 자신이 정말 하고 싶은 것을 누리며 사는 진짜 삶에 대한 용기를 내지 못했다. 대부분의 사람이 현실에 안주하느라 좀 더 모험적이고, 좀 더 변화하는 삶을 살지 못한 점을 아쉬워하며 죽어갔다는 것이다. '가족을 위해서, 자식을 위해서, 동료를 위해서, 바빠서, 시간이 없어서, 다음에'라고 이야기하며 자신의 진짜 목소리에 귀 기울이지 못한 것이다. 내가 진정으로 원하는 것은 무엇인지, 오늘 죽더라도 편안하게 죽을 수 있으려면 어떤 일을 할 것인지 생각해보아야 한다.

스티브 잡스는 죽기 전 병상에서 이런 말들을 남겼다.

"나는 세계적으로 성공했고 정점에 올랐다. 다른 사람의 눈에 내 인생은 성공의 전형이다. 하지만, 일 빼놓고는 즐거움이 별로 없었다. 결국, 부는 내게 익숙한 삶의 단편이었을 뿐이다."

스티브 잡스는 병상에 누워 자신의 삶을 뒤돌아보며 세상을 혁신했던 명성과 재산은 곧 다가올 죽음 앞에서 아무것도 아님을 그제야 깨달았다고 했다. 인생을 살아가는 데 꼭 필요한 약간의 재물 외에는 더 중요한 것을 찾아야 한다고 그는 말했다. 사람마다 차이가 있을 수 있지만, 인간관계나 예술적인 일, 젊은 날의 찬란했던 꿈 같은 가치 있는 것에 시간을 쏟을 것을 죽음 직전에 당부한다. 스티브 잡스는 또 이렇게 말했다.

"내가 가져갈 수 있는 것은 사랑에 빠졌던 기억들뿐이다. 그 기억이야말로 나와 함께해준다. 수술실에 들어가면, 아직도 읽어내야 하는 유일한 책이 건강한 삶에 관한 책이란 것을 알게 된다. 지금 삶의 어느 순간에 있든 결국 우리는 모두 죽는다. 가족에 대한 사랑, 배우자에 대한 사랑, 친구들에 대한 사랑을 모두 귀하게 여겨라, 너 자신에게 잘 대해줘라, 남을 소중히 여겨라."

스티브 잡스도 죽음 앞에서는 너무도 연약하고 가냘픈 인간에 불과했다. 누구나 죽음 앞에서 겸손해질 수밖에 없기에 지금 살아가고 있는 삶이 얼마나 소중하고 중요한지 깨닫게 된다. 내가 허투루 보내는 이 하루가 죽음을 앞둔 사람에게는 정말 가치 있고 소중한 하루인 것처럼 매일의 삶을 도전적이고 열정적이며 정열적으로 사랑하며 가치 있게 살아야 한다는 것을 깨닫게 된다.

어느 사형수의 마지막 5분

유명한 일화가 있다. 어느 젊은 사형수에게 마지막 5분의 시간이 주어졌다. 28년을 살아온 그에게 마지막 5분은 너무나도 소중한 시간이었다. 그는 고민 끝에 결심했다. 자신을 알고 있는 이들에게 작별 기도를 하는데 2분, 오늘까지 살게 해준 하나님께 감사하고, 곁에 있는 다른 사형수들에게 작별 인사를 나누는데 2분, 나머지 1분은 눈앞의 자연과 최후의 순간까지 서 있게 해준 땅에 감사하기로 마음을 먹었다. 눈에서 흐르는 눈물을 삼키면서 동료들과 작별 인사와 기도를 하는데 벌써 2분이 지나 버렸다.

'아! 이제 3분 후면 내 인생도 끝이구나' 하는 생각이 들자 눈앞이 캄캄해졌다. 28년이란 세월을 아껴 쓰지 못한 것이 너무도 후회되었다. 아,

다시 한번 인생을 살 수만 있다면 하고 회한의 눈물을 흘리는 순간 기적적으로 사형집행 중지 명령이 내려와 간신히 목숨을 건지게 되었다. 그는 그때의 5분을 기억하며 시간의 소중함을 깨닫고 매 순간을 소중히 여기며 살았다고 한다. 그 사형수가 바로 세계적인 대문호 도스토엡스키(Dostoevsky)이다.

현재를 즐겨라, 카르페디엠

'카르페디엠(Carpe Diem)'은 영화 〈죽은 시인의 사회〉에서 잘 알려진 라틴어 명언으로 '오늘을 즐기라'는 뜻이다. '믿거나 말거나, 여기 있는 우리는 모두 언젠가는 숨이 멎고, 차가워진 채로 죽게 된다.'

"할 수 있을 때 장미 봉우리를 거두라.
오래된 시간은 지금도 흘러가고,
오늘 웃고 있는 이 꽃은 내일이 되면 죽어 사라지나니"

〈죽은 시인의 사회〉라는 영화의 한 장면은 삶의 정체성을 찾는 아주 특별한 시간이 된다. 무엇을 위해 공부하고, 무엇을 위해 일하고, 무엇을 위해 살아가야 하는가에 대해 생각하게 만든다. 과연 당신은 무엇을 위해 일하는가? 과연 당신은 무엇을 위해 공부하는가?

당신이 지금 계획하고 있는 것이 있다면 무엇 때문에 그것을 하려고 하는지 깊이 있게 생각해보아야 한다. 그래야 그것이 주는 정체성을 찾을 수 있고, 그것이 주는 의미에 대해 성찰할 수 있다. '카르페디엠'은 '삶의 주체자가 되어 특별하게 살아라. 미래를 두려워 말고 현재에 감사하며 현실을 즐기라'는 뜻이 되어 나를 돌아보며 내가 무엇을 원하는지 깨닫게 만들어준다.

우리 회사의 사훈은 '놀면서 일하자. 그리고 베풀며 살자'이다. 맡겨진 일에 충분히 '즐기면서 일하고 나누며 베풀면서 일하자'라는 의미이다. 나는 현재 하는 일이 너무 즐겁다. 일을 통해 죽어가는 사람을 살리는 특별하고 의미 있는 일을 하고 있기 때문이다. 우리 회사에서 하는 일은 사람을 살리는 일이다. 우리 직원들은 나를 도와서 사람을 살리며 돕는 일을 하고 있다. 내가 사람을 살리기 위해 매일 주문처럼 읽고 하루를 시작하는 확언이 있다. 나는 매일 아침 이 글을 읽고 하루를 시작한다.

1. 나는 사람을 살리기 위해 오늘도 최선을 다하는가!
2. 나는 매일 사람들을 세우고 돕는 일을 한다.
3. 나는 어떤 문제 앞에서도 피하지 않고 적극적으로 해결한다.
4. 나는 어려움에 처한 사람을 외면하지 않는다.
5. 나는 성공을 갈망하는 사람들에게 나의 이야기를 꼭 들려준다.
6. 나는 모든 면에서 항상 긍정적으로 생각한다.
7. 나는 지속적으로 공부해서 더 많은 사람들에게 선한 영향을 끼친다.
8. 나는 하루를 살 수 있다는 것에 하나님께 감사한다.
9. 나는 내일이 있다는 것에 항상 기대를 가진다.

10. 나는 오늘도 사람을 살리는 일을 한다.

이렇게 매일 확언을 읽으면 확언처럼 살게 된다. 잠재의식 속에 10가지 사항이 항상 기억되어 있어서 그 상황이 현실에서 주어지면 자연스럽게 행동하게 된다.

김민재 선수의 문신의 의미

축구 선수 김민재의 몸에는 커다랗게 문신이 새겨져 있다. 그의 몸에는 '카르페디엠(현재를 즐겨라)', '꿈꾸는 것을 멈추지 마라', '시간은 너를 기다려 주지 않는다' 등의 문신이 새겨져 있다. 몸에 새겨진 문신에 관심이 커지자 한 인터뷰에서 그는 말했다.

"머릿속에 새기는 것이 더 중요하지만, 그때 당시에는 문신을 동기로 삼았습니다. 이 말들이 내 생각을 대변합니다. 문신을 보면 자동으로 이런 말들이 다시 생각나고, 그래서 더 잘할 수 있었습니다."

그는 지금의 훌륭한 선수가 되기까지 늘 이 문구를 가슴에 간직한 채 성장을 거듭했고 괴물 수비수가 될 수 있었다.

니체(Nietzsche)는 "죽는 것은 이미 정해진 일이기에 명랑하게 살아라. 언젠가는 끝날 것이기에 온 힘을 다해 맞서자. 시간은 한정되어 있기에 기회는 늘 지금이다"라고 말했다. 우리는 내일이 당연하게 온다고 생각하지만 내일 일은 아무도 모른다. 하루하루가 반복되어 나의 미래가 만들어진다. 오늘을 소중히 여기자! 하루를 허투루 보내는 것이 아닌 온전한 내 것으로 만들자! 삶에는 반드시 끝이 존재하기에 현재를 즐기며 꿈을 펼쳐라!

제대로 쉬어라

'휴식(休息)'은 쉴 휴(休)와 숨쉴 식(息)의 한자로 이루어진 말이다. '휴'는 나무에 기대어 사람이 서 있는 모양이며, '식'은 스스로 자와 마음 심이 합쳐진 것으로 자기 마음을 돌보는 것이다. 즉, 쉼과 채움을 함께 하는 것이 좋은 휴식이다.

어릴 적 시골에서 태어나 다양한 생태 현장을 보고 자라면서 개구리를 많이 잡았던 기억이 있다. 개구리는 먹이 사슬에서 가장 하위에 속한 연약한 존재이기에 생존을 위해 또는 어떤 시도를 해야 할 때는 몸을 잔뜩 움츠렸다가 뒷다리로 힘차게 뛰어오른다. 사실 개구리의 움츠림은 도약과 변화의 시작이다. 움츠림은 도약을 위해서 반드시 필요한 휴식이다. 개구리가 쉬지도 않고 마라톤을 하듯 계속 뛴다면 지쳐서 정작 도망가야 할 때 주저앉게 된다. 그래서 개구리는 항상 뛰지 않고 쉬면서 에너지를 충전하는 것이다.

새로운 변화가 실패를 가져올 수도 있지만, 변화에 맞서는 사람은 다시 일어설 수 있다. 개구리는 동작이 크지 않다. 천천히 움직인다. 하지만 가야 할 방향이 정해지면 몸을 움츠리고 있다가 뛰어오른다. 휴식을 취한 후 움츠림이 클수록 더 높이 더 멀리 뛰어오른다.

　휴식이 좋다고 해 억지로 하는 것은 좋지 않다. 쉬면서 명상하는 것을 좋아하는 사람이 있지만, 명상이 어떤 사람에게는 스트레스가 될 수도 있다. 산책이 좋다고 하지만 휴식이 아닌 노동이 될 수도 있다. 휴식은 내가 목적을 갖지 않고 쉼을 갖는 것을 의미한다. 자신이 좋아하고 기쁨과 활력을 줄 수 있는 휴식을 할 때 가장 좋은 에너지가 충전되는 것이다.

　KBS TV프로그램 〈생로병사의 비밀〉에서는 '휴식의 힘'이라는 주제를 다룬 적이 있다. 전문 의사에 따르면 각성한 상태에서 일하게 되면 의식화되고 논리적인 연결들이 주된 상태가 된다. 그렇지만 휴식할 때 즉, 이완이 되면 무의식에 있던 생각들이 수면으로 나올 기회가 되고, 굉장히 창조적이고 직관적인 생각들이 떠오른다고 한다. 이 두 가지의 내용에서 중요한 공통된 키워드는 '무의식'이다. 무의식에 잠재되어 있던 생각과 창의성이 휴식을 통해서 발현된다는 것이다.

　아침에 출근하기 위해 머리를 감고 헤어드라이어로 말리는 과정에서 머리카락이 긴 아내가 오랜 시간 머리를 말리다 보면 과열 방지를 위해 잠시 작동이 멈추기도 한다. 드라이기에는 과열된 열선으로 화재의 위험이 있으므로 자동으로 끊어버리는 기능이 있다. 그리곤 잠시 쉬다 보면 열이 식으면서 다시 작동된다. 이처럼 헤어드라이어도 쉬지 않으면 화재라는 문제가 발생한다. 기계든 사람이든 쉬지 않고 일을 하면 반드시 문제가 생기고 사달이 나게 되어 있다. 지금 잠시 쉬는 것이 손해라고 생각되지만 사실 쉬고 난 뒤에 일하면 능률이 더 오르게 되어 있다. 휴식을 취하는 것은, 결국 더 높은 생산성으로 돌아온다는 사실을 기억하기를 바란다. 우리도 일만 하는 것이 아닌 휴식을 통해서 일의 효율을 높일 필요가 있다. 다음 사례들을 보면서 휴식의 필요성을 찾아보자.

뉴턴(Isaac Newton)의 '사과나무 아래 이야기'는 휴식과 창의성에 관한 유명한 일화 중 하나이다. 근대 과학의 아버지라고 불리는 뉴턴은 대학에 입학하면서 인생의 전환점을 맞이했다. 당시 수학과 교수였던 아이작 배로(Isaac Barrow)의 강의에 자극을 받아 수학을 스스로 깊이 있게 공부했다. 그러다 1660년대 중반 전염병이 크게 유행하자 대학이 일시적으로 폐쇄되었고, 뉴턴은 고향으로 돌아갔다. 공부에 몰두하던 그에게 휴식의 시간이 주어진 것이다. 정원의 나무 아래에 앉아 책을 읽고 있었던 그는 머리 위에서 사과가 떨어지는 것을 목격했다. 이 사건을 계기로 만유인력에 관한 연구를 시작하게 된다. 이뿐만 아니라 같은 시기에 수학, 광학, 천문학, 물리학에서 중요한 법칙들을 발견해냈고, 이에 관한 연구를 통해 위대한 업적을 남겼다. 자신도 이 휴학 기간에 대해 "발견에 있어서 전성기를 이루었다"고 평가할 정도였다. 이 일화를 통해 우리는 오히려 휴식을 통해 새로운 통찰과 아이디어를 얻는다는 것을 알 수 있다.

공장에 쉴 새 없이 돌아가는 기계도 때로는 정비하는 시간들이 필요하듯, 사람들도 쉴 새 없이 살아가다 보면 가끔은 자신을 위해 휴식을 취해주는 것이 좋다. 이러한 과정에서 휴식은 나의 삶을 다시 돌아보는 계기가 되고, 나 자신을 재정비하는 시간으로도 활용될 수 있다. 이렇게 휴식의 시간을 유용하게 잘 사용한다면 정신적, 육체적으로 한 단계 더 발전하는 계기가 될 수 있다.

쉼으로 가치를 만든다

어린 시절 우리 집에는 대추나무가 있었다. 가을이면 붉은 대추가 주렁주렁 열렸다. 그런데 어느 해는 대추가 거의 열리지 않는 것이었다. 너무 아쉬워 아버지께 여쭈어보았다. 아버지는 대추나무가 '해거리한다'고 하셨다. 매년 대추가 열리는 것이 아니고 가끔 어떤 해에는 대추나무도 해거리하며 쉬고 그다음 해에 대추가 많이 열린다고 하셨다. 대추나무도 매년 에너지를 발산하는 것이 아니고 해거리를 통해 휴식을 취한다. 대추나무는 열매 하나를 맺기 위해 많은 영양분이 필요하기에, 열매를 맺는 데 온 힘을 써야 해서 해거리를 통해 휴식으로 재충전하는 것이다. 일년의 휴식 활동이 끝나고 나면 그다음 해에는 더욱 먹음직스럽고 풍성한 열매를 맺는다. 이렇듯 나무도 쉼이 필요하다. 쉬면서 더 큰 가치를 만들기 위해 에너지를 충전하는 것이다. 우리도 충분한 휴식으로 새로운 에너지를 통한 삶의 가치를 만들어보자.

혹시 일하면서 긴 휴식을 취해본 경험이 있는가? 휴식은 자신의 또 다른 도약을 위해서 필요한 부분이다. 나는 쉬는 것을 그저 일하다가 힘들 때 잠깐 멈추고 회복의 시간을 갖는 정도로만 생각했다. 그런데 휴식에 관한 공부를 하면서 '쉬는 것'에 대한 내 생각은 더욱 긍정적으로 확장되어 휴식의 힘은 생각보다 더욱 중요하고 강한 힘이 있다는 것을 깨달았다. 수학 공부를 시작한 후 휴식을 통해 놀라운 발견을 이루어낸 뉴턴의 일화처럼 먼저 내가 하는 일 또는 공부에 충분한 시간을 들여 집중하고 몰입해야 한다. 이러한 생각, 지식 등이 무의식에 자연스럽게 새겨지면 이후 휴식을 취할 때 무의식 속에 숨어 있던 창조적인 생각들이 떠오른다. 휴식하는 동안 굳이 노력하지 않아도 우리의 무의식이 자연스럽게 일을 한다. 우리의 무의식을 믿고 편안히 휴식을 취해보자! 잘 쉬는 것이 일하는 것이다.

본질에 모든 것을
걸어라

큰딸이 대학교 4학년이 되어 새학기에 들어설 때였다. 나는 큰딸에게 물었다.

"진실아, 너는 졸업 후에 뭘 할 거니?"

그 당시 딸의 학교 학과에서는 회계사 준비가 열풍이었다. 딸 주변 사람 중 공부 좀 한다는 사람들은 회계사를 준비하고 있었고, 딸은 어려운 직업을 가지고 있어야 창피하지 않겠다는 생각에 돈을 잘 버는 회계사를 해야겠다고 마음먹었다. 남들이 하기 때문에 그 흐름에 따라가지 않으면 뒤처진다고 생각했고, 어느 정도 수준이 있는 전문직을 해야 인정받을 것으로 생각하고 있었다. 하지만 막상 회계사 공부를 시작하려니까 막막해했다. 이걸 정말 시작해도 되는 걸까라는 생각과 함께 미래에 회계사가 된다면 기쁘게 일할 수 있을까 하는 고민이 앞섰던 것이다.

딸은 진지하게 고민하는 것 같았다. 지금 막막하다는 생각이 드는 이유가 뭘까를 생각해보니 바로 꿈의 본질을 놓치고 있다는 생각에 나는 딸에게 어떻게 자신의 인생을 즐겁고 행복하게 살 수 있는지 알려주어야 했다. '정말로 하고 싶은 것'이라는 꿈의 본질을 찾지 못하고 그저 남들의 시선에 의해 맞춰진 꿈 때문에 시작도 하기 전부터 막막하고 답답해하는 딸을 보며 본질적인 꿈을 찾을 수 있게 도움을 주고 싶었다.

어느 날 딸도 잘 알고 있는 교회 청년 신혼부부 언니, 오빠의 집이 경매로 넘어간다는 이야기를 듣고 딸에게 알려주었다. 갑자기 집에 빨간 압류딱지가 붙었다는 충격의 소식이었다. 바로 전세 사기였다. 이제 막 차곡차곡 열심히 돈을 모아 새로운 식구인 아기와 함께 살 집을 전세로 계약해 이사를 왔는데, 갑자기 집에 빨간 압류딱지가 붙다니 정말 청천벽력 같은 소식이었다. 부동산을 전혀 모르는 사회 초년생인 신혼부부는 지금 이런 상황 속에서 어떻게 행동해야 할지 아무것도 몰랐기 때문에 부동산 관련 일을 하는 나에게 급하게 도움을 요청하고자 연락해온 것이다. 나는 곧장 법무사 사무장에게 연락해 등기부등본을 확인해 현재 어떤 상황인지, 지금 우리가 할 수 있는 조치는 무엇이 있는지 구체적으로 알아본 뒤 신혼부부에게 여러 가지 조언을 해주었다.

딸에게 이 상황을 이야기해주었더니 신혼부부 언니, 오빠를 위해 딸이 도울 수 있는 일이 아무것도 없다는 사실에 마음 아파했다. 이 일이 있고 난 후부터 딸의 심정에 변화가 있었고, 직업에 대한 정체성을 구체화하기 시작했다. 신혼부부 언니, 오빠 같은 사회적인 약자를 도울 수 있는 직업을 찾기로 작정했다. 딸은 이 사건 이후 마음이 너무 뜨거워졌고 심장이 뛰는 일을 하고 싶어 했다. 열심히 부동산을 공부해서 내가 알고 있는 지식으로 부동산을 전혀 모르는 청년들과 사회 초년생들에게 도움을 주고 싶다는 마음이 딸의 가슴을 뛰게 만든 것이다.

남들이 하기 때문에 좇아서 결정한 것이 아닌, 남들에게 인정받기 위해서 결정한 꿈이 아닌, 지금 그리고 앞으로 딸이 정말 하고 싶은 것, 딸이 배운 지식으로 남들을 도울 수 있는 것, 바로 이것이 딸의 꿈의 본질임을 발견하게 된 계기가 되었다. 지금 딸은 그때의 뜨거운 심장으로 회계사를 포기하고 법무사 사무실에 취직해 부동산 등기업무를 수행 중이다. 그리고 딸의 가슴을 뛰게 만든 계기였던 사회적 약자에게도 도움을 주기 위해 다양한 부동산 업무를 배우며 실제로 사람들을 살리는 일에 최선을 다하고 있다.

글씨 못 쓰는 수학 강사

EBS 수학 영역의 대표 강사인 정승제 강사는 수업 중 이런 말을 한 적이 있다.

"글씨를 못 알아보겠다고 학생들이 쪽지가 와요. 내가 글씨를 잘 쓰려고 하면 잘 쓸 수도 있어. 일부러 이렇게 내 마음대로 쓰는 거야. 글씨를 잘 쓰는 게 본질이 아니잖아. 본질은 수학이잖아. 내가 지금 하는 일의 본질은 잘 가르치는 일이지 글씨를 예쁘게 적는 게 아니야. 얼굴이 잘생긴 게 아니야."

그리고 말을 이어 나간다.

"여러분도 어떤 일을 하더라도 본질적인 것을 생각해야 해. 밥집을 하더라도 맛, 수업하려면 가르침, 가수를 하려면 노래, 결혼하려면 사랑, 이게 정말 중요해. 대부분의 사람은 보여지는 것을 중요시해. 가수인데도 외모? 결혼하려는데 집안을 본다? 이런 것들은 본질이 아니야. 모든 문제의 원인은 부수적인 것에 온 힘을 써서 그래. 그리고 본질을 파고드는 사람을 보고 '으유, 쟤 뭘 모르네. 바보 같네'라고 하면서 촌스럽다고 생각해. 근데 여러분은 항상 본질만 생각해. 그럼 진짜 무서울 것 하나도 없어. 잘될 수밖에 없어."

　본질이 뭘까? 본질(本質)의 한자를 풀어보면 본(本)은 나무 목(木)의 아랫부분에 一을 그어, 나무의 뿌리를 나타내는 한자이고, 바탕 질(質)이라는 한자는 꾸미지 않는 그대로의 모습이라는 뜻이다. 뿌리 그대로의 모습, 즉 사물이나 현상에 내재되어 있는 본바탕이라는 뜻이다. 우리 주위에 있는 모든 것에는 본질이 있다. 의자는 각기 모양도 다르고 크기도 다르고 색깔도 다르지만, 의자의 본질은 사람이 앉을 수 있게 해야 하는 것이다.

　정승제 강사의 강의 중에 지나가는 한마디겠지만 나는 많은 생각이 들었다. 본질을 제대로 정의하지 못하면 열심히 일은 하는데 결과는 없게 된다. 본질에 대한 고민이 없으면 엉뚱한 것만 하게 된다. 본질의 질(質)이라는 한자를 다시 자세히 보면 조개 패(貝)가 들어간다. 조개는 예전에 화폐로 쓰였기 때문에 가치를 의미하기도 한다. 본질은 상황이 어떻게 돌아가든 바뀌지 않는, 아니 바뀌어서는 안 되는 가장 중요한 가치를 뜻한다.

　연필의 본질은 종이에 적는 것이다. 뒤에 달린 지우개가 본질이 아니다. 지우개가 필요하면 지우개를 사면 된다. 굳이 연필 끝에 붙어 있는 작은 보조 지우개를 살 필요가 없는 것이다. 책의 본질은 읽는 것이다. 라면 받침으로 쓰는 것이 본질이 아니다. 자신의 정체성을 찾지 못하는 사람들에게 말하고 싶다. 다른 것에 신경 쓰지 말고 자신 삶의 본질이 무엇인지 찾도록 하라. 우리가 하는 모든 생각과 행동의 본질이 무엇인지 깊게 고민해보아야 하고, 자기 성찰의 시간 또한 반드시 필요하며 그 본질의 가치를 지키도록 노력해야 한다.

반복이 만드는
성공 근육

혹시 주변에 똑같은 목표를 두고 반복된 실패를 3,000번 이상 한 사람을 본 적이 있는가? 계속 실패한다면 열 번도 다시 시도하기 어려울 것이다. 자존심도 상할 것이고, 해도 해도 안 된다는 절망감이 들고, 목표는 상실하고 자괴감까지 들 것이다. 그런데 매일매일 실패하는 사람들이 있다. 바로 아기들이다. 아기는 네발로 기어가고, 또 두 발로 일어서 걷기를 시도하고 그 과정에서 수도 없이 넘어진다. 하지만 아기들은 두 발로 걷는 것을 절대 포기하지 않는다. 실패를 3,000번 이상해야 다리에 근육이 붙어 일어서기를 할 수 있는 것이다. 결국, 아기는 수많은 도전과 넘어짐을 반복하면서 걷기에 성공한다. 아기가 걷기를 포기하는 것을 본 적이 있는가? 아기도 포기하지 않는데 조금만 어려움이 찾아와도 너무 쉽게 포기하는 우리들을 보면 부끄러움을 금할 수 없다.

반복은 생각의 근육을 만들기도 하고, 신체의 근육을 만들기도 한다.

끊임없는 반복은 실력 향상은 물론 성공을 이루는 핵심이 된다. 반복하는 데 필요한 것이 강한 멘탈과 노력이다. 강한 멘탈을 위해서는 긍정적인 생각이 중요하다. 내가 무슨 생각을 하는지 인식하고 부정적인 생각이 들 때마다 긍정적인 생각으로 대체해야 한다. 노력은 목표를 달성하는 데 꼭 필요한 요소이자, 용기와 인내를 키우는 데 중요한 역할을 하고, 이 모든 것들을 반복함으로써 근육이 키워진다.

초밥의 달인

예전에 TV프로그램 〈생활의 달인〉에 초밥의 달인 편이 방영된 적이 있다. 이 사람은 초밥에서는 신의 경지에 오른 실력자였다. 손에 쥔 초밥의 무게를 정확하게 맞추기도 하고, 밥알 개수를 정확하게 맞추기도 했다. 이게 과연 가능할까 하는 궁금증에 공개적으로 카메라를 켜고 시험을 해봤는데 10번 중 8번이나 단 한 톨도 틀리지 않고 정확했다. 이런 경지에 오르기 위해 얼마나 많은 반복의 근력을 키웠을까? 우리는 흔히 이런 것을 보고 혼이 실렸다고 표현을 한다. 피디가 어떻게 그렇게 정확하게 맞힐 수 있느냐고 물어보았다.

"아니, 제 밥벌인데 당연히 잘해야 하는 것 아닌가요? 매일 반복적으로 하는 게 이것인데 못해서 되겠습니까?"

반복이 달인으로 만들어낸 결과인 것이다.

기본기가 월드 스타를 만들다

손흥민 선수를 월드 스타로 만들어준 것은 아버지 손웅정 감독의 철저한 기본기 훈련 덕분이다. 손흥민 선수는 말한다. "나의 축구는 온전히 아버지의 작품이다."

"성공은 선불이다. 그건 분명하다. 성공은 10년 전이든 15년 전이든 내가 뭔가를
선불로 지불 했을때 10년 후든 15년 후든 20년 후에 성공이 올 가능성이 있다.
그전에 지불을 안 했는데 내 앞에 어느 날 갑자기 성공이 찾아오지는 않는다."
– 손웅정 감독의 《모든 것은 기본에서 시작한다》 중

손흥민 선수는 매일 리프팅을 하며 운동장 세 바퀴를 돌았다. 볼을 떨어뜨리면 처음부터 다시 시작할 정도로 지독한 집중력이 필요했다. 이 한 가지를 완성할 때까지 손웅정 감독은 절대 다음으로 넘어가지 않았다. 손흥민 선수는 기본기 연습만 7년이 걸렸다. 충실한 기본기가 공을 통제할 수 있는 근육을 만든 것이다.

멘탈 싸움에서 이긴 김연아 선수

김연아 선수는 〈무릎팍도사〉라는 TV프로그램에서 이런 말을 했다.

"내가 금메달을 딸 수 있었던 이유는 멘탈 싸움에서 이겼기 때문이다."
"정신적인 싸움에서 나는 이겼다."

"내가 컨트롤할 수 없는 결과에 집중하는 것이 아니라, 컨트롤 할 수 있는 과정에만 집중했다."

"그냥 늘 하던 경기다."

"내가 그날의 주인공이 되지 않더라도 난 받아들일 준비가 되어 있다."

2010년 캐나다 밴쿠버 동계올림픽에서 보여준 김연아 선수의 멘탈을 보면 상상을 초월한다. 당시 영상을 몇 번을 돌려봐도 '저런 여유가 어디서 나올까?' 하는 생각이 들고 감격의 눈물까지 난다. 당시 김연아 선수는 최대 경쟁자인 일본의 아사다 마오의 연기를 지켜본 후 마지막으로 연기를 해야 했다. 아사다 마오가 실수 없이 잘한다면 김연아 선수의 멘탈이 흔들릴 수도 있는 순서였다. 아사다 마오의 연기가 시작되고 실수 없이 깨끗하게 끝나자 수많은 관중의 환호와 박수가 이어졌다. 김연아 선수 바로 옆에서는 아사다 마오의 코치가 과장된 연기로 김연아 선수의 멘탈을 흔들어 놓았다. 그러나 김연아 선수는 귀엽다는 듯이 "풉" 하고 여유 있는 웃음을 보인다. 나는 '어떻게 저렇게 태연할 수 있을까?' 하는 의문까지 들었다. 드디어 김연아 선수의 연기가 시작되었고 아사다 마오보다 훨씬 높은 228.56이라는 완벽한 점수로 우승을 하게 되었다. 김연아 선수의 반복된 연습과 강한 멘탈이 이루어낸 결과였다.

잠재의식

나는 중학교 때부터 교회 생활을 참 열심히 했다. 이렇게 열심히 할 수 있었던 계기는 새벽기도에 빠지지 않고 나가기 시작하면서 더욱 믿음이 좋아졌기 때문이다. 어린 학생 때 새벽에 일어나기란 쉬운 일이 아니다. 새벽에 일어나기 위해서 알람 시계 2개를 맞춰놓아도 제시간에 일어나지 못할 때가 많았다. 그런데 새벽기도를 하면 할수록 그 시간에 정확하게 일어나는 것이 아닌가? 더욱 신기한 것은 자명종을 2개나 맞춰놓아도 일어나기 힘들었는데 이제는 자명종이 울리기 1분 전에 저절로 눈이 떠진다는 사실이었다. 잠을 깨는 시간이 반복되자 근육이 만들어진 것이다. 일찍 일어나는 근육을 만들고 난 뒤부터는 굳이 자명종을 맞추지 않아도 아주 정확히 1분 전에 일어났다. 잠을 자는 동안에도 잠재의식의 근육이 반복된 시간에 일어나도록 깨우는 것이다.

반복은 확실한 근육을 키운다.
당신은 삶을 살면서 어떤 근육을 키우고 있는가?
당신은 삶을 살면서 문제 앞에 어떤 근육을 키우고 있는가?
당신은 삶을 살면서 도전 앞에 어떤 근육을 키워 대처하고 있는가?
당신은 삶을 살면서 실패 앞에 어떤 근육을 키워 극복하고 있는가?
당신은 삶을 살면서 기회라고 생각될 때 어떤 근육을 키워 판단하고 있는가?
반복의 근육은 당신을 성장하게 하고, 반복의 근육은 당신을 더욱 단단하게 만드는 초석이 된다. 무엇이든 주저하지 말고 무조건 반복하자.

습관적으로 책을 꼭
읽어야 하는 이유

어릴 때부터 우리는 '책을 많이 읽어라'는 말을 듣고 살았다. 책을 읽으면 구체적으로 왜 좋은지 실생활에서 어떤 영향력이 있는지에 대해서 정확하게 알지 못한 상태에서 듣던 이야기들이다. 학교 다닐 때는 잘 몰랐지만 사회 생활을 하고 난 뒤부터 문제가 생기기 시작하면서 심리적인 부분, 지식적인 부분, 대인관계에서 발생한 모든 갈등으로 누군가에게 도움을 받고 싶었지만 도움을 요청할 사람이 없었다. 이런 어려움 속에서 책은 유일한 해결사가 되어주었다.

다양한 장르의 책들은 상황에 따라 필요와 취약한 것을 보완해주는 역할로 마음의 안정감을 주기도 하고 몰랐던 지식을 알게 해주고 생각하지 못했던 진리를 깨닫게 해주고, 새로운 아이디어를 생각나게 하고, 동기부여를 일으켜 새로운 꿈에 도전할 수 있게 하는 장점들이 있다. 다양한 주제의 훌륭한 책들은 읽는 이의 배우려고 하는 의지에 따라 전문가 수준까지 될 수 있도록 만들어주는 길잡이가 될 수 있다. 특히 투자 분야는 전문적인 지식이 요구되기 때문에 투자자라면 반드시 책을 읽어야 한다.

책을 습관적으로 읽어야 하는 이유

책을 통해서 지식을 습득할 수 있기 때문이다.

투자에 대해서 스스로 공부하려면 여러 가지 방법이 있다. 지식 채널이나, 유튜브 방송 같은 곳에서 지식을 얻을 수 있지만 영상은 지나가버리면 다시 반복해서 잘 보지 않게 되는데, 드라마의 재방송 시청율이 떨어지는 이유도 같은 맥락이다. 그러나 책을 통해서 공부를 하면 활자로 되어 있는 글씨를 눈으로 익힐 수 있고 머릿속에서 생각하면서 천천히 상상의 나래를 펼칠 수 있고, 읽다가 다시 지나간 페이지를 쉽게 찾아볼 수 있고, 몰랐던 지식들을 익혀가는 데 책만큼 좋은 것이 없다. 한 권의 책 속에 좋은 내용을 정리해서 2~3장으로 압축시키고 생각날 때마다 반복적으로 읽게 되면 지은이의 핵심 내용을 내 것으로 쉽게 만들 수 있다. 특히 투자와 전문적인 지식은 한 번에 이해하기 어렵기 때문에 책을 읽어 미리 공부해야 전문가 강연이나 세미나를 더 쉽게 이해할 수 있다. 미리 공부하지 않고 의욕만 앞서 투자 세미나 같은 곳에 가서 들어도 투자에 관계된 용어나 절차를 이해할 수 없어 흥미를 잃을 수도 있고 자신감도 떨어질 수 있기에 책을 통해 먼저 공부를 해야 하는 것이다.

책을 통해서 간접경험을 할 수 있기 때문이다.

'묻지마 투자'라는 것이 있다. 그야말로 운에 맡기는 것으로, 묻지도 따지지도 않고 잘된다고 하면 계약부터 해버리는 투자이다. 이것은 시대적 운을 타고나면 잘될 수도 있지만 안 될 확률이 더 높다. 투자를 절대로 운에 맡겨서는 안 된다. 철저히 분석하고 경험하고 투자해야 하는데, 한 번도 투자를 해보지 않은 사람들이 할 수 있는 방법은 투자를 많이 해본 사람들의 경험을 듣거나, 책을 통해 간접경험을 해보는 것이다.

책은 경험자들의 이야기를 풀어놓은 보물창고라고 해도 과언이 아니다. 성공할지 실패할지 모르는 상황을 책은 길잡이를 해주고 판단을 할 수 있는 능력을 끌어올릴 수 있고 전문적인 지식뿐만이 아니라 저자의 다양한 성공 경험, 실패 경험을 통해 간접경험을 쌓을 수 있는 것이다. 사업이나 장사를 할 때도 시뮬레이션이라는 것을 하는데 이것은 실제로 하기 전 진짜로 그대로 될 수 있는지 시험하는 방법이다. 집을 지을 때도 3차원 그래픽으로 시뮬레이션을 하기도 하고 제품을 만들 때도 시뮬레이션을 먼저 하고 작업공정에 들어간다. 투자에 있어서 이런 투자의 시뮬레이션이 바로 투자해본 사람들의 경험을 책을 통해 간접경험해보는 것이다.

반복적으로 전문적인 여러 책들을 읽다 보면 간접경험이 많아진다. 간접경험을 많이 하다 보면 전문적인 지식이 쌓인다. 지식이 쌓이면 전문가와 대화를 할 수 있는 수준이 된다. 반복해서 대화를 하다 보면 지식의 커리어가 쌓인다. 지식의 커리어가 쌓일수록 성공 확률이 높아지는 것은 모두 책을 통해 간접경험을 많이 했기 때문이다.

책을 통해서 동기부여를 할 수 있기 때문이다.

성공한 사람들의 영화를 보면 감동을 받기도 하고 동기부여가 되기도 한다. 사실은 미디어나 영화보다는 책이 더 강한 동기부여가 될 수가 있다. 미디어나 영화는 고작 2시간이지만 책은 정독을 하려면 8~10시간 정도가 걸린다. 그만큼 저자의 감정적이고 섬세한 부분까지 찾아낼 수 있고 의도하는 것들을 구체적으로 느낄 수 있어서 동기부여를 충분히 유발시킬 수 있다. 책을 읽으면서 울기도 하고 책을 읽으면서 진한 감동을 느끼며 또한 힘을 잃고 절망하고 있을 때 책을 통해 다시 일어서고 성공한 저자들의 스토리는 '나도 할 수 있다'는 동기부여로 이어지기도 한다. 실제로 영업을 하면서 프랭크 베트거(Frank Bettger)의 《실패에서 성공으로》라는 책은 영업하면서 힘이 들 때 나를 다시 일으켜 세워준 책이다. 이 책을 반복적으로 수도 없이 읽고 중요한 것은 발췌해서 읽고 또 읽었다. 읽은 지 20년이 지났지만 다시 구입해서 또 읽고 있을 만큼 좋은 책이다. 이렇게 좋은 책은 한 사람의 인생에 중대한 영향을 미치고 가치관을 변화시킬 수도 있을 만큼 영향력이 크다는 것을 알 수 있다.

극단적인 선택을 하려다가 성공한 사람들의 책을 읽고 '처음부터 다시 시작하자'라는 마음으로 다시 사업을 진행해서 성공한 스토리는 주변에서 흔하게 볼 수 있다. 책은 절망에서 헤어 나오지 못하는 사람을 세워주기도 하고, 책은 포기하고 싶을 때 새로운 방법을 제시하기도 하고, 책은 성공한 사람들이 더 자주 보는 사막의 갈증을 풀어주는 오아시스이기도 하다.

책을 통해 아이디어를 얻을 수 있기 때문이다.

한 번쯤은 책을 읽다가 갑자기 지난 과거의 일들이 생각나고, 책을 읽다가 한동안 멍하니 생각하게 되고, 책을 읽다가 눈물을 흘리고, 책을 읽다가 웃기도 하고, 책을 읽다가 저자의 생각과 나의 생각이 달라 의문을 제기하고, 책을 읽다가 반성하기도 하고, 책을 읽다가 새로운 사업구상을 하기도 했던 일들이 있을 것이다. 이처럼 책은 상상하기도 하고 새로운 아이템을 구상하기도 하고 새로운 사업을 계획하게 한다. 또한 더 구체적인 자료를 수집할 수 있고 여러 책의 저자들이 기술한 내용들을 바탕으로 새로운 아이디어를 창출하는 것도 책을 통해서 만들어갈 수 있다.

책은 상상력 그 이상을 생각할 수 있게 하는 최고의 작품이다. 이런 책들은 독자들의 정신을 건강하게 하고, 가치 있는 판단을 하게 하며, 교양 있게 만들어 성공적인 삶을 살 수 있는 나침반의 역할을 하는 것이다. 책은 이렇게 여러 방면에서 큰 유익을 주기에 투자자는 책을 꼭 읽어야 한다.

웃음과 배려로 운명을 바꾼 법무사무소 사무장 이야기

부동산을 처음 할 때부터 인연을 맺은 정수법무사 사무장으로 일하는 신문금 사무장은 이타적인 사람의 대명사이다. 2016년부터 함께 일을 하면서 세심하게 관찰했는데 얼굴 표정에서 행동까지 자신보다는 항상 남을 위한 준비가 먼저 되어 있는 사람이다. 전문적인 법무사 일을 하기에 법적인 어려움을 겪고 있는 사람들이 주변에 너무 많은데 일일이 지나치지 않고 친절하게 챙겨주는 모습을 보면 경이롭기까지 하다.

항상 밝은 얼굴로 사람들을 기분 좋게 하는 매력이 있고 목소리도 경쾌하고 밝게 인사하며 또박또박한 말로 고객분들께 이해가 되지 않는 부분을 천천히 설명하는 모습을 보고 있노라면 마음이 흐뭇해진다. 가끔 무식하게 큰 소리로 따지는 사람들에게도 웃으며 이해시키고 다독거리며 해결해나간다. 젊은 사람에게는 나이에 맞는 멘트로 안내해주고, 어르신께는 부모님께 하듯 천천히 일일이 모르는 부분들을 손으로 짚어가며 설명한다. 나 같으면 정말 답답해서 못할 것 같다. 자신의 업무만 하면 될 것을 누가 보면 오지랖이라고 할 수도 있지만 일일이 다 챙겨드린다. 일이 한꺼번에 몰려 짜증 낼 수도 있지만 그런 모습을 단 한 번도 보지 못했다. 살아 있는 미륵을 보는 것 같다. 목소리도 얼마나 상냥한지 귀가 간질간질할 정도로 사람들의 귀를 즐겁게 해준다.

실제로 수입이 안 되는 사건들이 있다. 그런 사건들은 법무사 사무실에서도 기피하는 일이다. 그런데 신문금 사무장에게 이런 사건들이 맡겨지면 아무 문제가 되지 않는다. 정말 친절하게 최선을 다해 해결해주려고 노력한다. 진심이 보인다. 그래서 지금까지 나는 수백 건의 땅을 사고 팔면서 전속으로 모두 신문금 사무장에게 맡긴다. 등기 수수료가 비싼지, 싼지 따지지 않는다. 그냥 믿고 일을 한다. 이타적인 그녀의 인격과 품성이 첫 거래부터 지금까지 인연이 이어지고 있는 이유이다. 가끔 비서로 채용하고 싶은 생각까지 든다. 행정적인 모든 것을 처리할 수 있는 법무사 업무 30년 경력이 말을 해준다. 더구나 인품까지 뛰어나고 대인관계는 탁월하며 배려가 타고난 성품을 누가 어떻게 이길 수 있을까?

동시에 여러 가지 일을 할 수 있는 사람이다. 컴퓨터로 문서 작업을 하다가도 사람이 들어오면 곧바로 밝은 얼굴로 인사를 한다. 그리곤 커피나 차를 드릴까요 하고 물어보고 차를 준비하고선 자신의 일이 밀려 있어도 문서 작업을 계속하면서 고객이 심심하지 않게 대화까지 나누어주는 배려를 한다. 그러면서 입구 쪽을 수시로 바라보며 일을 한다. 혹시 누가 또 밖에서 서성거리고 있는지 확인하고, 그렇다면 곧장 나가서 인사하고 모셔온다. 내가 급한 일이 있어 질문해도 아무리 바빠도 거절하지 않고 친절하게 알려준다. 그래서 모든 사무실 사람들은 신문금 사무장을 무척 신뢰한다. 외식할 때도 사장인 내가 한 번 사면 얻어먹을 수 없다고 꼭 한 번씩 사준다. 우리 직원들에게도 밥도 잘 사주고, 보통 어디를 함께 가면 남자들이 운전하는 데 반해 운전도 자신의 차를 직접 몰고 사람들을 목적지까지 태워준다. 정말 배려가 몸에 배어 있는 사람이다.

그냥 이분을 보고 있으면 웃음이 나온다. 정말이다. 한번 만나 보면 딱 알 수 있다. 그냥 첫 만남에서 목소리 한마디만 들어보면 이분에 대한 모든 것을 느낄 수 있다. 내가 이렇게 폭풍 칭찬을 할 수 있는 사람은 그리 많지 않다. 그러나 신문금 사무장은 어디에 내놓아도 절대 밀리지 않는 이타심이 풍부한 사람이다. 배려심이 도를 넘었다는 표현밖에할 말이 없다. 불쌍한 사람을 보면 돈도 잘 빌려주고, 또 떼이는 경우도 다반사이다. 그러고도 괜찮다고 웃는다. 그냥 도와줬다고 생각하면 그만이라고 한다. 도대체 이런 사람이 또 있을까 생각해보며, 나도 깊은 생각에 잠기게 한다.

'그래, 삶은 저렇게 배려하며 인정하며 살아야 하는데…. 그래야 행복해지는데.'

이타적인 삶을 사는 신문금 사무장은 오늘도 웃고 있다. 정말, 배려의 끝판왕이다.

모든 것은 생각에서 시작된다

세상에서 벌어지는 다양한 일들이 우연하게 일어나는 것 같지만, 사실은 일정한 법칙 속에서 만들어진다는 것을 알고 있는가? 어떤 일들에 당신이 직접 관여함으로써 방향이 바뀌기도 한다. 불완전하게 만들어질 수도 있고 완벽하게 만들어질 수도 있다. 즉, 당신이 어떤 생각을 하느냐에 따라 많은 일들이 전혀 다른 결과로 이어진다는 의미이다. 우울한 생각을 하면 우울해지고, 행복한 생각을 하면 행복해진다.

한 가지 재미있는 실험을 해보자. "지금부터 당신은 절대로 바다 생각을 하지 마라!" 바다를 생각하지 말라고 했는데 당신은 지금 바다를 생각하고 있을 것이다. 어떻게 이런 현상이 일어날까? 모든 언어는 생각에서 출발하기 때문이다. 생각하지 말라고 아무리 주문을 해도 생각을 하면 생각한 대로 기억하게 되고, 생각한 대로 이루어진다.

사람의 뇌는 생각하는 것에 집중하게 되어 있다. 다른 실험을 해도 마찬가지이다. 고양이를 상상하지 말라고 말한다면 고양이를 상상하고 있을 거다. 고양이에 초점이 맞춰져 생각하고 있기 때문이다. 생각의 신호는 이미 상상으로 연결되고 다양하게 표현된다. 생각은 다양하게 표현될 수 있다. 언어로 표현되고, 글로 표현되고, 행동으로 표현되고, 이런 반복된 행동들은 습관이 되고 좋은 습관들은 곧 나를 강하게 만드는 루틴이 되는 것이다.

모든 것은 생각에서부터 출발한다. 당신이 성공하고 싶다면 가장 먼저 해야 하는 것이 성공하는 생각이다. 시도해보지도 않고 실패할 것이라는 생각을 먼저 한다면 무조건 실패하게 되어 있다. 성공하는 생각이 성공하는 방법을 찾게 만들고 또한 행동으로 이어지고, 행동은 결과로 만들어지는 일정한 법칙이 존재한다. 나는 생각의 비밀을 알고 난 후 내가 하고 싶은 모든 것을 생각에 담아보았다. 그리고 그 생각은 현실이 되어 지금의 내가 되었다.

나는 현재 5개의 법인을 운영하는 대표이다. 그리고 유튜브 방송을 하는 방송인이고, 책을 쓰는 작가이다. 생각의 비밀을 알고 난 뒤 지금도 많은 도전적인 생각을 하고 있고, 머릿속에는 항상 이루고 싶은 생각들을 가득 담아놓고 있다. 이 글을 읽는 당신에게도 이제 생각의 비밀을 알려주고 싶다. 생각이 가지고 있는 고유한 특성을 알려주고 싶고, 생각의 전환으로 인생이 뒤바뀐 사람들의 이야기를 들려주고 싶다.

이 책에서는 생각이 주는 일정한 법칙과 생각의 전환으로 생활 속에서 만나게 되는 일들을 깊은 통찰로 해결해나가는 방법에 대한 이야기를 하고 있다. 긍정적인 생각으로 힘든 문제를 풀어나간 유명한 현인들의 다양한 예시도 기록했다. 아주 특별한 사람만 성공적인 생각을 하는 것이 아니라 지극히 평범한 우리 모두가 성공적인 생각을 할 수 있다.

콩 심은 데 콩이 난다. 절대로 팥이 나올 수가 없다. 믹서기에 사과를 갈면 사과주스가 나오게 되어 있다. 절대로 딸기주스가 나올 수 없다. 내 머릿속에 긍정의 씨앗을 심으면 긍정적인 생각이 나온다. 내 머릿속에 부정의 씨앗을 심으면 부정적인 생각이 자리 잡는다. 이것은 아주 명확한 법칙이다. 그렇다면 당신은 어떤 씨앗을 머릿속에 심을 것인가? 삶에서 일어나는 많은 일들과 수많은 만남 속에서 지금까지 당신이 했던 것들을 떠올려보라.

'나는 긍정의 씨앗을 심은 사람인가? 아니면 의심, 비난, 비판, 비교, 옹졸, 우유부단, 소심함, 불친절, 냉소 그리고 인색의 씨앗을 심고 있는 사람인가?'

자신을 돌아볼 수 있다면 그것이 변할 수 있는 첫 단추이다. 그리고 자신의 과오를 인정하는 것에서 당신은 긍정적인 생각의 전환을 이루어낼 수 있다. 생각의 전환이 당신의 삶을 변화시키는 출발점이 되기를 기대한다.

김양구

생각이 운명을 가른다

제1판 1쇄 2024년 8월 1일

지은이   김양구
펴낸이   한성주
펴낸곳   ㈜두드림미디어
책임편집   우민정
표지디자인   배서현
디자인   얼앤똘비악(earl_tolbiac@naver.com)

㈜두드림미디어

등록   2015년 3월 25일(제2022-000009호)
주소   서울시 강서구 공항대로 219, 620호, 621호
전화   02)333-3577
팩스   02)6455-3477
이메일   dodreamedia@naver.com(원고 투고 및 출판 관련 문의)
카페   https://cafe.naver.com/dodreamedia

ISBN   979-11-93210-81-9 (03190)